U0903424

培养 Educating the Elite 精英

薛涌◎著

凤凰出版传媒集团
江苏文艺出版社
JIANGSU LITERATURE AND ART
PUBLISHING HOUSE

图书在版编目（CIP）数据

培养精英 / 薛涌著.—南京：江苏文艺出版社，2010.1
ISBN 978-7-5399-3559-1

Ⅰ.①培… Ⅱ.①薛… Ⅲ.①家庭教育—美国—文集 ②学校教育—经验—美国
Ⅳ.①G571.2-53

中国版本图书馆CIP数据核字（2010）第012393号

培养精英

作　　者：薛　涌
责任编辑：刘　霁
策划编辑：孙　勇
封面设计：星银河书装
出版发行：凤凰出版传媒集团
江苏文艺出版社　http://www.jswenyi.com
集团网址：凤凰出版传媒网　http://www.ppm.cn
印　　刷：北京嘉业印刷厂
经　　销：新华书店
开　　本：787 × 1092　1/16
字　　数：280千字
印　　张：19
版　　次：2010年2月第1版
印　　次：2010年4月第2次印刷
书　　号：ISBN 978-7-5399-3559-1
定　　价：32.00元
（江苏文艺版图书凡印刷、装订错误可随时向承印厂调换）

目　录

目　录 CONTENTS

出版说明

过去六七年中，我陆续写了一系列介绍美国教育的文字，分别收在《直话直说的政治》、《美国是如何培养精英的》、《精英的阶梯》、《谁的大学》、《草根才是主流》等书中。这次决定把这些文字集中起来，构成了这本《培养精英》。

这是我第一次将旧作重新结集出版，理由如下。第一，在我上述著作中，有关美国教育的部分是读者最喜欢读的。但是，关于这方面的题材，分散在许多书中。最近，不少同学、朋友的孩子到了上大学的年龄，经常为留学的事情到我这里咨询。他们问的问题，大多在这些书中讲到。可惜因为书太多，自己在推荐他们阅读相关内容时也记忆不清是在哪一本里了。这样集中起来，使用要方便许多。第二，这些书因为是多年之间陆续写成，若干内容已经不合时宜，另外也有些错误之处。把这些"累赘"删掉，编成一个"精本"，也是与时俱进之必需。第三，六、七年下来，读者也起了变化。六、七年前十岁的孩子以及他们的家长，也许不觉得有必要看这些文字。但如今这些孩子长到了十六、七岁，到了读此书的年龄。大中学的师生、学生家长，以及所有关心教育的人，都是本书的主要读者。这一读者群，现在已经开始了更替。我希望此书对新成长起来的一代有所帮助。

当今的时代变革迅速，六七年是很长的时间。比如，半个多世纪未见的世界经济危机，就在这六、七年间发生，有一种天翻地覆的感觉。但是，大学自有其相对的稳定性。事实上，大学自1200年前后在欧洲创生后，基本的制度历经各种历史的动荡而比较完整地保留下来，属于现代西方最古老、最有连续性的制度。现代西方大学最基本的特征，在中世纪时就已经形成。所以，这次经济危机，在西方大学八百多年的历史中，还属于小风小浪。哈佛、耶鲁等名校的资产虽然大幅度缩水，但是基本的制度和政策都没有变。甚至为穷学生提供免费教育的作法也一直在延续。教授们还是如同六七年前一样教书。六、七年前我们需要从美国大学中学习的东西，今天还在那里，也同样值得我们去学。读者唯一需要注意的，是行文中的某些背景是六七年前所发生的事情而已。

这些年我写作中最大的幸运，就是有一群忠实的读者。这些读者，对我的书几乎每本必买。所以，这次重新将旧作结集出版，一定要和这些老读者交代：你如果买了我过去所有的书，此书就可以不买，除非是为了收藏。同时，我也欣慰地看到，我的这些文字，对新读者还是具有相当的价值。我相信，此书的编辑比那些旧作有了显著的改善。新读者比起老读者来，对其内容吸收起来也将更有效率。

薛涌

2010 年 1 月 18 日

美国教育的新趋势

薛　涌 XUEYONG

美国的大学改革

最关键的是一个道德问题：既然大学教育的奖赏那么丰厚，为什么一个不上大学的穷人要为一个上大学的富人的教育纳税呢？这是对政府资助大学的一个根本性的挑战。一般人认为，政府资助大学，是因为从大学教育获益的不仅仅是受教育者，而是社会整体。一个教育水平高的社会，比教育水平低的社会更有竞争力。维德则指出，对高等教育的公共投资的效益实际上是递减的。

如今，全球都掀起了大学改革的风潮。欧洲的大学要引入市场机制、调高学费，中国也有了一阵“建设世界一流大学”的热闹。大家改来改去，样板全是美国的大学。

美国的大学无疑是世界上最为优异的。前哈佛大学的一位院长罗索夫斯基（Henry Rosovsky）于1990年就宣称：“2/3到3/4世界最好的大学在美国。”经过20世纪90年代美国经济的扩张和大学的空前繁荣，这个比例以今天的标准看恐怕还是低估了美国大学的实力。大部分诺贝尔奖的得主是由美国大学培养并在美国的大学教书。一流的国际学生也把美国的学校作为首选。虽然美国是世界上的独霸，但其GDP最多不过为世界GDP的1/3。除了美国的军队外，很少有美国的一个产业部门在世界上具有如此之大的优势。

但是，美国的大学体制并非没有问题。相反，美国的大学正处于危机之中。危机是什么？如何对应？美国人自己也众说纷纭。20世纪90年代以来，分析大学危机的书籍已经汗牛充栋。什么是美国大学的理念？保守派和自由派观点分立，争论不休，远非那些虔诚的模仿者想象的那样简单。

在诸多的问题中，公众最关心的，还是价钱问题。美国的大学固然是世界最好的，但也是世界最贵的。一流名校的学费，许多已经上了4万美元。若再加上生活费，一年的费用就达到5万美元，超出了美国家庭的年平均收入。当然，并不是所有大学都是这么贵。即使贵的大学，也常常有各种各样的奖学金，一般老百姓不会花几万美元供一个孩子上大学。但是，大学费用的上涨率，在过去25年中平均每年超出了物价指数的上涨率3.5%，而且超出了家庭收入的上涨率。一个中等家庭为了支付一个孩子的学费，要比20世纪50年代多工作三倍的时间。

也正是因为如此，大学教育成为一个烫手的政治问题。民主党强调加强对大学的投入，提高奖学金，共和党则强调控制大学的成本，尽可能用市场机制解决问题。最近经济学家维德（Richard Vedder）出版的《为了学位而破产》（*Going Broke by Degree*），就是在共和党的立场上提出的惊人之论。他认为，大学费用不断升高的原因，在于大学的运作不受市场规律的制约。联邦和州政府以及捐助人对大学的资助，使大学不守财政纪律，花钱没有边际。

在维德看来，大学费用上涨的原因虽然有多种，但最根本的一条，是大学内职工的劳动生产率降低。在其他产业部分，生产同样数量的钢铁、汽车、玉米等所花费的工时不断减少，所用的劳动力数量急剧下降。但在大学，教育同样数量的学生所需的教授和行政人员却越来越多。

为什么会如此？因为大学没有产业化，没有经受市场竞争。大学运营的经费，主要靠联邦和州政府的经费以及私人捐助，不是靠学费。如果大学单靠学费活的话，大学就要处处考虑成本。成本一高，价钱一贵，消费者就不买，生产者就丧失了竞争力。可惜，现在美国大学的生存哲学则完全相反，靠的不是节衣缩食，而是靠“斗富”、“寻租”，看谁能花大价钱请来明星教授，看谁能够建设豪华设施。著名的《美国新闻与世界报道》的大学排名，其实比的是投入（如校友捐助、教师与学生的比例），而不是产出（如传授知识的总量）。大学弄得越气派，第三方（政府和捐款人）的投资就越多。在维德笔下，美国的大学经营，多少有点像不靠门票吃饭的中国足球俱乐部。

从这一点上，可以看出维德的荒唐之处。他甚至说，大学毕业生在市场上的价码高，并不是因为大学教给了他们什么，而是大学录取本身把劣等人才过滤掉。企业喜欢大学生，是因为他们的智商、工作伦理、冒险精神等，在人口中属于前百分之几十的人。这种人不管受什么教育，表现都会超出他人一头。换句话说，大学的主要功绩不是培养人，而是选拔人。选拔人是个很便宜的过程，根本不需要花那么多钱。这种理论如果成立的话，美国的大学就应该取消，实行中国的科举制了。

事实上，大学费用的上涨另有原因。不错，由于大学费用的上涨超过了家庭收入的上涨，美国家庭为了支付一个孩子上大学需要工作的时间越来越多。但这并不说明人们承担大学教育的能力越来越低。相反，美国大学生在人口中的比率越来越高。原因很简单，知识升值了，受大学教育的人和没有受大学教育的人的收入差距越来越大。根据最近对年龄在 18～64 岁的宾夕法尼亚州劳动力工资的调查统计，高中毕业生平均年薪仅为 22129 美元，大学本科毕业生平均年薪则为 44517 美元，受研究生教育的人平均年薪则高达 64597 美元。如果本科以四年算，研究生以两年算的话，在大学多待两年，年薪就高出 2 万美元左右。

另外，学费上涨多少也被夸张了。前康奈尔大学的教授和高级行政官员埃伦伯格（Ronald Ehrenberg）就指出，在 1997—1998 学年，在学费 2 万美元以上的大学（这些大学的学费如今都涨到了快 4 万美元）的大学生，只占大学生总数的 5.5%。全国私立学校的平均学费为 13785 美元，公立学校为 3111 美元（如今已有显著上涨）。另外，奖学金的因素还没有计算在内。至于大学学费接近或超过 4 万美元的学校，也并不是那么可怕。比如，哈佛大学就免了家庭收入 4 万美元以下的学生的学费，普林斯顿则用奖学金代替了贷款来资助学生。在常青藤，资源之充足令人难以想象。比如，笔者在耶鲁读书时，一些运气好的学生，一年竟能得到 4 万美元左右的奖学金去日本学日文，学费生活费全包。一次，一个学生说他要花一个暑假的时间去中国旅行，不知道去哪里好。笔者说这首先要看经费来决定。他竟说经费是学校给的，没有限制，值得去的地方都想去！

事实上，上常青藤的主要目的之一，是在大学建立自己未来事业的人脉。这些大学为了选择绝对的精英，都想方没法让聪明的穷孩子上学。对于富家子弟来说，为了获得这第一等级的人脉，支付每年增长 10% 以上的学费根本不是个问题。

不过，维德的书中，提出了极有洞见的主张。其中最关键的是一个道德问题：既然大学教育的奖赏那么丰厚，为什么一个不上大学的穷人要为一个上大学的富人的教育纳税呢？这是对政府资助大学的一个根本性的挑战。一般人认为，政府资助大学，是因为从大学教育获益的不仅仅是受教育者，而是社会整体。一个教育水平高的社会，比教育水平低的社会更有竞争力。维德则指出，对高等教育的公共投资的效益实际上是递减的。比如，对大学第一个 1000 亿美元的公共投资可能收益甚高，第二个 1000 亿收益就平平，第三个 1000 亿可能就是零收益。建立加州大学体系时，公共投入也许属于第一个 1000 亿。但现在美国则可能是在花第三个 1000 亿。现在美国高等教育经费越多的州，经济发展越慢，人口正从大学密集型的州流出，证明这些州的竞争力在减退。他的解释是：这些州的政府，把经费从花钱最有效率的部门通过税收的方式提取出来，投放到花钱最没有效率的大学里。他还用一系列数据展示，追加高等教育经费最终没有扩大老百姓受教育的机会，追加的钱实际上哄抬了教育成本。最近有报道说美国的学生因为学费上涨过猛而开始去加拿大、英国留学。这说明高学费确实开始影响美国教育的竞争力。

维德的解决方案很简单：断绝对大学直接的公共资助，把钱直接用教育券的形式给学生，让学生直接去采购他们的大学教育。这样，大学就会直接面临市场，就会考虑降低成本，州立大学也应该因此而逐渐私有化。

应该说，维德虽然观点过于偏激，要把大学完全当成产业经营，但他也确实指出了大学经营的效率问题，不仅为美国的大学改革，也为中国的大学改革提供了一个有益的方案。在改革前，中国的大学靠国家的投入已经有了基本的规模，维德所谓的“第一个1000亿”已经花完。如今的“建设世界一流大学”的运动，确实有盲目强调国家投入、抬高教育成本的恶果。北大、清华等名校接受国家投入的数量，和培养人才的数量没有直接关系。大家如此攀比、寻租，最终自然会引起学费的全面上涨。中国作为后发展国家，应该有“后知之明”。不要美国大学的质量没有达到，就先攀比人家的费用。

大 学 战

> 整体看来，这样的判定给各大学提高质量带来了极大的压力。凭数据而非名气说话，也给以下弱势大学创造了提升自己的机会：比如华盛顿大学和西北大学，本来都名不见经传，但这几年常常排在10名上下，甚至有时成为十大名校。

高等教育要不要产业化？这个问题，一直拷问着中国教育界。但在美国，高等教育的精英已经非常产业化了。用前《美国新闻与世界报道》的执行编辑萨诺夫（Alvin Sanoff）的话说："现在的精英大学，如同正在打商业战的软件公司，你死我活，都想击败对方。"

竞争一激烈，就会有犯规的事情。2002年春天，普林斯顿录取办公室的几个雇员，竟不惜当"骇客"，进入耶鲁新生录取的网页，偷看11位被两个学校都录取的学生的档案。这些学生中，包括时装模特、布什的侄女劳伦·布什（Lauren Bush）。这一偷鸡摸狗的行为，无非是想偷看耶鲁方面给了这些学生什么条件，自己可以决定用什么筹码把这些学生争取过来。众所周知，哈佛、耶鲁、普林斯顿是美国顶尖的三所大学。如此精英名校卷入这等勾当，当然就成了一大丑闻。

然而，如果考虑到美国大学之间竞争的激烈程度，这样的事情完全是在意料之中。虽然各大学口口声声反对市场的排名，声称这些排名是不懂教育的人在衡量教育，但是在行动上，大家都不遗余力地要提升自己在排名榜上的名次。实际上，各种排名，都是私人机构操作，大学完全没有与之配合的义务。只要各大学拒绝提供有关资料，大学排名就做不成。可惜，如今的排名，已经成了高等教育市场上最有影响的"消费者指南"。根据1995年的一个研究，SAT考分在1300以上的精英大学新生，79%在决定去哪个学校时受了排名的重大影响。分数在1001到1300之间的，有59%考虑排名因素。考到700分以下的，只有27%考虑排名。看来，越有竞争力的学生，把排名看得越重。所以，越是哈佛、耶鲁这样的名校，越不敢得罪排名。

最有名的排名，当然是《美国新闻与世界报道》一年一度的大学评价。批评者对这个排名的弱点讲得很清楚：该排名只看投入，不看产出。排名的依据，是一些硬碰硬的数据：学校的财政资源、校友捐助、毕业率、SAT平均成绩、教师与学生的比例、课堂规模，等等。至于学生如何在学校接受教育，则几乎没有评价。

但是，为了对付这样一个片面的排名，各校可谓挖空心思。据《华尔街日报》1995年的报道，20%的学校提交给《美国新闻与世界报道》的录取学生的SAT分数资料不实。纽约大学没有把100个穷学生的考试成绩包括进去。波士顿大学把国际学生的英语成绩略去。哈佛大学无法解释所提交的成绩为什么比实际高15分。

提前录取又是一招。因为《美国新闻与世界报道》非常重视各学校的“选择率”。这个“选择率”话分两头：一个大学在申请者中录取的比例低，就说明这个学校难进、有竞争性。所以，再好的学校，即使知道你不够格，也希望你申请，以求用被拒绝的学生人数压低自己的录取率。录取以后，多少学生决定来，这个比率也同样反映了学校的竞争力。为了提高录取接受率，一些学校就对学生提出交易：你把我们列为“第一志愿”，录取后不能去别的地方，我们则在录取上给予优惠。这样就等于录取一个来一个，大大提高了录取接受率。在2001年，哥伦比亚和耶鲁这样录取的学生几乎占了新生的一半。2003年的一个研究表明，选择提前录取的学生，被录取的机会要提高50%。但也正是这样，提前录取的学生的学术记录明显比正常录取的学生弱。耶鲁后来决定取消提前录取的方式，这大概也是原因之一。

更有意思的是，像Emory University等紧跟在一流大学之后的院校，常常拒绝录取最优秀的学生，因为这些学生大部分只会去一流大学，把自己当候选，录取了也不会来。结果，学校的录取接收率大大提高。

批评者指出，这样的市场竞争，把大家的精力都集中在如何包装自己上，忘了教育的本分，使商业化侵蚀了大学的独立性和学术传统。但是，整体看来，这样的判定给各大学提高质量带来了极大的压力。凭数据而非名气说话，也给以下弱势大学创造了提升自己的机会：比如华盛顿大学和西北大学，本来都名不见经传，但这几年常常排在10名上下，甚至有时成为十大名校。伯克利大名鼎鼎，但本科教育不佳，大课太多，常常排在20名以后。我有个朋友的孩子被芝加哥、伯克利等名校录取，但最后决定去西北，就是因为亲身的校园访问使他们认定西北比这些大名校更好。看来排名还是颇有准的。

美国大学，有私立、州立，还有所谓营利性大学。不能一概而论地说大学是产业。但是，大部分大学，不得不按产业的方式经营、在市场上竞争。一个学生可以被几个大学同时录取，大学选择学生，学生也选择大学。这样，就不仅有学生之间的竞争，大学之间也必须竞争。这一点，实在是中国的高等教育应该学习的。

全球化中的美国大学

美国大学由于有雄厚的实力和教育质量，又有灵活的体制，使各个层级的大学都有增长的空间，所以在全球化中的竞争中有望全方位地征服世界：既把全球的精英招揽到其一流名校之中，其低层次的大学也全线出击，抢占大学经济的市场份额。有些人甚至称这是一种新的殖民主义。对此，我们是爱也好，恨也好，都必须直面这个严峻的现实：在全球化的高等教育中，落后的教育体制得到的国界的保护将会越来越少。一个国家很难强迫自己的老百姓接受其指定的教育制度。如果你的教育僵化落后，最好的学生、教授就会一走了之。世界的高等教育，将进入一个新的社会达尔文主义时代。

类似这样的故事已经没有什么新奇感了：清华某系1989级的毕业生在美国聚会，大家屈指一算，大部分同学都在美国，留在国内的反而是凤毛麟角。这一现象不仅限于清华。北大、科大、复旦，中国名校不知有多少班，同学聚会在美国要比在中国更方便。

这反映了一个不可回避的事实：高等教育正在全球化，美国的大学又是高等教育全球化的带头羊，中国则是跟在后面的羊群中最重要的一部分。请看几个简单的事实：美国吸引着最多的外国留学生；外国留学生给美国的GDP每年增添130亿美元；2002—2003学年，在美国的外国留学生接近60万。而中国是世界上最大的留学生出口国，中国留学生占世界留学生总数的10%，远远高出排在第二的印度（4%）；据说北大的有些系，有1/3的教授有美国的博士学位。

“9·11”后美国施行新的签证政策，草木皆兵，致使留美学生（特别是中国留学生）人数锐减。在2003—2004学年，留美学生人数下降2.4%，申请研究院的外国学生下降了28%，实际注册人数下降了6%。这是自1971—1972学年以来30多年里的第一次下跌。不过，此一局面已经引起美国教育界、企业界、政治界人士的警醒。签证制度正在酝酿重大改革。据美国高等教育权威杂志《高等教育编年》（*The Chronicle of Higher Education*）报道，联邦政府正和各州、大学协调，要制定一个吸引外国学生的“国策”，其中不仅包括改革签证制度和政策，而且还在考虑放松对外国学生在校外打工的限制，使外国学生更容易在美国生存。可以预见，未来美国大学对中国的影响将更大。越来越多的中国学生将有更多的机会到美国读书。讨论中国的高等教育，已经无法把美国的高等教育置之度外。在全球化的过程中，美国高等教育是中国高等教育的一部分，因为许多中国学生要在美国的大学拿到学位，许多美国的博士要到中国的大学拿到教职。同时，中国高等教育也是美国高等教育的一部分，因为许多美国的学位包含着中国教育的初期训练，许多中国大学的毕业生要在美国教书。特别是未来几十年，留学将从极少数精英的特权变得越来越大众化，中美高等教育的交互影响将愈来愈大。了解在全球化中的美国大学，也就成了中国高等教育界和大学生们的必修课。

毫无疑问，未来几十年，美国的大学会主宰全球化的世界高等教育。这种主宰建立在两个互相联系的因素的基础之上：美国大学的优异及其高等教育体制的灵活性。

美国大学的优异，不仅在于我反复强调的一些基本事实：美国大学占据了大部分世界名校的位置，生产着世界大部分的学术研究成果，提供着最有质量的教育，拥有无与伦比的财政实力，等等。其优异还体现在其不可取代性，即没有别的地方的大学能够与之竞争。在美国之外，大学最有实力的当属欧洲。欧洲大学曾经是美国大学的范本。但是看看现在的欧洲大学如何呢？仅以柏林洪堡大学为例。1900—1909 年，该校出了 8 位诺贝尔奖得主，1910—1919 年出了 6 位，1920—1929 年 4 位，1930—1939 年 6 位，1940—1949 年 1 位，1950—1956 年 4 位。蒙森、普朗克、爱因斯坦、海森堡都曾是这个学校的骄子。但是，1956 年后，诺贝尔奖得主在此校就消失了。如今，在上海交通大学 2004 年的世界大学排名中，该校排在第九十五位，与美国的犹他大学并列。当然，如此戏剧性的下跌，和希特勒时代迫害犹太学者以及冷战时代该校在民主德国治下有关。但是，即使纵观今天的德国大学，也几乎没有一所能够在世界上列入一流。整个欧洲，只有英国的牛津和剑桥可以和美国的精英大学相提并论。但这两所大学也是赤字累累、危机重重。

反观美国，仅以芝加哥大学为例：自 1969 年设立诺贝尔经济学奖以来，55 位获奖者中有 9 位在芝加哥大学教书，14 位接受过芝加哥大学的训练或曾在芝加哥大学教书。而美国这种重量级的大学，还有许多家。俗话说：“人往高处走，水往低处流。”在力量如此悬殊的条件下竞争，美国大学自然是主宰。

高等教育的全球化，有两个层次。第一是人才的大规模流动：学生、教授都会进行跨国界的迁徙，哪里的条件好就在哪里落脚。第二是课程、校园跨越国界：一些大学利用自己的品牌，到处建立校园，成为高等教育的全球连锁店。

在这样的格局中，人才跨国流动的方式显然属于高层次的全球化。因为高等教育不能仅仅靠牌子，还要靠真正的教学。你受哈佛的教育，是因为你住在哈佛，与哈佛的学生做同学，上哈佛教授的课。如果在北京听北大教授的课，即使在毕业文凭上写个哈佛的名字，也根本不能算受了哈佛的训练。所以，世界一流名校，不管自己的牌子有多硬，也不愿意轻易在海外建分校，而是要把海外精英吸引到自己的校园里来。也就是说，工厂原地不动，产品遍布全球。

在这种高层次的全球化中，其实还可以再分两个等级：高等级的竞争是争夺人才，低等级的竞争是争夺学费。

所谓争夺人才，就是不惜工本地把第一流学者抢到手，不管是教授还是学生。在这方面，美国基本上一手遮天。而这也是美国建立其对世界统治的基础。要知道，当年罗马帝国的繁盛，一大原因就是被罗马征服地区的许多精英，都服膺于罗马的政治与文化传统，精通希腊、拉丁的语文和学术，成为帝国的黏合剂。如今同样的业绩正在美国重复。哈佛有些系的博士生，40%是来自国外。美国吸引外国博士生的能力，超过了由发达国家组成的“经济合作与发展组织”所有其他成员国吸引外国博士生的总和。1998—2001 年，2/3 在美国拿到博士的外国理工科学生表示希望留下。美国大学坚持在全球范围招聘教授。在主要大学的新聘教授中，只有 7%是由本校培养的。就连为巴勒斯坦人的事业奋斗的萨义德，也在美国大学教书，并对之赞不绝口。相比之下，法国的新聘教授有 50%是本校培养，在西班牙则是 95%，基本是近亲繁殖。法国的学术界人士，只有 2%是外国出生！这种中世纪式的狭隘，进一步映衬出美国大学兼容并包的气魄。

这种人才竞争，纯属豪门斗富，没钱玩不起，也没有人玩得过美国。几年前曾碰到一位剑桥来的教授，他对美国不仅不喜欢，而且一肚子怒气，研究的也是英国的问题。对他而言，剑桥无疑是最好的地方。但是，美国的名校一出手，工资比在剑桥多一倍，他马上欢天喜地地跨过了大西洋。许多欧洲的教授，也是这样竞相往美国跑。大约 10 年前，我还接待过一个研究古希腊的英国教授，著述响当当，但来游耶鲁时竟要在我们研究生夫妇寒酸得进不去人的家里打地铺，等到了芝加哥一位同行的家里一看，目瞪口呆，发誓一定要来美国教书，可惜至今未见“得逞”。研究生也是一样。我 10 多年前开始耶鲁的博士课程时，奖学金中的生活费是一万美元出头。如今的后辈，一年的生活费几乎是两万，外加医疗保险等，等于是一笔工作收入了。世界各地的学生，能不来美国吗？

19 世纪的大学，很大程度上是当时的民族国家兴起的产物。比如美国的大学，目标是培养所谓 WASP（White Anglo－Saxon Protestant，即盎格鲁－撒克逊白种清教徒），以古典训练为主干，常青藤的学生来源基本是东北部的上流社会子弟。到了 19 世纪末 20 世纪初，大量移民涌入美国，美国的经济实力也不断向西部扩张。哈佛、耶鲁等名校，就面临着一个把自己从地域性、单一阶层的大学变成全国性、多种阶层的大学的挑战，扩展大学的社会代表性。这一转型的顺利完成，为美国大学留下了宝贵的经验来应付当今的挑战：把全国性、西方文化的大学变成世界性、包容多种非西方文化的大学，以适应美国的全球责任。美国大学在“二战”前后吸引了爱因斯坦等大量欧洲学者，实际上在这方面已经先行一步。哈佛、耶鲁、普林斯顿等名校，为提高外国学生在本科生中的比率上展开竞争，为此增设奖学金，把世界各地的秀异之士网罗进自己的校园。其实，不仅是大学，就是美国一些财大气粗的精英寄宿高中，也给外国高中生提供慷慨的奖学金，在非常早的阶段就开始包容世界。可以想见，这样做的目标，就是使世界各地的精英都能够参与以美国为主宰的世界秩序的建设。

烧不起钱的大学，自然无力承担太多这样的环球使命。不过，这些学校由于数量众多，在全球化中扮演的角色并不比哈佛、耶鲁这些帝国式的大学逊色。它们所争夺的，是“大学经济”中的学费。欧洲大学被政府控制，学生的学费基本是象征性的，教育费用要国家埋单。但国家又埋不起单，只好瞎凑合。比如英国的大学在欧洲是以高学费著称，水平也是最高的。但是，牛津大学每年的赤字达 200 亿英镑，累积的教学与研究赤字为 950 亿英镑。原因是牛津培养一个本科生费用为 18600 英镑，英国财政部只付一半。连英国都如此，其他国家就更糟糕了。没有钱，国家又不许大学收超过标准的学费，各大学就大闹经济危机。但是，收外国学生，学费是可以超标的。外国学生的学费往往数倍于本国学生。教一个外国学生，学校不仅不赔钱，而且会赚钱。所以大家竭尽全力抢外国学生，用外国学生的学费资助本国学生读大学。

美国的一般大学，财政并不像欧洲那样糟糕，但外国学生依然是一笔宝贵的来源。比如，一些州立大学，收本州学生的学费不仅很低，而且一部分需要交给州里。收一个外州学生，学费高出一倍不说，而且都进自己的腰包。外国学生自然更不在话下。所以美国的许多学校也来中国招生。

大部分外国学生没有优异到能进哈佛、耶鲁，留学还是要到这样的学校去，在欧洲、美国之间就必须有所选择。欧洲各大学处于财政破产状态，常常让一个教 30 个学生的教授教 300 个学生，班大得吓人，教室、图书馆拥挤，教育质量难以保证。这也是为什么欧洲一流学生纷纷到美国读书的原因。美国的大学，一般财政状况良好，许多州立大学虽然靠外国学生赚钱，但也不过是按外州学生的标准收费，只是外国学生享受不到许多针对本国学生的奖学金而已。最重要的是，在美国，即使是州立大学，质量常常也非常好，而学费也就几千美元。特别是在一些偏远、生活费用低的州立大学读书，经济负担不至于太重。所以，在这个层次上的竞争中，还是美国的大学占优。

除此之外，有些大学不满足于“工厂不动，产品出口”的状态，企图把教育的“车间”、“厂房”都扩张到国外，在世界各地建分校。不过，建分校是低层次的教育全球化。名校不可能全球建分校。因为世界一流的教授、图书馆、研究设施就那么几个，都集中在几个固定的地方，怎么全球化也是不可能流动的。只有低档次的学校可以繁殖分校。这种繁殖，实际上就是卖品牌。比如某个国外的大学，利用自己的名气（有时就是个外国名字而已），在中国建了个分校。教书的大部分是本地教授，水平不见得比其他本土学校的教授高。这样培养出来的学生，给个有该校名字的文凭，让中国学生有个留学的幻觉。所以，这种全球化的教育，常常容易流于有名无实。大牌学校建的分校太多，就等于砸自己的牌子。

不过，这样的全球化也并非一无是处。那些大规模的高等教育全球连锁店之所以成功，就在于其有效的管理体系。就如麦当劳一样，卖的东西大部分是本地出产的，但标准化的管理保证了其服务的质量。在这方面，未来最可注意的是美国的所谓“营利大学”的表现。美国传统的大学都是非营利机构，享受免税的待遇。即使私立大学赚了钱也必须重新投入教育本身，不能私分。所谓“营利大学”则是上市公司的经营方式，赚了钱给股东。这样的大学不少是企业办的，如同麦当劳连锁店一般地经营。而且确实有所谓“麦当劳汉堡包大学”。微软、嘉信（Charles Schwarb）等大企业也建大学培养自己的职工。

这样的大学没有“终身轨”（tenure－track）的制度，教授可以随时解雇，学科可以随时更新，一切老板说了算，无所谓教授治校，以低成本高产出为底线，严格遵循市场规则，效率非常高。10 年前，美国高等教育有 3950 亿美元的规模，营利大学占了 5%的份额。如今美国教育扩张到 6500 亿美元的规模，营利大学占了 7．5%的份额，行情看涨。到 2015 年，预计 10%的美国大学生将就读于营利大学。

这些大学不可能用明星教授教学。许多教授没有博士学位，并且大量运用网上课程。其定位是为有工作、年龄大的非传统学生服务，教给他们一些实际的技能，从护理、计算机、教育到法律，无所不包。这些大学往往根据市场调查，锁定未来最短缺的几大行业，然后针对性地开课，保证学生毕业后找得到工作。

营利大学虽然近年招致了许多批评，但由于其市场效率，已经有几家创出了品牌。如菲尼克斯大学（University of phoenix），有 28 万学生，全球 239 个校园，已经开始侵入中国和印度的教育市场。拥有这所大学的企业阿波罗集团（Apollo Group），2004 年投资将近 4 亿美元开拓市场。另外一个斯特雷耶大学（strayer Uniersity），以商务管理和电讯技术为主攻，成为菲尼克斯的主要竞争对手。《华盛顿邮报》（*The Washington Post*）旗下的卡普兰公司（Kaplan Inc.），如同中国的新东方等学校一样，主要经营考试产业，其 GRE、SAT 补习班全美闻名。如今又拥有协和法学院（Concord Law School），是全美最大的法学院之一。

这些营利大学，由于采取连锁店的经营方式，其企业结构如同麦当劳、沃尔玛一样，具有极大的扩张性，不久可能大举进军中国，收购、兼并像新东方这样的类似企业。如果中国的教育成本仍然不断上升，这类大学国际连锁店就会在中国大展拳脚。

总之，美国大学由于有雄厚的实力和教育质量，又有灵活的体制，使各个层级的大学都有增长的空间，所以在全球化中的竞争中有望全方位地征服世界：既把全球的精英招揽到其一流名校之中，其低层次的大学也全线出击，抢占大学经济的市场份额。有些人甚至称这是一种新的殖民主义。对此，我们是爱也好，恨也好，都必须直面这个严峻的现实：在全球化的高等教育中，落后的教育体制得到的国界的保护将会越来越少。一个国家很难强迫自己的老百姓接受其指定的教育制度。如果你的教育僵化落后，最好的学生、教授就会一走了之。世界的高等教育，将进入一个新的社会达尔文主义时代。

美国大学的成就与危机

美国的学费虽高，奖学金也高，而且大学的类型和层次丰富，美国家庭送孩子上大学的负担，比一般的中国家庭还是轻得多，绝大部分合格的穷人可以免费接受大学教育。至于研究挤了教学等问题，因为有本科文理学院的存在，大学不敢太忽视教学。

相比之下，最难办的大概还是市场化、产业化对学术独立的冲击。因为市场给大学带来的好处太多、力量太强，想改变要付出的代价也就高。资本主义的金钱逻辑几乎已经征服了一切，大学是最后未被征服的堡垒之一。能否创造性地解决市场规律与大学目标的冲突，对美国大学未来的健康发展具有决定性意义。

美国的大学如今已经成为世界高等教育的样板。美国大学的优异几乎是毋庸置疑的了。2005 年《经济学人》曾经出版了一期“世界大学概览”，对各国大学进行评价，毫不含糊地把美国大学置于欧洲大学之上。

如何衡量美国大学的优异?

那么，何以证明美国大学的优异呢？衡量的尺度有多种多样。我们中国人不久前掀起了“建设世界一流大学”的运动，把一流大学等同于研究性大学。这虽然出于误解，但也算提供了一个标准。上海交通大学对世界大学的排名，就是建立在各大学获诺贝尔奖的数目、在权威学术期刊上发表文章的数量的基础上的评估，描绘的是不折不扣的“研究性”。《经济学人》也加以引用。以这个标准操作，在 2004 年上海交大排出的世界前 20 所大学中，美国的大学占了 17 所。剩下的只有剑桥（第三）、牛津（第八）和东京大学（第十四）。在前 50 所大学中，美国大学占了 35 所。也就是说，越是顶尖的大学，美国的优势越大。另外，在世界的诺贝尔奖得主中，有 70% 是在美国的大学工作。根据 2001 年的统计，世界上 30%

的科学和工科论文以及 44% 的最经常被引用的论文出自美国大学。

但是，这样的标准，即使用来衡量精英大学也是片面至极。因为大学的主要使命还是教育，研究仅是一个面向。比如，美国有大量的本科文理学院（Liberal Arts College，也可译为“人文学院”），在交大的排名中是不可能出现在前列的。而在著名的《美国新闻与世界报道》（*U. S. News & World Report*）的全美大学排名中，这些本科文理学院和研究性大学是分开列的。举个例子来说，加州大学伯克利分校，在上海交大的排名中居世界第四，全美第三。但是，从 2005 年《美国新闻与世界报道》提供的数据看，伯克利本科生的 SAT（美国大学入学智能测验）中间档次的成绩，仅在 1200 到 1450 分之间（满分为 1600 分）。但在本科文理学院中，有十几所院校学生的 SAT 中档成绩在这个水平之上，另外还有十几二十所和这个水平相当。在文理学院的排名中与另一所学校并列第二十五的麦卡莱斯特学院（Macalester College），学生中档的 SAT 成绩在 1260 到 1450 分之间，超过伯克利；而与另外 6 所学校并列第五十五的惠顿学院（Wheaton College），学生中档的 SAT 成绩也达到 1230 到 1420 分之间，和伯克利半斤八两。要像中国这样以高考成绩论高低，伯克利不过是个二流大学。读书好的高中生，并不看中伯克利。可见，漏过这些文理学院，就低估了美国的高等教育。因为这种本科生的学院，已经成为美国特色，在其他国家很难找到与之相对应的力量。而这些学院中顶尖的十几所，无论从学生素质还是教育质量来看都和常青藤不相上下。

除了这种精英教育外，对美国大学体系的评估，还要看其社会效益。在这方面，美国的大学也许更是鹤立鸡群。在美国，大约有 1/3 的适龄人口在大学读书。在这些人中，又有 1/3 会读研究生学位。高等教育的普及率非常高。另外，非传统学生，也就是大龄学生，占的比重明显比大多数国家的相应比例要大。在美国上大学没有年龄限制，40% 的大学生在 25 岁或 25 岁以上。另外，老年人上大学成风。我所在的萨福克大学（Suffolk University），地处波士顿市中心，波士顿地区 65 岁以上的居民都可以免费旁听，算是对当地社会的一种服务。更重要的是，美国的大学给穷人提供了较多的机会。20% 的大学生来自生活在贫困线或贫困线以下的家庭。有一半的学生读半日制。80% 的学生要靠打工支持自己。学校也努力给学生提供校内工作的机会。比如我的学校，校内图书馆人员、邮差、办公室的帮手，许多都是学生。

不错，美国大学的学费贵得出名。在 2003—2004 年度，四年制的私立大学平均学费为每年 18400 美元，州立大学的学费平均 5400 美元。同时美国家庭的平均年收入不过 5 万美元上下。但是，联邦政府每年给学生的资助，将近 815 亿美元之巨，相当于一个小国的GDP。另外，私人的捐助也不可胜数。从联邦政府、州，到大学本身，都给学生提供奖学金。杂七杂八的资助加在一起，使一个中等家庭的子弟平均只需付大学学费标价的34%。像哈佛等精英大学，干脆免了低收入的学生的学费。所以，美国大学学费看起来吓人，但奖学金充足，加上打工的机会多，穷人还是上得起。这样的成功，当然和美国的财富有关。主要由西方发达国家组成的“经济合作与发展组织”，其成员国2001年在每个大学生身上的投资额平均为1万美元，美国则高达2万，比这个平均额高出一倍。在美国，校友、慈善家无不为大学慷慨解囊。

难怪人称美国人是大学狂。有一次，我陪来访的弟弟逛耶鲁，他看了那些本科生学院、图书馆、法学院后目瞪口呆。记得当时他问我：“现在美国是世界首富，盖这些宫殿般的学校不奇怪。可这些都是老房子。人家这么下本儿盖学校，是在有了钱以前，还是在有了钱以后呢?”这确实是个很难回答的问题。这些建筑拔地而起时，美国已经是世界第一经济大国。不过，其中几栋最辉煌的建筑，却是大萧条时代的产物。要知道，在一个这么年轻的国家，哈佛的建校是在1636年，比美国建国还早一个半世纪左右，距清教徒在新英格兰登陆仅两年的时间。当时的清教徒刚刚登陆，由于找不到粮食，或在新土地上种不了庄稼，许多人饿死。可见，人家是还没有吃饱肚子就开始建大学。这种推崇大学的文化，自然会培育出优异的大学。美国的大学很快凌驾于欧洲之上，也就没有什么好奇怪的了。

美国的大学为什么优异?

所谓“美国大学的优异”，并非指几个顶尖大学的水平，而是美国大学体系比其他任何国家的体系都要先进。这个体系的优势，用《经济学人》的话来说，就是没有体系。所以，那些中央政府在经济和社会生活中扮演过分重要的角色的国家，很难效仿这一没有体系的模式。

为什么这么说呢?首先，所谓“没有体系”是因为联邦政府对高等教育不作通盘规划。美国是个自治传统非常强的社会。即使是公立大学，也不过是州立大学。没有国立这一说。对此，我在近著《谁的大学》一书中有所讨论。当年开国时，各州各行其是，彼此钩心斗角，甚至频频提出分开另过。国父华盛顿虽然墨水喝得不多，但毕竟领军打过仗，看到各地来的年轻士兵在一起出生入死后，彼此间形成了牢固的纽带，由此想到建立一个国立大学，让来自各州的年轻人一起读几年书，培养共同的国家认同，等这些人毕业，回到本州都是地方精英。只要他们之间有聚合力，国家就可以团结起来。他之后的5位继任总统，也出于各种考虑要建立国立大学。但是，每一次努力，都被议会否决。美国的大学，命中注定没有一个国家级的通盘规划。

国立大学的挫败，反而成为美国大学发达的制度基础。联邦政府不直接管理大学，没有高等教育的中央计划，也不会像法国、德国、日本一样，把大学的教职员视为政府的雇员。出来办大学的，是慈善家、教育家、地方政府（特别是州政府）、宗教团体等民间组织，乃至像经营生意一样靠学生的学费过日子的企业家。高等教育的基本架构是从下面建设起来的。当然，联邦政府并非什么也不做。联邦政府介入的方式，一般是把公共资源交给这些基层的教育机构经营。1862年的"莫里尔颁地案"（Morrill Land Grant Act）就是一例。1857年，佛蒙特州的众议员贾斯廷·莫里尔（Justin Morrill）深感现有的大学无法为广大农民和工人提供实用知识，想出了通过颁地的方式建大学的主意，以提高平民百姓的知识水平和生产力。但他据此提出的法案，受到南部势力的坚决抵抗，并被总统詹姆斯·布坎南（James Buchanan）否决。直到1862年南部宣布脱离联邦后，才被林肯总统签署。根据这个法案，以一个众议员名下3万英亩土地计，联邦政府按照众议员的数目给各州拨地（因为众议员是按人口比例分配的，这样颁地最能达到人均的公平）。这些土地出售后的资金，用来建设以传授农业和机械知识为主的大学。有的州用这笔经费强化已有的大学，如威斯康星的州立大学体系。有的则用来建设新的大学体系，如加州大学系列。一些南部州，则把钱分给各个农业与机械学院（agricultural and mechanical college，即A&M），这也是南部许多A&M大学的来历。总之，这一法案激发了各州建立各种各样的大学体系，但联邦政府却不参与管理。

更重要的是，联邦政府要把支持大学的钱直接送到学生和学者手中。比如，1946年的"退伍军人法案"，给所有参加过"二战"的退伍兵支付上学的费用，让学生拿着钱自己决定去哪个学校。前面已经提到，目前联邦政府每年给大学生的资助将近815亿美元，也是给学生而不是给学校。另外，联邦政府掌握大量的研究经费。这些经费，常常是大学的教授、学者直接申请，钱拿到后跟着这些教授、学者走。他们在哪个学校教书，钱就在哪个学校花，并非直接向大学拨款。联邦政府退出大学的直接管理，就创造了激烈的竞争环境。教授为了争夺科研基金彼此激烈竞争，学生为了获得奖学金也要竞争，大学为了获得捐款同样要竞争。全方位的竞争，创造了全方位的优异。

由于没有联邦政府的统一规划，美国大学在形式上非常灵活，能够满足各个层次的需要。我们现在一讲美国的大学，就是研究性大学。中国的各种高等院校，纷纷改名字，“学院”竞相变“大学”，生怕自己不够气派。实际上，美国各种高等院校有 4000 家左右。真正作为研究性大学的，也就 100 多家。在精英大学中，有许多小型文理学院。在草根层上，有许多社区学院（community college）。学制短，只有两年，相当于我们的大专；而且学费非常便宜。这样社会底层的人也上得起。更重要的是，这些社区学院的学生，在学业和财力容许的情况下可以带着一部分学分跳到四年制大学中。最近有不少学生因为四年制大学太贵，就在社区学院读两年，然后跳槽，到四年制大学拿文凭，大大降低了教育费用。比如著名的黑人学者卡罗尔·M. 斯温（Carol M. Swain），生长于维吉尼亚农村一个贫困的家庭，是 12 个孩子中的一个。她的兄弟姐妹，没有一个读完高中。她也在高中辍学。但看看她后来的履历，简直是个神话：她 1978 年在维吉尼亚西部社区学院（Virginia Western Community College）拿到应用科学的准学士学位，1983 年拿到罗阿诺克学院（Roanoke College）的学士学位，1984 年拿到维吉尼亚理工学院（Virginia Polytechnic Institute and State University）的硕士，1989 年在北卡罗来纳大学教堂山分校（The University of North Carolina at Chapel Hill，美国最好的几个州立大学之一）获得博士学位，2000 年在耶鲁大学获得法学研究硕士。在这期间，她还是个拉扯着两个儿子的单身母亲，在养老院、服装厂、社区学院的图书馆打过工。后来她到普林斯顿任教，最后成为南部名校范德比尔特大学（Vanderbilt Universitv）的政治学和法学终身教授。她开始时显然最艰难。从准学士到学士，常规只需要两年，她竟挣扎了 5 年，以后则越来越顺。没有一个多层级的灵活体制让她从最底层起家，她的成就是不可想象的。

大学体制不仅帮助斯温这样的人从社会最底层爬到教育的顶峰，而且也使一些底层大学异军突起。比如在圣路易斯的华盛顿大学，本来是个走读学院，但这几年在《美国新闻与世界报道》的研究性大学排名中，一直排在第十名上下，比许多常青藤的名次还高。再有就是纽约大学，在 20 世纪 70 年代中期几乎破产，不得不把在布朗克斯（Bronx）区最大的校园出售。但如今在上海交大的世界大学排名中，雄居第三十二位，俨然是一所名校。我自己所在的萨福克大学，最初不过是一个法学院的毕业生为了给穷人提供教育机会，在自己家的客厅给六七个学生授课，后来竟然也演化成了一个大学。当时哈佛的校长警告说，这样的学校是危险的、根本不应该存在。如今，萨福克大学的法学院和哈佛法学院是波士顿最大的两个法学院，为本地提供了最多的司法人才。萨福克大学也正在从一个走读、业余学校式的大学，转化为四年制、有博士课程的正规大学，并且开始有了学生宿舍，向寄宿制大学发展。在校内领导层内中，有人甚至有雄心在波士顿市中心再造一个纽约大学式的奇迹。

除此之外，还有所谓“营利大学”，也就是我们所谓的“学店”，和中国的一些英语学校，如新东方等，有非常类似之处。这样的学校，完全以商业理念经营大学，要物美价廉、薄利多销，把大学办成连锁店，甚至有的校长要求教室与学生停车的地方不能超过5分钟的步行距离，很像麦当劳的经营原则。这些大学瞄准的，是那些有工作但缺乏教育的阶层。最大的为菲尼克斯大学，在全球有28万学生，239个校园。其创办人是剑桥培养的经济学家约翰·斯珀林（John Sperling)。他发现常规大学几乎都致力于培养18～22岁的年轻人，忽视了已经工作的成人。于是他发誓要为这些人办学，让他们在任何时间、任何地方都能接受高等教育。如今美国的营利大学已经有几百所。许多都创造了自己的品牌。

这种多元、灵活的大学体制，保证了美国的高等教育能为各个阶层的人在人生、事业的各个阶段提供教育服务，并且促成了多种体制的竞争，使任何一个体制都不可能高枕无忧。你研究性大学只顾搞研究不管本科生吗？那么注重教学的本科文理学院就会把学生吸引走。你的大学学费太高吗？那么一些营利大学的连锁学店、网上教学，就会出来“杀价”。怪不得一位基层传统大学的高层管理人员说：“这些营利大学在我们街对面的连锁店一开张，我们就感受到了威胁，经营的方式就得调整，否则我们的学生会跑掉。”这样的竞争，构成了美国大学优异的基础。

高等教育的产业化与大学校长

美国的大学受两个传统的影响。一是来自英国的盎格鲁－撒克逊传统，注重培养学生的品格和社会技能，强调教师和学生个人间的交流，在形式上是以寄宿本科生学院为大学的主体。另一个是德国的研究传统，注重知识的创造，研究院在大学中占重要的地位。美国的大学集这两个传统之大成，同时也保留了自己的传统，即强调大学对社会的服务，务实，并有着市场竞争的企业精神。

英国的著名哲学家、数学家罗素在威斯康星大学时曾经惊叹美国大学的务实精神：“当农民种的大头菜出了问题时，大学教授竟被派去对种植的失败进行科学调查！”这在当时的欧洲还是很难想象的。

美国是个主权在民的社会，小民百姓手里掌握着政治资源。高等教育虽然开始时服务于精英，但很快就面临着为普通人提供机会的压力。实际上，1862年的“莫里尔颁地案”，就把实用学科抬到了和传统的人文学科平行的地位，意在激发老百姓的创造力，回应现实的需要。20 世纪的美国历史学家亨利·斯蒂尔·康马杰（Henry Steele Commager）评论说，对一般的 19 世纪的美国人来说，教育就是他的宗教。不过这种宗教必须实用，而且能够带来“红利”。

这种对“教育红利”的追求，成了美国大学的一个主流文化。美国的大学，是把学术与企业联系起来的先锋，我称之为“大学下海”。如今美国大学从自己的专利和许可权中每年挣得 10 亿美元。有 170 所大学有开发性机构。另外，一些名牌大学的捐赠基金也大得吓人。以 2004 年财政年度的数据计，哈佛的捐赠基金为 225 多亿美元，雄居第一。第二位的耶鲁，也有 127 多亿美元。这些资产，要投入股市增值，经营得是好还是坏，一年就可以有十几亿甚至几十亿之差，关系到一个学校的实力。所以，这些学校用来经营捐赠基金的首脑，都是能够驰骋华尔街的财神，年薪至少百万以上，远远高过校长。

务实的传统，赢利的欲望，激烈的市场竞争，自然也渐渐转化了大学校长的角色。19 世纪末 20 世纪初的大学校长，如哈佛校长查尔斯·威廉·艾略特(Charles William Eliot)，不仅是他们的时代的教育领袖，而且是文化领袖、社会领袖，经常对各种社会问题发言。现在的大学校长，即使在教育问题上，也很少表明自己的立场。像哈佛校长劳伦斯·H. 萨默斯（Lawrence H Summers）在 2005 年讲了几句自己对教育、研究、女性的看法，不留神说走了嘴，差点儿被赶下台。更多的校长，大部分时间在为学校募捐。据《高等教育编年》的调查，目前有 53% 的美国大学校长，每天都在从事募捐活动。这已经是大学校长的首务。在被问及他们如何定义自己作为校长的成功时，大部分人的回答是“平衡预算”，而不是“建立优异的教育体系”。几年前听一个耶鲁的顶尖教授在那里发表高论，解释为什么大学校长挣的是普通教授的好几倍。他说：“一个校长，必须在学术上出类拔萃，又能跨出本学科，像个交响乐队的指挥那样领导一群特立独行的学者。有这个本事的人本来就少。而这些人一旦担任这样的行政职务，一天到晚就要在那里为学校弄钱，放弃自己心爱的学术，牺牲太大了。所以，非高薪不能吸引这样一流的人才当校长。”

但这样的解释，在当今的大学竞争中越来越像是老黄历了。道理很明显，既然大学校长的主要职务是搞钱，那么为什么不雇一个专门理财的人来当校长呢？校长的职责和就任资格是跟着时代变的。在南北战争前，美国的大学还没有完全从教会独立，当校长的大部分是神职人员。后来随着大学的独立，希腊、拉丁的古典学者和英文教授开始担任校长这一角色。等研究性大学建立后，许多科学家也开始当校长。如今，市场大潮排山倒海，越来越多的大学开始从学术圈外招募校长。比如维吉尼亚的伦道夫-梅肯学院（Randolph-Macon College），是个小有名气的文理学院，其即将离任的校长罗杰·马丁（Roger Martin）是牛津训练出来的教会史专家。但他的继任者罗伯特·林德格伦（Robert Lindgren）却仅在佛罗里达大学拿了个法律学位，在牛津拿了个管理硕士，没有博士学位，根本不具备在大学教书的资格，也没有教书的经验。但他是个职业募捐人，曾为他的前两个雇主募集了30亿美元。在接受这个校长职务之前，是约翰斯·霍普金斯大学的首席募捐人。

他的就任，也越来越不像个特例。1986年，有25%的美国大学校长从来没有在大学拿过教职；2001年，这个比例上升到30%。1998年，只有9%的大学校长来自学术圈外；到2001年，这个比例上升到了15%。在美国没有博士学位几乎不可能在个正规的四年制大学当教授。但如今有的大学校长竟没有博士学位。

从教授的角度看，他们对这些没有学术经验的外来客当然充满怀疑。但是，没有教授愿意在一个缺乏资金、管理不善的大学供职。只要他们的学术自由不受侵害，他们宁愿让一个职业募捐专家为自己筹足经费，以便安心做学问。相对而言，欧洲大学是更加“教授治校”，美国大学则给校长更多独立的权力。校长除了不能解雇教授外，很像个CEO，能够像经营企业一样经营大学。这也难怪，大学校长的年薪越来越向华尔街的工资单靠拢。2005年已经有大学校长年薪过了百万美元大关。而欧洲大学的教授，有机会就往美国的大学跑。看来务实的美国大学，还是有其制度优势。

美国大学的危机

从外面看，美国简直就是高等教育的天堂。但从内部看，美国的大学充满了危机。许多人评论说，近十几年来，美国大学几乎天天出丑闻。

危机是什么？不同政治立场的人有不同的看法。自由派认为产业化的大潮淹没了学术独立，“9·11”后的反恐爱国主义威胁着大学中的言论自由。保守派则认为，大学被自由派所控制，只有10%左右的教授支持共和党。这些人把持大学后，就压制异端，使持保守立场的人难以在大学立足。

不过，两派都必须面临的核心问题，是大学费用的飞涨。以2002年的美元价值计，从1971—1972学年到2002—2003学年，美国两年制的公立大学的学费从820美元涨到1735美元；私立四年制大学的学费则从7966美元涨到18273美元。四年制的公立大学，2004年学费比上一年上涨10.5%，达到5400美元，是同年通货膨胀率的 4 倍。虽然中等家庭的学生平均只付这个标价的 34%，但学费的上涨远远超出了通货膨胀率，最终还是会把中产阶级挤出高等教育。

这种现象已经发生了。普林斯顿的前校长威廉·鲍恩（William Bowen）在 20 世纪 90 年代领导的一项对精英大学的学生构成的研究表明，从 1976 年到 1995 年，来自收入属于美国人口中最高的 1/4 家庭的学生比例，从 39% 上涨到了 50%；来自收入属于最低 1/4 家庭的学生比例，也略有增加。真正被挤掉的，是中等收入家庭的学生。道理很简单。高收人家庭永远付得起钱。低收入家庭的子弟可以享受丰厚的奖学金。中等家庭的人想上好大学太穷，想申请奖学金又太富，只好放弃进名牌的机会。

这种学费上涨，有几个因素。第一，教育升值，受过高等教育的人与没有受过高等教育的人之间的收入差距越来越大。原来那种当一辈子工人，收入和教授相当的日子已经过去了。所以高等教育的需求增加，大家也愿意投资。第二，大学竞争激烈。各校为了创牌子，竞相高薪请明星教授、大兴土木，提高研究水平，无意中就把大学的成本抬了起来。第三，自 20 世纪 70 年代以来，美国人越来越不爱付税。如今保守主义当道，小政府的意识形态统治美国。税收（特别是州政府的税收）一少，州立大学的拨款就少，结果只好加学费。前几年经济不景气，州的财政收入萎缩，不得不大砍高等教育经费。所以近年来州立大学学费涨得特别凶。

流入高等教育的公共资源相对萎缩，公立（州立）大学的地位就下降，出现了精英大学私立化的趋势。比如，在《美国新闻与世界报道》的研究性大学排名中，1986 年前 26 所大学中有 7 所是公立大学，2002 年有 4 所，2005 年也仅有 4 所，而且 2005 年除了加州大学伯克利分校与另一所私立大学并列第二十外，另外 3 所州立大学——维吉尼亚大学、加州大学洛杉矶分校和密歇根大学，全排在前 26 所名校的末尾。不仅如此，这几所著名的州立大学也越来越私立化。有的州立大学，州政府拨款仅占其经费的 20% 多，主要靠校友和私人捐赠，越来越私立化。可以说，一流名校在实质上几乎全是私立。公立大学不仅学费不及私立大学的 1/3，而且学生人数众多。以 2004 年为例，公立大学拥有学生 1262 万多，私立大学则仅有 389 万多。一般老百姓还是上公立大学。所以，公立大学的没落，直接威胁老百姓的利益，是美国高等教育潜在的危机。

美国大学的另一危机，是市场冲击下学术独立的动摇。美国大学务实精神强，敢于“下海”创利，企业和学术联姻。这些都给大学带来了巨大的财富。但是，市场的规则和大学的目标毕竟不一致。比如，许多企业在大学的科研项目上投资，为了防止对手的竞争，对开发出来的成果不予公布，逼着科学家推迟论文发表的时间，或删掉关键段落，甚至以专利为名，禁止别人使用已经有的研究成果。这样的企业式运作，等于妨碍了知识的传播。甚至有的研究机构，不惜出卖学术良心，为给自己钱的企业遮羞，掩盖不利于该企业的科研成果。从20世纪90年代以来，这样的丑闻层出不穷，愈演愈烈。象牙塔已经不再是象牙塔，而是铜臭气十足的公司。大学的信誉，已经受到严重的伤害。

第三大危机，则是大学越来越注重研究，对本科的教学有所忽视。特别是教授们过于专门化，一心追求学术潮流，忽视了一般性的教育，把大量过于狭窄的专业内容带入课堂，让学生不知所措。我曾经给一个刚刚拿到博士的教授当过日本史的助教。他的第一堂课，上来就讲关于日本史的十大成见，然后一个一个加以批判。下课后他问我意见。我坦率地告诉他："你的学生对日本一无所知，根本没有什么成见不成见的问题。你搬出十大成见批一通，无的放矢，人家一头雾水。在读研究生写论文时，大家喜欢解构。但本科生教育，还是多多建构为好，直截了当告诉学生日本的基本知识。"许多教授，就是这样生活在自己的研究中，把研究院的时髦搬到本科生的课堂。难怪哈佛校长萨默斯强调，多教学生一些实际的知识，而不要过多地讲什么方法论之类非实质性的东西。

当然，更有些保守派抱怨，现在大学自由派当道，制造了一套"政治正确"的语言格式，有许多话很难公开讨论。比如萨默斯提到男女在科学研究上可能有差异的问题，这不过是一个假设，却不能公开说。在女性问题、种族问题等方面，有些话只能私下谈，无法公开讨论。

不过，我们必须看到，尽管美国大学有这些危机，比起欧洲和其他地区的大学的问题来，这些危机容易应付得多。美国的学费虽高，奖学金也高，而且大学的类型和层次丰富，美国家庭送孩子上大学的负担，比一般的中国家庭还是轻得多，绝大部分合格的穷人可以免费接受大学教育。至于研究挤了教学等问题，因为有本科文理学院的存在，大学不敢太忽视教学。最近哈佛因为太重研究而忽视教学，引起学生的普遍不满，校方不敢怠慢，立即着手寻求解决之道。这就是多种体制竞争的好处。至于"政治正确"的话语格式，已经越来越受到社会的批评，特别是在保守主义时代，自由派的"政治正确"已经不可能一手遮天了。相比之下，最难办的大概还是市场化、产业化对学术独立的冲击。因为市场给大学带来的好处太多、力量太强，想改变要付出的代价也就高。资本主义的金钱逻辑几乎已经征服了一切，大学是最后未被征服的堡垒之一。能否创造性地解决市场规律与大学目标的冲突，对美国大学未来的健康发展具有决定性意义。

谁是世界第一名校

> 从2000年开始，各校的名次就相对稳定。普林斯顿成了王中之王，在2000年和2001年连续两次名列第一。哈佛第二，耶鲁第三。从2002年开始，普林斯顿和哈佛并列第一，耶鲁长期名列第三，大家的地位相当固定。在文理学院中，威廉斯学院（Williams College），阿默斯特学院，斯沃斯莫尔学院（Swarthmore College）也基本依次列为前三名，很少有变动。这几个学校的超一流地位，似乎没有什么争议了。

2005年8月29日出版的《美国新闻与世界报道》（按惯例提前一个星期出版），又一次公布了全美大学的排名。普林斯顿、哈佛大学连续四年并列第一，耶鲁大学连续四年屈居第三。

美国的大学排名，名目多样。但是《美国新闻与世界报道》的排名影响最大，也最有争议。每年排名一公布，有些名校的校长和高级官员就出来说排名很荒谬，把高等教育变成了超级市场的货架，劝大家不要理睬。1996年，斯坦福大学校长格哈德·卡斯珀（Gerhard Casper）致信《美国新闻与世界报道》的编辑詹姆斯·法洛（James Fallows），批评排名误导公众，掀起了对该排名的质疑运动。1998年，美国法学院协会公开要求《美国新闻与世界报道》结束对法学院的排名，称这样的排名是“误导性的和危险的”。美国律师协会所承认的180个法学院的录取部院长几乎一致联名签署了一封给申请法学院的学生的信，要求大家无视这个排名。

但是，排名还是具有挡不住的诱惑。一些二流、三流学校和小学校常常把自己的名次在本校网站上公布：本校被《美国新闻与世界报道》评为美国最优异的大学之一！同时，虽然许多著名大学嘴上说对排名不屑一顾，每年却精心为该杂志的评定提供数据。93%的美国大学自愿填写该杂志的调查表，没有大学的合作，这个排名根本就不可能出笼，可见大家还是“愿打愿挨”的关系。甚至常有一些精英大学，有意提供误导性的数据，以求提高名次，最后被该杂志抓住，成为学术丑闻。到目前为止，虽然大家对排名口诛笔伐，但是主要的大学拒绝合作的事情几乎没有。相反，一些院校以排名为中心制定政策。比如，鼓励明明没有希望被录取的学生申请，这样申请的人多，录取的比例就小，显得学校有竞争力。一些二流大学，放着最顶尖的学生不录取，盘算的是这些学生肯定会被更好的大学录取，只不过拿自己当最后不得已的选择，录取了的学生不来，在数据上就降低了本校的竞争力。更不用说，这个排名，已经成了美国高中生和家长的择校圣典。即使像普林斯顿这样近十年来排名最高的学校，名次一跌，就会失去一些精英学生。

为什么这个排名影响这么大？首先当然是排名的人力财力投入巨大，以15组不同门类的数据为基础进行分析，调查翔实，资料充分。同时，评定方法公开，编辑对公众的批评，能够有所根据地答复。当然，也许是最重要的，就是排名的市场推销有术。《美国新闻与世界报道》和《时代周刊》（*Time*）、《新闻周刊》（*News Weekly*）是美国三大时政新闻杂志，影响力甚大。而另外两家杂志，虽然也有对大学的评比，但是没有排名。理由是“不好比”。这样的态度虽然老实，但却难以吸引读者。《美国新闻与世界报道》干脆把所有大学都排座次：今年哈佛击败耶鲁，明年普林斯顿力克群雄，好像是年年开高等教育的奥林匹克。即使是看不上排名的人，也忍不住要看。一般要上大学的高中毕业生和他们的家长，怎么能经得起这样的诱惑？

况且，排名即使对那些很懂教育、不会盲目跟着排名的指挥棒转的家长，也有非常实用的价值。比如，一个在耶鲁上了本科，在哈佛读了研究生的家长，对几个名校当然有相当了解。但是，孩子一旦考不上常青藤，那到底是应该去维吉尼亚大学呢，还是去韦尔斯利学院（Wellesley College）？看看排名，对这些学校的大概实力就有所了解，帮助自己进行初步选择。虽然排在第三十三位和第三十四位的学校孰高孰低不好说，但在30到40位的学校和80到100位的学校之间毕竟还是有水平距离的。2004年我自己找教职时，特地还买了一本排名。因为有些大学即使很有声誉，我也可能从来没有听说过。榜上有名的，总是靠得住的学校。一些大学里的人批评排名把教育简单化，把苹果和桔子比，误导一些不懂教育的人。殊不知，苹果和桔子固然不同，但在市场上消费者还是可以通过价格对之进行比较。大多数学生和学生家长，在这些教育界人士看来都属于不懂教育的。他们终究必须自己作决定上哪个大学。排名就是他们的“傻瓜相机”。

除了排名之外，那些教育界人士并没有给主流的学生和家长提供一个更好的、可操作的选择。不过，排名即使实用价值大，使用时也要分析。首先，这个排名是本科教育的排名，不是大学实力和影响力的排名。关于研究院和职业学院（如法学院），该杂志另有排名。虽然本科生教育是美国大学的首务，但和大学的综合水平还是不能等同。举个例子，大名鼎鼎的加州大学伯克利分校，和华盛顿大学或西北大学相比孰高孰低呢？在中国读者眼中，伯克利无疑是世界一流名校，后两个大学设在哪里大部分人都不知道。但是，在这个排名中，华盛顿和西北分别排第十一和第十二，前两年这两个学校常常进前10名。而伯克利仅排20，过去还常常进不了前20名。再看看学生的SAT成绩，这两个似乎不知名的大学的学生成绩明显胜过伯克利。我的一个台湾朋友的孩子，几年前被伯克利、芝加哥大学和西北大学录取。能去伯克利和芝加哥这样的名校，在台湾的亲友面前当然有光。但是全家到校园一访问调查，还是选中了西北。伯克利第一个就被淘汰。理由是那里班太大，学生没有人管，甚至不上课也没有人知道，街上还有卖听课笔记的。你看看排名，西北确实也比另外两个学校高。看来人家并非乱排。

另外，虽然是本科教育的排名，但该刊把研究性大学和本科文理学院分开排名，读来又复杂一些。这两类学校的区别，我在近著《谁的大学》中已经有分析。研究性大学顾名思义是注重研究，学术明星多。但是这些明星并不一定专注教学。况且学校大，班也大，老师名气响当当却不认识学生，学生并不一定得益。文理学院没有那么多学术明星，教授们却专心教学。学校小，有的就一两千人，班也小，老师和学生交往甚多。用我们中国人的话说，这样的学校对学生盯得紧。所以许多美国家长愿意把孩子往这些小文理学院里送。比如在文理学院中排名第二的阿默斯特学院（Amherst College），中间档位学生的SAT成绩在1350到1550分之间。在研究性大学中，除了哈佛、普林斯顿、耶鲁、斯坦福、麻省理工、加州理工等几个学校比这略高一点外，其他学校的成绩大都在此之下。拿文理学院中前5%的院校和研究性大学中前5%的院校比，你很难分出高下。从本科教育质量上看，往往前者更实惠。

这个排名最大的一个问题，还是重硬件不重软件。有人甚至因此说它“只计投入不计产出”。硬件顾名思义就是学校的基本设施，如建筑、实验室、教授人数、奖学金等。有人挖苦说，这种排名实际上是各校的水电费排名。为什么这么说呢？举例而言，耶鲁的健身房号称是世界第二大，是个老旧的建筑，本来考虑拆掉，但为了保护旧建筑还是花了比新建一个多一倍的钱翻修了一下。建筑老旧，水电、供暖、制冷等系统工作效率就低。我曾经在2005年5月底到那里锻炼，其时室外几乎是夏天，有的地方已经使用冷气，但更衣室里的旧暖气竟烧得烫手。即使门窗全敞开，还是担心里面会热得着火。耶鲁为此支付多少费用，只有天晓得了。假设另有一个新大学，盖了一个同样规模的新健身房，用计算机控制供暖和制冷系统，省下 80%的电力。结果怎么样呢？耶鲁浪费的这些钱，可以使它在排名上比更懂得节约能源的大学更靠前。为什么？因为评定中有一项：各大学在每个学生头上平均的投入。水电费对一个大学来说是笔不小的开支。浪费一些，就可以使该大学在每个学生头上的平均投入提高！

这样的荒诞，确实比较极端。但平心而论，这样做也是没有办法的办法。硬件可以衡量，软件怎么衡量？毕竟，有些硬指标，如师生比例、班级规模、教育经费、入学成绩、录取率、毕业率等，还是很能说明问题的。所以，即使是明白人，也会认真参照这个排名。

软件容易变，硬件却不容易变。这就造成了各校在排名中的位置移动缓慢。但是，比较一下 20 世纪 90 年代和 21 世纪初这 6 年的排名，还是有些微妙的变化。这在精英院校中更是如此。

在 20 世纪 90 年代的排名中，排前几位的大学名次起伏大一些。以哈佛、耶鲁这对冤家而论：1995 年哈佛第一，耶鲁第二；1996 年耶鲁第一，哈佛第三；1997 年哈佛第一，耶鲁第三；1998 年两校并列第一。这期间，普林斯顿基本在前三名，有时与上述两校之一并列。但一个顶尖学校一年间名次就浮动两位，可以说非常不稳定。1999 年最为戏剧性。加州理工第一次上升到第一位，其后是麻省理工和哈佛，耶鲁从前一年的第一跌到和普林斯顿并列第四！同年，一个叫布鲁斯·戈特利布（Bruce Gottlieb）的评论家发表了一篇言辞激烈的文章，谴责《美国新闻与世界报道》在欺诈！其策略是每年变换评定的方法，这样就造成了各校名次的戏剧性变换，以吸引读者。试想，如果每年都是哈佛第一、耶鲁第二、普林斯顿第三，谁还看这本杂志？想在市场上成功，就必须像体育比赛那样，制造黑马，增加不确定因素。前面提到的斯坦福大学校长格哈德·卡斯珀的指责更具体：各校的师资、学生人数、课堂规模一般在短期内不可能有大变换。但细看排名，一年之内的变动之大到了让人难以置信的程度。比如师资力量，哈佛在 1995 年还排第一，1996 年就成了第十一，斯坦福则从第三跌到第十五。在师生比例的评比中，1995 年约翰斯·霍普金斯大学还是 1：7，一年后就到了 1：14。芝加哥大学则从 1：13 变到 1：7。这简直像是天方夜谭。

不知道是这样的批评起了作用，还是《美国新闻与世界报道》自己也觉得 1999 年的结果比较离谱儿，2000 年的评定就有所调整。该杂志的编辑称，1999 年的结果，是因为在运用各校资金投入的数据时，只考虑资金的总数，没有考虑这些资金用在什么地方。比如，一些大的研究项目，资金投入甚巨，但和本科生毫无关系。所以，在以后的评比中，要对研究资金和教育资金的投入加以区分。

结果，从 2000 年开始，各校的名次就相对稳定。普林斯顿成了王中之王，在 2000 年和 2001 年连续两次名列第一。哈佛第二，耶鲁第三。从 2002 年开始，普林斯顿和哈佛并列第一，耶鲁长期名列第三，大家的地位相当固定。在文理学院中，威廉斯学院（Williams College），阿默斯特学院，斯沃斯莫尔学院（Swarthmore College）也基本依次列为前三名，很少有变动。这几个学校的超一流地位，似乎没有什么争议了。

不过细看名次，还是有文章可做。要论学校的财政实力，首先必须看各校的捐赠基金（endowment）。在这方面，以 2004 年财政年度的数据计，哈佛以 225 亿多美元名列第一，大致相当于一个欧洲小国（如捷克）的 GDP；耶鲁以 127 亿多美元名列第二；普林斯顿排在第三，捐赠基金接近 100 亿美元。但是，最近几年的排名却无法以钱衡量：普林斯顿是老大，哈佛勉强与之并列，耶鲁第三。2005 年虽然普林斯顿和哈佛同居榜首，但《美国新闻与世界报道》同时发表一篇文章，题为“哈佛是否被高估”，对哈佛大学的本科教育提出种种批评。这似乎是在回应公众对该刊只评硬件不评软件的批评：软件无法排名，评硬件属于没有办法；但是我们对软件不排名却可以评论。显然，该刊对哈佛的教育有所保留。

哈佛本科教育的问题，显示了研究性大学的通病：学校把资金投入学术研究而不是教学，学术明星和学生缺乏接触，课堂规模过大。不久前，由全部 8 所常青藤盟校，麻省理工，以及阿默斯特、韦尔斯利等顶尖文理学院等 31 所私立精英院校组成的“高等教育财团”（Consortium on Financing Higher Education）对所属院校中的学生满意度进行了一次调查。这项调查，主要是衡量学生对教授为学生花的时间、授课质量、指导学生的质量，以及校园生活等的满意度。与《美国新闻与世界报道》的硬件评比相对，是对教学质量的软件评比。结果，哈佛在这 31 所大学中名列倒数第五！在以 5 分为满分的标准中，哈佛的综合得分仅为 3.95，而其他 30 个院校的平均综合得分为 4.16。在教授为学生花的时间一项，哈佛得 2.92 分，其他院校的平均分则为 3.39。授课质量哈佛得 3.16，其他院校平均分 3.31。专业指导的质量，哈佛仅得 2.54 分，其他院校平均为 2.86 分。可见，哈佛教授的心思不在学生那里。

这样的结果，和校内学生以及校外同行对哈佛的看法非常接近。1997 年我申请博士课程时，就有个教授告诉我不要去哈佛，因为哈佛用研究生教课，没有时间做自己的研究。实际上，在哈佛，学生常常上大课，大家像看戏一样，散场时还常常给台上的学术明星的精彩讲授鼓掌。但是，正如一位学生所说，来哈佛两年，你很少上过60人以下的课。学生和明星教授能做到面熟就不错了。大家在校园里相遇时，老远就有意互相回避。小班课，甚至学生的学术指导老师，则常常由研究生代劳。从师生比例上看，终身教授和学生的比例，哈佛为1比11，普林斯顿为1比8。哈佛明显处于下风。我刚来美国时，碰到一个麻省理工物理学家的儿子，当时正在耶鲁当助理教授。他告诉我，麻省理工教授的子弟在本校上学免学费。但是，他父亲放着这个福利不用，还是送他去了哈佛。等他上完后，发现哈佛不过如此，他弟弟就到麻省理工读书了。他称哈佛资源很多，但你要自己去找。这对一个本科生往往很难。这么小年纪，进了这么一个教育帝国就糊涂了。在一些小系，如研究古希腊罗马的古典系，学生和教授的关系还密切些。越是大系，越是热门专业，大家越是谁也不认识谁。

目前，哈佛内部充满了危机感。哈佛讲，在最近5年，教授规模扩张了10%，教授人数从610人上升到672人，预计到2010年扩张到750人，再往后可能扩张到800人。同时，哈佛大幅度加强小型的新生研讨班。4年前，全校只有30个这样的研讨班，现在则有115个，而且大部分由终身教授授课。这些举措，都是为了加强教授对学生的服务。

不过，比起普林斯顿来，哈佛在这方面追起来颇为吃力。如果把终身教授之外的所有教授人数加起来，普林斯顿的师生比例近年来一直是1比5，比哈佛的1比7（2003年还是1比8）、耶鲁的1比6（2003年为1比7）都高（美国大学的师资雄厚，体现在师生比例越来越高上。最高的是加州理工学院，近年来一直是1比3，也怪不得1999年成了第一。芝加哥大学则为1比4）。这当然会使普林斯顿的课堂小得多。我当年在耶鲁当助教时教过中文课。虽然名义上是助教，但完全是独立授课。班上有近20个学生。我到底还是北大中文系出身，授课质量有保证。但有的助教，竟是音乐系等不相干的专业出身的中国学生。授课质量当然无法保证。其他语种的课程，也是大同小异。研究生频频代劳。到普林斯顿一看，傻了眼了。主管中文课的教授骄傲地告诉我：这里的中文班，一个班8个学生封顶，一律用正式的老师授课。普林斯顿的中文课，号称是全美最“贵”的，其他学校很难维持。

上面提到的“高等教育财团”的调查，结果没有完全公布，普林斯顿的得分不甚清楚。但从2004年普林斯顿校内的一个调查看，学生对教学的满意度明显很高。这个名为“普林斯顿经验”的调查，样本包括800个本科生，800个研究生。在一个只有4600个本科生的学校，这样的样本相当大。结果表明，40%的本科生认为自己在普林斯顿的经验为“优异”，另有将近40%的人表述“非常满意”。我个人碰到的普林斯顿毕业生，对自己的学校也都感到非常骄傲。

从排名上看，普林斯顿的头把交椅坐得最稳，哈佛树大招风，危机重重，耶鲁非常注重本科教育，所有大牌教授都亲自给本科生授课，最近在学生中的声誉并不因为排名老三而让于前两个学校。从2004年的录取率来看，耶鲁是10%，哈佛11%，普林斯顿13%。看来耶鲁还是最难进的学校之一。精英学生究竟应该到哪里上学，完全由个人在专业上的志向、对各校风格以及周围环境的好恶而定。比如哈佛是个都市中的大学。其校园区在剑桥附近，热闹程度已经和波士顿市中心差不多，而且地铁和公共交通四通八达。普林斯顿则依然像世外桃源，从纽约乘火车穿过一片森林到普林斯顿站下车，还要换小火车才能到达校区。耶鲁则地处一个贫穷的小城市，但校区集中，人文气氛甚盛。除了这三大名校外，斯坦福、哥伦比亚、宾夕法尼亚、麻省理工、加州理工，以及上面提及的几所文理学院，实际上都是“半斤八两”。我见过被几个名校录取，但不去哈佛去了斯坦福的，或拒绝耶鲁去了布朗大学的。不过也有个大陆来的学生，只认哈佛。一问也没有别的理由，就是人家的名气比谁都大。

美国大学排名的流行，多少反映了20世纪六七十年代以来教育平民化、商业化，以及英才主义的趋势。在20世纪60年代以前，教育被少数白人上流社会垄断，进名校，家庭背景常常重于学术能力。像布什这样的人，跟着爷爷、爸爸进耶鲁，哪里用得着什么排名？但到了20世纪60年代，这套贵族体系开始转型，入学强调学术水准、标准化考试成绩，20世纪70年代又演进为男女同校，竞争越来越开放、竞争人数越来越多。高等教育的“超级市场”渐渐形成。在这样的条件下，你对排名爱也好，恨也好，你很难将之取消。象牙之塔中，多了不少市场噪音。这已经是新时代高等教育的现实。

美国名校扶贫斗富

许多美国人都明白，关键还是要孩子读书好。读书好就可以上名牌。越是名牌、学费越贵，奖学金就越多，需要的贷款越少，家庭的投入越少。进名校常常意味着享受免费教育，而且即使因为家境好些，需要自己支付一部分费用，常常也就花几千块，很少超过自己家庭收入的 1/10。

美国各大名校之间的竞争这几年到了白热化的程度。其中大家拼得最凶的一个领域，就是看谁给贫困生提供的条件最优越。也就是说，大家通过扶贫来斗富。

美国名校的财政实力，主要看其所拥有的捐赠基金。在这方面，以 2004 年财政年度的数据计，哈佛、耶鲁分列第一、第二位，捐赠基金各有 225 亿和 127 亿多美元。但实际上，捐赠基金不足 100 亿、排名第三的普林斯顿是最富的。因为普林斯顿规模小，平均每个学生拥有的捐赠基金就成了各名校中最高的，学校在每个学生人头上就更花得起钱。所以，1998 年，普林斯顿宣布，凡是家庭收入 46500 美元以下的学生，其贷款将全部用奖学金替代。美国给学生提供的教育财政资助常常是奖学金和贷款混合。奖学金不用偿还，但贷款是需要偿还的。不过贷款从利率到偿还期都非常优厚。用部分贷款上名校，本是一个回报甚厚的投资。但人们很快发现，来自贫困家庭的孩子，因为受惯了穷，有心理问题，比起富家子弟来，他们特别怕负债。一听说贷款上学，毕业后欠一两万块的债，他们就可能在名校面前止步。毕竟，让一个贫民窟出身的孩子想象自己 4 年后在华尔街挣 6 位数年薪的情景是非常困难的。普林斯顿这一招，就是打消贫困生负债的顾虑，把最优秀的学生抢到手。2001 年，普林斯顿索性把这一政策扩张覆盖到所有学生：只要你需要并有资格获得财政资助，你拿到的就全是奖学金。贷款上学在普林斯顿从此消失。

普林斯顿连出两张硬牌，等于逼着其竞争对手跟牌。但是，普林斯顿的钱太多，手面太大，其他学校跟不起。等到 2004 年哈佛大学才宣布，凡年收入在 4 万美元以下的家庭，教育费用全免。这张牌比普林斯顿的牌还是软得多。因为普林斯顿的计划等于给所有需要资助的学生提供免费教育，其中有些学生的家庭年收入远远高出 4 万美元。哈佛这张牌，其他学校倒跟得起。2004 年，布朗宣布以 1 亿美元将 135 名学生的贷款替换成奖学金。2005 年，耶鲁宣布家庭年收入低于 4.5 万美元的学生，教育费用全免。斯坦福在 2006 年 3 月宣布了同样的政策。几天后，宾夕法尼亚宣布家庭收入 5 万美元以下的学生，其贷款将全部用奖学金替换。

大家拼来拼去，还是没有人能挑战普林斯顿，但是全都能和哈佛叫板。因为那几个学校已经把免费教育的基准，从哈佛的家庭年收入 4 万以下，提高到 4.5 万甚至 5 万以下。这就把世界第一名校逼到了墙角里。结果，2006 年 3 月 30 日，哈佛大学宣布，其学生家庭年收入 6 万美元以下的，教育费用全免。

这里有几点必须澄清。第一，教育费用全免，并非一切都是无偿的。学校可以给学生安排一些校内工作，其收入可以作为奖学金的一部分。不过，学生的校内工作有严格的时间限制，必须保证不影响学生的学习。事实上，大部分工作非常轻松。许多学生可以在工作岗位上看书。第二，所谓教育经费，不仅仅指学费，而且包括住宿、伙食、学习用品等所有正当教育费用。这些费用加起来，一年可达四五万美元。那些家庭收入超过 6 万美元的学生，有许多也不可能负担得起这样的费用，他们一般都根据收入水平得到了不同程度的资助，只不过不是免费上大学而已。

更重要的是，哈佛最近的决定，以及普林斯顿 2001 年给所有需要资助的学生奖学金的做法，突破了扶贫的范围。美国平均家庭年收入为 5 万美元上下。年收入 6 万美元，已经属于中产阶级，很难算是贫困户。最近十几年，中产阶级一直在抱怨，百万富翁们上学花钱不在乎，穷人上学有人给埋单，唯独中产阶级需要承担相当的教育费用，养一个大学生最难。哈佛、普林斯顿这样的做法，等于给中产阶级传达了一个信息：我们绝不会忽视你们的利益。实际上，许多年收入超过 10 万美元的家庭，孩子上大学照样拿奖学金。

许多美国人都明白，关键还是要孩子读书好。读书好就可以上名牌。越是名牌、学费越贵，奖学金就越多，需要的贷款越少，家庭的投入越少。进名校常常意味着享受免费教育，而且即使因为家境好些，需要自己支付一部分费用，常常也就花几千块，很少超过自己家庭收入的 1/10。

当然，哈佛最近的行为，不过是大学争夺贫困生和下层中产阶级的“军备竞赛”的一个小段落。大家日后还会层层加码。名校通过扶贫来斗富的好戏，也许还在后面。

大学要培养未来的领导阶层

——寄宿学院与中国对“世界一流大学”的误解

学生通过集中住宿，培养共同的社会理想、公共责任、献身精神和未来领袖之间的凝聚力。这种寄宿学院制，经过几十年的发展，早已经脱离了当初造就盎格鲁－撒克逊的统治阶层的狭隘目标，越来越强调多种族、多阶层的聚合。但是，尽管受教育者的范围早已今非昔比、越来越多元化，寄宿制培养未来社会领袖的基本目标并没有改变。以大历史的目光看，盎格鲁－撒克逊民族统治世界二百多年，至今仍然主宰美国的政治，还没有退出其全球领导地位的迹象，最多不过是把其统治集团的基盘扩大而已。这样的成就，和其教育能够成功地塑造一代又一代优秀的统治阶层不无关系。

中国不久前掀起的“建设世界一流大学”的运动，似乎名声不好，现在很少有人提了。但是，对这一运动所提出的一些误导性的概念，却很少有人清算。实际上，现在中国的大学，特别是享受巨大的国家拨款的“一流大学”，还在按照这些似是而非的概念经营。

人们也许还记得，这场运动的许多倡导者和评论家们，把“一流大学”等同于“研究性大学”，并美其名曰“美国模式”。甚至有人说，衡量一个大学的水平，主要是看其博士课程的质量。说这些话的人，不少是在国外的“一流大学”受过训练的权威人士。虽然他们蒙昧于美国大学的历史及其人文传统，由于他们的“牌子”响亮，公众对他们的话往往不加怀疑、不作分析。结果大家普遍相信：中国的大学要办成一流，就要向研究性大学的方向发展，把重心放在博士生的培养上。

与此相关的另一个故事是，2005 年教育部宣布取消大学生校外租房的禁令，引起一阵欢呼。但对于大学生住校的意义，却很少有人讨论。我几乎成了唯一的一个例外。看来公众乃至教育界人士，对美国大学的另一个传统没有足够地注意，或者完全无知。简单地说，研究性大学19世纪末在美国发轫，虽然获得了极大的成功，也引起了激烈的批评。20世纪初开始的本科生寄宿学院制，在某种意义上是对这种研究性大学的一个反驳，代表的是传统的盎格鲁－撒克逊的人文主义教育精神。只有将研究性大学和本科生寄宿学院制所代表的传统综合考查，分析两者的冲突与交融，才能理解美国大学的精神与成就，才能为我们的大学改革提供一个有效的参照。

19世纪美国建设研究性大学的潮流，基本上是模仿德国的大学模式。20世纪初开始的本科生寄宿学院制，则是遵循英国的传统，特别是牛津和剑桥的传统。当时德国的大学具有世界一流的研究水平，激发了美国建设研究性大学的运动。但是，从文化源流上讲，美国与英国同属盎格鲁－撒克逊的文化传统，英国对美国的影响远远超出了德国。所以，20世纪初美国开始以剑桥特别是牛津为范本，建设本科生寄宿学院，以制衡研究性大学给高等教育带来的负面影响，也就毫不奇怪了。

在1860年到1910年间，美国的高等教育处于德国的影响之下。一批受德国大学训练和影响的教育家，掀起了建设研究性大学的运动，并且得到了许多财团的资助，硕果甚丰。1876年，当以研究为导向的约翰斯·霍普金斯大学成立时，美国的研究性大学还处于雏形。但到了1880年，形势大转。哈佛大学首先给其教授半薪的学术休假。在高等教育界，要求给教授休假进行学术研究的呼声也越来越高。到20世纪90年代，哈佛大学、芝加哥大学、哥伦比亚大学的研究院蓬勃发展，本土博士的产量大增。到了世纪之交，在大学找个教职没有博士学位几乎不可能。1901年，耶鲁宣布把研究成果和在全国的学术声誉作为评定教授的标准。斯坦福大学甚至把教授的研究成果在年度报告中公布。到了1910年，大学的目标被定义为创造知识、培养具体领域的高级专家。过去的通才教育，以及那种对心灵、智慧、品格的全面培养，似乎已经变得过时了。

这一发展，引起了教育界许多人士的反对。在他们看来，重视研究的负面结果是本科生教育受到忽视。研究院过分庞大，在大学中已经喧宾夺主。强调研究性，大学逐渐围绕着系来经营；教授一心做研究，把教学看做一个负担，不投入热情。更重要的是，学校规模的扩大，使师生的关系更加疏远，学生得不到必要的人生指导，只是学了一些具体的技艺，有知无德，难以承担领导社会之重任。所以，他们强调：大学的目的，不仅是传授专业知识，更重要的是“教育一个完整的人”（educating the whole man）。研究性大学正在腐蚀大学传统的人文价值。

在这一反对派中，有几位重量级选手特别值得一提。一个是伍德罗·威尔逊

(Woodrow Wilson)。他先是在普林斯顿当教授，在 1902 年到 1910 年间出任普林斯顿的校长，后来当了新泽西的州长，并于 1912 年当选美国总统，又于 1916 年连任，是美国历史上罕见的“学而优则仕”的总统。他提出，大学的重要性不仅仅在于学，更在于“学的精神”。对于学生的个人发展而言，重要的是一个“完整的大学生活”(the totality of college life)，而非仅仅是课堂教学。学生和老师课外的交流，和正式的教学一样重要。教师除了要对学术作出贡献外，还要和学生分享自己的生活经验。一句话，大学应该是一个使学生能够安居的“心灵的花园”(a garden of the mind)。

不过，威尔逊在普林斯顿校长的任上仅待了 8 年。1906 年，他试图把普林斯顿本科生的餐饮俱乐部改革成住校制的本科生学院，引起校友的反对，未能成功，但由此赢得了改革者的名声，为将来从政挣来了政治资本。1902 年，芝加哥大学校长威廉・雷尼・哈珀（William Rainey Harper）提出把芝加哥大学的本科生学院分为 8 个学院（quadrangle)，师生共居。但他 1905 年去世，壮志未酬。

这里最值得一提的，还是哈佛的努力。早在 19 世纪 90 年代中期，一些哈佛的教授就提出把本科教育重新组合成几个小的本科生学院的建议，但以校长查尔斯・艾略特为首的校方未予理睬。艾略特可以说是哈佛历史上影响最大的校长，从 1869 年到 1909 年主政 40 年，正逢美国大学向研究性大学转型的关键时期。他属于当时美国的统治集团（盎格鲁－撒克逊白种清教徒）中的权贵。不过在思想上，他是这个集团中最自由派的一翼。面对当时的移民狂潮和急剧城市化的进程，他主张哈佛要向全社会开放，从各个阶层吸收有才干的青年，而不是只为盎格鲁－撒克逊白种清教徒这一小统治集团服务。他声称：“最穷的学生和最富的学生同样受欢迎。”为了使穷困的优秀学生能进哈佛，他用奖学金制度，使哈佛的学生群体比起耶鲁、普林斯顿来更加多元化。他还推行了自由选课制，要求提高学校的学术品位，要把哈佛从一个富家子弟镀金的地方变成一个严肃的学府。他甚至要取消橄榄球比赛，因为这种运动太野蛮，而且橄榄球运动员一般功课都不好。在他任上，在常青藤三巨头哈佛、耶鲁和普林斯顿中，哈佛成了最向平民百姓开放的学校。许多公立学校出身的孩子，特别是犹太人，靠着自己的功课好挤进这个上流社会的预备班。同时，哈佛也越来越向研究性大学转型。

不过，向社会开放的另一结果是：一些平民子弟和富家子弟在一起读书，使校内的贫富分化变得格外刺眼。当时的学生，基本住在两个地方。来自贵族寄宿学校的富家子弟，住在芒特奥本街（Mount Auburn Street）上号称“金岸”(Gold Coast）的豪宅中。公立学校出身的平民学生，挤在哈佛院（Harvard Yard）中寒酸的宿舍里，有的甚至没有暖气和自来水。艾略特虽然将校门向平民百姓打开，对校内的贫富隔离却不上心。

艾略特的一系列措施，引起了保守派的强烈反对。其中的代表人物，有恩迪科特·皮博迪（Endicott Peabody）和 A. 劳伦斯·洛厄尔（A. Lawrence Lowell）。他们强调教育中的盎格鲁－撒克逊的传统，即对学生品格的培养。19 世纪末大量欧洲移民进入美国，冲淡了盎格鲁－撒克逊在美国的种族优势。到了 20 世纪初，反移民的浪潮席卷美国。在大学中，捍卫盎格鲁－撒克逊的文化认同，也成为保守派的首要任务。面对大学的德国化，许多人开始从英国的传统中寻找源泉，来重塑美国的大学精神。

皮博迪在这方面无疑是领军人物。他在 19 世纪末 20 世纪初对美国教育界的影响，几乎与艾略特不相上下。他年轻时到英国著名的寄宿学校切尔腾纳姆公学(Cheltenham College）读书，后进入剑桥大学的三一学院（Trinity College）学习，对英国的寄宿制教育格外心仪。回国后于 1884 年在波士顿郊外 40 多英里的地方建立了一个叫“格罗顿”（Groton）的寄宿学校，自任校长。除了格罗顿外，在 1883 年到 1903 年间，另有 6 所著名的精英寄宿学校成立：劳伦斯维尔（Lawrenceville，1883），霍奇基斯（Hotchkiss，1892），乔特（Choate，1896），圣乔治（St. George's，1896），米德尔塞克斯（Middlesex，1901），肯特（Kent，1906）。这七大寄宿学校，成为塑造盎格鲁－撒克逊统治集团的文化品格的大本营。其中以格罗顿最为精英。其毕业生不仅是哈佛的骨干，而且进入美国社会各界的领导阶层。比如后来当了总统的富兰克林·罗斯福和他的阁僚、后来成为国务卿的迪安·艾奇逊（Dean Acheson）全是格罗顿出身。罗斯福一生都把皮博迪视为自己的精神导师。

19 世纪末，当皮博迪通过格罗顿把英国的寄宿制教育变成美国教育界的样板时，英国寄宿制的公学毕业生进入牛津、剑桥，强化了那里的寄宿学院已经有的文化共同体的精神氛围。大学住校的经验，成为大学教育必不可少的一部分。牛津、剑桥的学院制施行师生共宿，教授和学生常常有一对一的授课；学生通过体育竞赛、共同的饮食起居，培养对学院这一共同体的认同。在许多美国人看来，这些都是培养学生的品格的必要手段。当时的著名记者埃德温·斯洛森（Edwin Slosson）严厉抨击德国化的研究型学者使师生之间形同路人，使美国大学失去了牛津、剑桥所代表的盎格鲁－撒克逊的文化精神。他认为，每一个大学生，在学期间要有至少一个教授作为他的密友。这个教授不仅了解他的学术训练和进程，而且知道他的家庭条件、他的生活和工作方式、他所追求的目标，以及他的能力和不足。不过，这样的呼声一直被强调大学的研究性、知识的创造性的压倒性诉求所淹没。

1906 年，艾略特从哈佛校长的位置上退休，尽管他有自己看中的继任者，但最后成为哈佛校长的，是异常保守的洛厄尔。皮博迪对此异常振奋，希望艾略特的离任给哈佛带来新的精神氛围。

洛厄尔也出身于盎格鲁－撒克逊的豪门，是优秀的法学家。他对滚滚而至的移民，特别是从东欧等地而来的移民痛心疾首，认为美国的盎格鲁－撒克逊文化传统受到了威胁。他认为任何成功的民主，都是建立在种族、文化的同质性的基础之上。因此，在教育上，他信奉皮博迪的盎格鲁－撒克逊的理想，认为大学的目标是培养“全面的人格”（a well－rounded manhood），使学生在身体、灵魂和思想上都达到完美的境地。他引用亚里士多德的话说：“帝国的命运决定于年轻人的教育。”因此大学培养的精英必须在知识和社会层面都有强烈的凝聚力。盎格鲁－撒克逊民族的才能在于他们高度的自治的能力。这是其优越的政治传统之精华。当时牛津、剑桥还没有授予博士学位，在知识的创造上也处于相对落后的状态。这些对洛厄尔来说都无关紧要。对他来说最为重要的是：牛津和剑桥培养的学生受过广泛通才训练，社会技能纯熟，能够充当社会的领袖。

也正是基于这样的理念，他认为哈佛当时把研究院、职业学院摆在本科教育之上的倾向必须扭转。他对当时校内贫富学生隔离的居住状态深恶痛绝。当时“金岸”地区和哈佛院地区学生的隔离，已经超出了贫富的层面。因为“金岸”是盎格鲁－撒克逊白种清教徒富家子弟的天下，哈佛院则大多被贫穷的犹太学生占据，有一个宿舍竟被称为“小耶路撒冷”。这就破坏了学生之间文化的凝聚力。洛厄尔在 1902 年就以一个教授的身份给校长艾略特写信，称这样的贫富隔离会破坏哈佛的核心价值，使学生丧失基于平等的校园生活的民主感情，把那些富家子弟腐化为势利小人。为改变这一局面，他当校长后于 1914 年领导建设了 4 所本科新生宿舍，并在 1931 年到 1932 年间，终于建立了哈佛的住校系统（Harvard's residential house system）。他深信，这样的宿舍系统将把来自不同阶层、地区的学生融合在一起，培养他们之间的亲和力。

在哈佛建立新的本科新生宿舍后，其他学校也纷纷效法。在 20 世纪 20 年代，耶鲁逐渐发展出自己的本科生寄宿学院系统，加州的波莫纳学院（Pomona College），也建立了本科生学院制。不过在 20 世纪 40 年代和 20 世纪 50 年代，本科生学院并无长足发展。但到了 20 世纪 60 年代，有 44 所本科生学院创立。最大规模的是加州大学圣克鲁斯分校（University of California，Santa Cruz），用住校的学院作为基本的大学组织单位。牛津、剑桥的本科生寄宿学院制，再次成为美国大学发展的样板。

自19世纪末以来，美国大学急剧扩张。从1870年到1940年，美国人口增长了3倍，但大学生人数增长了30倍。1900年，美国有977所大学，不到24万学生。1920年，大学数量达到1041所，学生人数将近60万。到1940年，有140万学生在1708所大学读书。“二战”后，由于“退伍军人法案”的实施，许多本来没有钱接受高等教育的普通退伍兵获得了免费上大学的机会，刺激了大学的扩张。到了1964年，婴儿潮的前锋到了读大学的年龄，结果有530万大学生在校就读。这也怪不得在20世纪60年代末期校园政治在美国有那么大的影响。

大学的这种扩张，一是因为科技的发达，一是因为人口的增长和教育的普及。因此研究性大学和本科生寄宿学院制大学，成为塑造美国大学发展的两种重要理念。如《经济学人》在其“世界大学概览”中指出的，美国大学的优异在于其没有一个系统。因此，我们很难用一两个概念概括美国高等教育的成就和经验。不过，以哈佛、耶鲁、普林斯顿为代表的精英大学，普遍采取住校制。以耶鲁为例，所有本科生被分配在12个学院中。这样每个学院就成了几百个学生同吃、同住、同学的小世界，有利于学生之间的互动。大学本科的头两年都要在寄宿学院度过。而大部分学生，整个4年都在学院中住宿。每个学院有一个住院的院长，叫“Master”。另外有若干住院的教授。许多教授的办公室，也不在本系，而在学院中。另外，各学院还安排“学院讨论班”，下午和晚间在学院举行，每班最多18人，写作讨论班则限制在15人。

学院甚至还专门设有英文辅导老师。学生写读书报告时对自己的英文没有把握，可以向这些辅导老师寻求帮助。各学院里，餐厅、健身房、教室、图书馆，样样设施俱全。总之，这样的学院远远超出大学宿舍的范畴，旨在为学生的知识、人格的发展提供一个全面的环境。毕业后素不相识的耶鲁校友如果碰面，大家第一句话常常就是：“你是哪个学院的？”如果碰巧是一个学院出身，就更是亲上加亲。一位在另一个小本科生学院威廉斯毕业的朋友告诉我：“我在那里碰到我后来的丈夫，度过了一生最好的时光。这是学校所希望的：学院塑造了你的一生。以后不管你活多久、走多远，学院永远是你的家。你对之有终生的忠诚。”

研究性大学和寄宿制学院，作为来源于德国和英国的两种不同的传统，共同塑造着19世纪末以来美国大学的发展。两者有互补性，也有冲突。在这种互补和冲突中，维持着大学教育的平衡发展。19世纪末以来，德国的高等教育在研究方面领先于世，以哥廷根大学为代表的德国大学，吸引着欧美各国的学子，挑战着牛津、剑桥的古典教育传统。有许多批评家——包括亚当·斯密和爱德华·吉本(Edward Gibbon) ——指出，牛津、剑桥食古不化，似乎大学教育就是培养绅士，片面注重道德、品格、行为举止的训练，课程太窄，跟不上现实和科学技术的发展。甚至有人进一步推演：牛津、剑桥孕育的这种“绅士帝国主义”，使英国的精英缺乏实际技能，结果到了20世纪，英国被德国全面赶超。这样的绅士教育，导致了大英帝国的衰落。

但是，捍卫牛津、剑桥所代表的盎格鲁－撒克逊传统的人指出，德国大学过分专业化，培养的是专门人才，却不是完整的人。20世纪德国发动了两次世界大战，全部失败，而且有对犹太人进行种族大屠杀这样的恶行。人们常常感叹：德国人作为个体而言，才干出群，只要你看看近代德国培养的思想家、科学家、文学家、艺术家，就不能不惊叹德意志民族的创造力。但是，德国作为一个整体而言，表现一再令人失望。德意志民族缺乏盎格鲁－撒克逊民族那种自治的政治传统和天赋，频频走火入魔，把自己的才干变成破坏性的力量。这一现实，和其教育不无关系。相对而言，牛津、剑桥的传统培养的优秀公民和领袖，在关键时刻能够挺身而出，挽狂澜于即倒，奠定了盎格鲁－撒克逊民族对世界的统治。甚至有人制造了英式教育的神话，认为当年的滑铁卢战役，就是那些在伊顿公学的运动场上训练出来的子弟打赢的。

其实，要解释这一盎格鲁－撒克逊传统，仅仅讨论牛津、剑桥是远远不够的。寄宿制的教育，可以一直追溯到古希腊的城邦。在斯巴达，所有公民都要在俭朴的共同居室中长大。柏拉图在《理想国》中特别强调，为培养城邦的统治阶层，即城邦的守护人，必须让他们集体在公共居室长大，甚至不能有私有财产，这样才能培养他们献身于公共事务的美德。实际上，皮博迪在设计格罗顿时，就特别参考斯巴达的原则。在这个美国头号贵族学校中，孩子们必须寄宿在窄小、荒秃、毫无隐私可言的小隔间中。淋浴必须是冷水。每周的零花钱最多为25美分，其中的5美分还必须捐献给星期天的宗教活动。所有孩子都必须进行严格的体育训练。在皮博迪看来，这种斯巴达式的贫困、严酷的教育，培养孩子对集体的忠诚和献身精神，使他们有高度的公共责任感、坚韧不拔的意志和忍受痛苦的超常能力，在关键时刻堪当大任。这也难怪，1940年纳粹占领了法国时，当时已经当了美国总统的格罗顿毕业生罗斯福，充满敬畏之情地给自己的老校长皮博迪写信：“40多年前，你向我们谈起如何不要在长大成人后忘记男孩子时期的理想。这些格罗顿的理想，这些被你所教导的理想，我将努力永远不忘。你的话依然留在我心中，也留在几百位‘我们这些男孩子’的心中。”其实何止是罗斯福和格罗顿子弟，面临严峻的历史挑战，许多寄宿学校训练出来的富家子弟，如肯尼迪兄弟、老布什等，二话不说就慷慨出征，有的壮烈战死，活下来的许多人成为国家的领袖。

大学的寄宿制，实际上正是遵循这样的传统。学生通过集中住宿，培养共同的社会理想、公共责任、献身精神和未来领袖之间的凝聚力。这种寄宿学院制，经过几十年的发展，早已经脱离了当初造就盎格鲁－撒克逊的统治阶层的狭隘目标，越来越强调多种族、多阶层的聚合。但是，尽管受教育者的范围早已今非昔比、越来越多元化，寄宿制培养未来社会领袖的基本目标并没有改变。以大历史的目光看，盎格鲁－撒克逊民族统治世界二百多年，至今仍然主宰美国的政治，还没有退出其全球领导地位的迹象，最多不过是把其统治集团的基盘扩大而已。这样的成就，和其教育能够成功地塑造一代又一代优秀的统治阶层不无关系。

我们片面强调研究性大学，忽视了寄宿学院制度，这不仅大大扭曲了美国大学的面貌和经验，而且对中国大学的发展有着极其有害的影响。当我们模仿这样一个被扭曲的样板时，大学就会片面耗资投入研究，置学生的教育而不顾。或者一味培养专家，忽视了培养未来社会领袖的责任，使得我们没有足够的人才来应付中国历史上前所未有的巨变。实际上，中国的本科教育，比起博士教育来，更需要彻底的变革。像北大这样的精英大学，应该把目前的宿舍改造成师生共居、教育与生活混合的寄宿学院，免费或以低收费供大一大二的学生居住。在这两年中，大学的教育应该打破以系为中心的专业制，改成以学院为中心的通才教育，让学生在心灵、知识和身体上全面发展。只有那些具有强烈的公共责任、对社会的献身精神，富于远见，怀抱着高尚的道德目标和勇气的人，才能在没有前人经验可循的条件下，领导未来的中国完成伟大的转型。寄宿学院制，为培养这样的品性提供了有益的环境。在一个有“富不过三代”警世格言的国度，在高度的经济增长和前所未有的财富面前，我们的大学，更应该把培养未来领袖阶层的品格作为自己责无旁贷的使命。

世袭精英在美国大学扎根

教育的竞争决定社会的竞争。美国的中高产阶级，在这方面已经先声夺人。如今美国的精英，与布什时代不同。一流大学的学生越来越聪明，学术训练越来越好，“童子功”越来越令人生畏。一句话，这个阶层越来越有竞争力，是保持美国长盛不衰的脊梁骨。但是，社会代价却是巨大的。弱势阶层没有资源在教育上与他们竞争，如果没有可行的改革方案，这些智力精英的地位，就会逐渐世袭化，美国平民社会的景观，就会从根本上改变。

最近二三十年，美国贫富差距急剧扩大，社会流动放缓。根据设在华盛顿的经济政策研究所的报告，1979—2000 年间，最穷的 20% 的美国家庭，实际收入仅提高了 20%；最富的 20% 家庭，实际收入则提高了 70%；最富的 1% 的家庭，实际收入提高 184%；极富的 0.1% 的家庭，实际收入提高得更大。也就是说，越富的家庭收入提高越快。在 1979 年，最富的 1% 的家庭的平均收入，是最穷的 20% 的家庭的 133 倍；到 2000 年，则变成了 189 倍；现在更高。同时，穷家庭的孩子往上爬也越来越难。把人口一分为五。最穷的 1/5 的家庭的子弟，在 20 世纪 70 年代有 12% 能爬到次穷的 1/5 或最富的 1/5 的阶层。但 20 世纪 80 年代和 20 世纪 90 年代，这个比率跌到 11%。次穷的 1/5 家庭的子弟待在原来的阶层的比率，在 20 世纪 70 年代是 28%，到 20 世纪 80 年代为 32%，到 20 世纪 90 年代则为 36%。那些生在最富的 1/5 的家庭的人，待在原来阶层的比率也越来越高。其他一系列的研究也都得出了类似的结论。

阶层间流动小，精英就开始世袭化。这在总统政治中反映得最为真切。2000 年的大选，布什是前总统的“太子”、贵族寄宿学校毕业、耶鲁出身；戈尔是前参议员之子，同样上了贵族寄宿学校、哈佛毕业。到 2004 年，布什竟不得不和耶鲁前后班的同学、比自己还富有的克里对阵，乃至笑星在晚间节目上开玩笑：我们的总统政治终于多元化了。一个来自得州的耶鲁子弟，将和一个来自马萨诸塞州的耶鲁子弟竞逐白宫。

实际上，这并不是个玩笑。有论者指出，虽然美国大学执行种族平权政策、讲究多元化，但精英的大学，不过是让从新英格兰的富家子弟和来自加州的富家子弟同屋。他们之间的种族、文化、性别都可以是多元的，但阶层却出奇的一致。不平等的大学教育，正在制造不平等的美国社会。不仅在政治上开始精英统治，在各行各业都有同样的趋势。

前普林斯顿大学校长威廉·鲍恩在20世纪90年代领导的一项研究表明，美国大学最近几十年虽然一直声称要照顾弱势阶层，但这种照顾更多体现在种族上而非经济上。他们研究了19所精英大学，包括5所常青藤以及一些顶尖的文理学院和州立大学。结果发现，一个穷孩子SAT如果考了1200分，他并不比一个拿了同样的成绩的神经外科医生的孩子有更多的机会进入精英大学。具体而言，一个运动员申请大学，在录取上比一般学生有30%的优势（假设他只有20%的机会进一所大学，但被该大学的教练看中后，机会就提高到50%）；一个黑人或拉美裔，靠自己的肤色有28%的优势；一个有潜在捐款能力的校友的子弟，有20%的优势；一个贫困生的优势则是零。

SAT满分为1600分。哈佛、耶鲁学生的平均成绩大多在1400分以上。考到1200分，虽然进不了这种顶尖大学，却也在一般精英大学的门槛儿上。如果把人口一分为四，来自最富的1/4家庭的孩子达到1200分的数量，比来自最穷的1/4家庭的孩子多6倍。照分录取，穷人当然吃亏。结果，最穷的1/4的家庭（换算成2005年的美元，年收入为34500美元）的孩子，只占精英大学学生人数的9%。最富的1/4家庭（换算成2005年的美元，年收入为10万美元以上）的孩子，在校比例则从1976年的39%升到50%。最近另有研究指出，美国精英大学的学生，3/4来自最富的1/4的阶层。这意味着精英大学录取一个富家子弟的可能要比录取一个穷孩子高25倍。在哈佛大学，学生家庭的中位收入为15万美元。哈佛校友的子弟被录取的机会是一般学生的3倍。在大多数常青藤盟校，校友子弟占学生总数的10%到15%。虽然各种研究提供的数据不完全一致，但指向的大趋势是不错的。说精英家庭在常青藤传宗接代，恐不为过。

令人最难以接受的是，那些穷孩子在分数线上不仅一点便宜占不上，而且实际上吃亏。比如，名校校友的子弟，一般都是富裕家庭出身，他们申请同样的大学，比穷孩子的分数可以低一大截。再加上运动员、黑人、拉美裔都要受一些照顾，录取时分数打折扣的人就相当多。严格按正常分数入学，穷学生实际上等于受了歧视。鲍恩的研究揭示：如果把给那些校友子弟的照顾给那些家庭年收入在

33000 美元以下的孩子，穷孩子在精英大学中的比例就会上升 17%。

这一发现，令许多大学录取办公室的人迷惑不解，甚至感到冤枉。这似乎违反了他们的常识和信仰。多少年来，大学录取办公室一直努力提携弱势阶层的子弟，怎么会成心刁难人家？哈佛大学校长萨默斯明确地说："当你出身弱势阶层时，你取得的同样的成绩就反映着更大的能力。因为你没有机会参加那些昂贵的考试准备班，你上的中学也没有为你提供有效的训练，你们来自那些无法提供教育机会的家庭。"哈佛 2004 年一下子就免了所有贫困学生的学费，多少也有这一层考虑。其他学校也纷纷效仿。怎么说贫困生会受挤压？

但数据不会撒谎。这些数据揭示了许多大学录取办公室的人员自己也没有意识到的现实。目前美国大学竞争异常激烈。大学新生 SAT 的平均成绩，每年都被《美国新闻与世界报道》拿去作为大学排名的重要指标。该杂志把大学新生 SAT 的中档成绩（排在 25%到 75%的分数）取出来衡量各校学生的学术能力。哈佛大学的成绩在 1400 到 1580 分之间，普林斯顿在 1380 到 1550 分之间，耶鲁在 1370 到 1560 分之间，麻省理工在 1420 到 1560 分之间。毫厘之差，就会决定谁高谁低。一些原来是二流的学校，如在圣路易斯的华盛顿大学，埃默里大学（Emory University)，都靠强调 SAT 等"唯才是举"的手段，在排名榜上扶摇直上，目前已经抢占到了精英大学的地位，甚至超过了伯克利这样的名校。在这样激烈的竞争中，谁肯落后？一旦降低分数多录取一些贫困学生，学校的 SAT 平均分就掉下去，排名也跟着下降。

录取穷学生，不仅要免人家的学费，而且还要给人家一定的生活费。为了平衡这样的开支，就得涨学费，让富家子弟多付一些。换句话说，录取穷学生，等于降低学校的排名，提高了学费。这就好像一个产品品牌差了，价钱倒贵了，还怎么卖？所以，扶助穷学生说说容易，做起来难度超出一般人的想象。同时，由于精英大学的牌子越来越值钱，学费飞涨。大学为了拔高自己的名次，到处招募学术优异的学生，在高学费之下又有高奖学金。即使是一些中高产阶级的子弟，在精英大学也接受大笔奖学金。结果，由于中高产阶级的子弟集中在财大气粗的精英大学，他们实际上比贫困学生拿的奖学金还高。

如今成为众矢之的的，是对校友子弟的照顾。2004 年大选时，布什公开承认，他当年进耶鲁是因为家庭关系。他相信大学录取应该看学生本身的素质，而非家庭背景。他的对手克里，同样是跟着父亲进了耶鲁的贵族子弟，也要求取消对校友子弟的优惠。似乎两党在这个问题上没有什么分歧。然而，校友子弟优惠的制度，是一个在政治上最容易攻击，但实际上最不可能取消的制度。

校友子弟的优惠，简单地说是建立在一个基本的商业规则上：做买卖要靠回头客。上大学，人的一生只有一次，怎么让人家“回头”呢？那就得盯住那些祖祖辈辈都来一个学校上学的家族。这就好像你在一个商店拿了优惠卡，再买东西总是去那里一样。但更为重要的是，一旦一个家族世代上一个学校，这个学校的声誉就成了这个家族声誉的一部分。这样的家族，只要成功富贵，就会大笔给学校捐钱。像常青藤这样的私立学校，大部分钱是校友捐的，即所谓“捐赠基金”。一个学校的实力，就看这个捐赠基金的大小。学费收入比起来根本就微不足道。给校友的子弟一点好处，就是要供一供这些财神爷。

供这些财神爷，即使纯粹从教育的角度出发，也并非没有道理。私立大学要自己弄钱来。没有大笔的捐赠基金，私立大学就成了一个超级市场：学生是买东西的顾客，教授是售货员。比如，笔者在一所小的私立学校教书，给学生一个“不及格”，学生马上就说：“我花 900 多块钱上你这门课，难道就为了个不及格?!”人家到处去告，摆出一副“老子不买你的东西”的态度。学校怕学生退学，丢了学费，如临大敌。学校靠学费活，就不敢得罪学生。学生对分数不满意，学校就得小心。许多学生，甚至有一种自己给自己打分的心态，会说什么“我至少应该拿个 B”。和这样的学生打交道，就像在超级市场讨价还价，实在斯文扫地。一旦有了捐赠基金，学校就硬了：我们这里是有学术标准的，达不到就走人！你那几个学费根本不值一提。况且你不想上有的是人要打破头来上。校友们的利益是维护学校的声誉，而不是把学校办成学店。

我们总谈哈佛、耶鲁是私立大学。那么谁拥有这些私立大学呢？说白了就是这些校友。学校的钱是人家给的，学校的董事会是人家选的，最后这个董事会决定谁来当校长。所以，要侵犯这些校友子弟的利益，听起来天经地义，实际上多少有些反客为主。这些校友的力量，从布什进耶鲁的经历就可窥一斑。

1963 年布什申请大学时，SAT 的语文成绩才 566 分，如今大部分耶鲁学生要考到 700 分以上。但就在他申请的那几个月，耶鲁竟然为了他悄悄地修改录取政策。因为申请人太多，学校已经无法对所有校友都一视同仁，于是决定给那些对耶鲁贡献大、社会地位重要的校友子弟更优先的考虑。布什的祖父是耶鲁所在的康州的前参议员，不久前还是耶鲁的校董；布什的父亲正在得州竞选参议员。布什当然不是一般的子弟，所以他在 1964 年被顺利录取。

两年后，耶鲁录取部的新院长 R. 因斯莱·克拉克（R. Inslee Clark）上台，大力削减校友子弟的录取比例。在 1967 年录取的新生中，校友子弟的比例从布什入学那年的 17% 跌到 12%。这本是顺应当时突破世袭贵族统治、追求学术精英主义的教育改革大潮流，但却惹恼了校友。克拉克没干几年就下台了。1974 年，就在耶鲁开始新一轮大规模募捐的前夜，他的继任者竟把校友子弟的录取比例提得比布什入学时还高。哈佛和普林斯顿看到耶鲁的教训，再也不敢在这方面有大动作。

这也是为什么普林斯顿的前校长鲍恩主持的大规模研究揭示了高等教育的不公平，却不敢触犯校友特权的原因。他提出的方案，是让学校减少对运动员的照顾，用省下来的优惠名额来提携贫困学生。但是，像耶鲁这样的精英名校，对运动员优惠非常小甚至没有，对校友子弟的扶助却甚大。这一方案在一流大学起不了什么作用。

参议员爱德华·肯尼迪（Edward Kennedy）自己当年也是靠家庭背景进了哈佛。他提出议案，要求大学公布所录取的校友子弟的比例，意在把这一不公平的政策及其后果，暴露给公众，引起公愤，让各大学在讨好校友时有所收敛。这大概也是目前唯一有实际可行性的措施。

如今，教育越来越不公平的现象已经被普遍承认。但是，如何解决这一问题，大家还一筹莫展。也正是如此，鲍恩提出以经济平权代替种族平权。根据他的数据模式，这一政策一旦推出，黑人和拉美裔在精英大学中的数量就会下降一倍，穷白人的孩子就会提高。这当然会触动美国的另一根政治神经，不可能轻易实施。

如今世界进入了全球化的高科技社会。教育的竞争决定社会的竞争。美国的中高产阶级，在这方面已经先声夺人。如今美国的精英，与布什时代不同。一流大学的学生越来越聪明，学术训练越来越好，“童子功”越来越令人生畏。一句话，这个阶层越来越有竞争力，是保持美国长盛不衰的脊梁骨。但是，社会代价却是巨大的。弱势阶层没有资源在教育上与他们竞争，如果没有可行的改革方案，这些智力精英的地位，就会逐渐世袭化，美国平民社会的景观，就会从根本上改变。

精英会淹没在大学中吗

《经济学人》给各国政府在高等教育上提出的直截了当的建议是：让大学体制多元化。大众化的大学教育，早已经超出了政府财政可能承担的极限。必须广开财源。政府的拨款、校友的捐助、学生的学费、企业的投资，哪一个都不能排除。同时，一个高度复杂的全球化知识社会，需要多种层级、多种体制的高等教育服务。公立、私立，非营利性、营利性，课堂教学、网上教学，都必须各显精彩。各种教育制度，要在一个平台上争夺高等教育的消费者：学生。这样才可能优胜劣汰，竞争出最优的复合体制。

英国著名的杂志《经济学人》最近出版了一个“世界大学概览”。这一概览，远不如《美国新闻与世界报道》的全美大学排名那样有影响力，但是对于了解世界高等教育的大趋势、设计中国的高等教育战略，却远比后者重要。该杂志一直大声疾呼：世界高等教育体系正处于历史上最关键的转型期。不顺时而动，即使是欧洲最古老的大学，也将成为历史陈迹。

世界大学的转型，体现在四个方面。第一，大学大众化。大学本是精英的教育机构。比如意大利的博洛尼亚大学（Universitàdi Bologna/University 0f Bologna）建于 1088 年，以罗马法研究闻名。英国的牛津大学建于 1096 年，剑桥大学建于 1200 年左右。在那样的年代，识字率甚低，上流社会也充斥着只会打仗的大老粗，能进这样的学府的，基本都是些怪僻的精英书虫。甚至在 19 世纪的大部分时间，工业革命汹涌澎湃，全英国也不过 4 所大学。如今呢？美国的各种大学，加起来有 4000 所左右。在由发达国家组成的“经济合作与发展组织”所属的成员国中，成年人中受过高等教育的比例，已经从 1975 年的 22%上升到 2000 年的 41%，而且上涨的势头还在继续。高等教育已经完全平民化。发展中国家也不甘示弱。中国的高校，近十几年不断扩招，在 20 世纪末期大学生人数翻番。2000 年大学生总数达到 1100 万。有人预计这个数字到 2010 年会达到 1600 万。印度也急起直追，试图和中国一道拥有世界最大的大学生人口数。

第二，知识产业迅速崛起。一场“软革命”正席卷全球。知识越来越多地代替了物质资源而成为经济发展的主动力。1985 年到 1997 年间，知识产业在国民经济中的比重，在德国从 51%上升到 59%，在英国则从 45%上升到 51%。一流的公司，几乎 1/3 的投资花在研究开发、市场构筑上。大学一下子变成了知识经济的引擎，不仅生产知识经济所需要的脑力劳动者，而且其实验室、图书馆、计算机中心等，已经成为知识经济的硬件。

第三，高等教育日益全球化。过去 20 年以来，“经济合作与发展组织”成员国中在海外大学读书的学生已经翻番，目前接近 200 万人。这已经占世界 1 亿大学生的 2%。在英国，来自欧盟以外国家的大学生超过 10 万。中国学生在这个群体中占了最大份额，留英人数一度接近 4 万。英国一些专家甚至预测这个人数到 2010 年还会翻一番。美国作为吸引留学生最多的国家，入境的外国学生每年达到 6 万人左右。虽然“9·11”后因为签证问题国外的申请者急剧下降，但美国已经开始注意调整政策，估计未来几年申请人数还会上来。在澳大利亚，中国留学生人数 2003 年增长了 47%，印度学生增长了 52%。美国、英国、澳大利亚等学校，正进军到中国、马来西亚等发展中国家开设分校。甚至有些专家预测，不久将出现全球性的超级大学联盟，形成几家类似沃尔玛、麦当劳那样的跨国连锁体系。

第四，大学教育成为一大产业，引起了激烈的竞争，企业界跃跃欲试，要在象牙塔里开店。传统的大学已经无法维持其垄断地位。根据世界银行的估计，目前世界大学生人数超过 800 万（这个数字比上面提到的 1 亿保守许多），有 350 万教职员。全球每年在大学上的花费达到 3000 亿美元，几乎快赶上俄罗斯的 GDP。占全球经济总产值的 1%。

面对这种大众化、全球化、市场化的趋向，被称为象牙塔的大学，不得不面临一场脱胎换骨的变革。这里的一个核心问题是：大众化的潮流是否会淹没传统大学的精英教育？这一点在大学传统最为久远的欧洲变得格外尖锐。过去，欧洲的大学都是国家投资，上大学的人少，大学再怎么破费，财政负担也不会很大。如今大学全民化，学生人数不断翻番，钱却只有那么多。结果只能用原来给少数人服务的设施和师资，为翻了几倍的学生服务。美国的大学，有几千个本科生就算大的了，甚至几百号人的袖珍型也司空见惯。上万本科生的大学，实属凤毛麟角。但意大利的罗马大学（Università degli Studi di Roma）竟有 18 万学生。土耳其的阿纳多卢大学（Anadolu üniversitesi/Anadolu University），学生人数达 53 万！美国的邻居墨西哥的墨西哥国立大学（Universidad Nacional Autónoma de

México)，学生也达 20 多万。这还谈得上什么精英教育呢？意大利的大学面对这样的大众，依然坚持精英制度，要求每个学生和教授面对面地口试。但面对十几万学生，哪里找得出那么多教授对学生逐个口试？结果，口试的时间平均压缩到了 5 分钟，用于一般的寒暄都感到吃紧。精英教育纯属纸上谈兵。更不用说教授的相对工资水平越来越低，图书馆、教室、宿舍等硬件长年失修。这也怪不得著名的管理大师彼得·德鲁克（Pete Drucker）预言："30 年后，目前庞大的大学校园会成为历史遗迹。"他甚至连美国的大学也不放过，称美国过去 40 年的大学建设是一大失败。

面对这样巨大的危机，传统派和未来派提出了两种方案。传统派认为，现代大学的两大原则——民主化（对所有人开放）和实用化（即为市场提供知识产品）腐蚀了大学的基本精神。用已故社会学家罗伯特·尼斯比特（Robert Nisbet）的话说，让那些喜欢塞恩菲尔德（Seinield，美国 20 世纪 90 年代初最流行的同名电视系列喜剧的主人公）而不是苏格拉底的人接受高等教育，是愚蠢的资源浪费。把求道与谋利混为一谈，丧失了教育基本的真诚。大学要保持原来的格调，必须回到传统，维护少数人的精英教育。

未来派则乐观得多。他们的基本信念非常简单：接受高等教育的人多了，但技术也发达了，技术可以解决人多的压力。这同人口和粮食生产的关系类似。马尔萨斯认为人口增长远远高出粮食生产的增长速度，最终会出现大饥荒。事实证明相反。工业革命以后，技术的发展使粮食生产的增长明显高于人口增长。在高等教育上也是一样。现在高等教育的大众化面临两个瓶颈：拥挤的大学校园和有限的教授。但网上教育可以绕开两者。很少的教授，可以通过互联网给更多的大众传播知识，校园成为不必要的设施。另外，像剑桥这样的著名学府，虽然仅能教育有限的学生，但是它可以考查、检验远远超出这个有限数量的学生。这样的学校可以利用自己的品牌，走全球化道路，和一些地方的教育机构合作，把教学"外包"，教育出来的学生只要合乎自己的标准，就发给学位证书。这就如同跨国公司一样，产品自己设计，质量自己把关，但生产过程全在第三世界。事实上，像芝加哥的凯洛格商学院（Kellogg School of Management），已经在以色列、香港和当地的教育人员合作，半数学生"外包"给别人来教，自己控制课程设计，检测学术标准，并发放证书。

可惜，这两派人都无法解决目前大学的问题。传统派理想虽高，但脱离现实。现在人人想上大学，把不懂苏格拉底的非精英拒之门外纯属异想天开。未来派提出了一些解决方案。可惜是懂技术而不懂教育。教育不仅是传授知识，而且包括品德的培养、人格的完成、分析能力的发展，需要面对面的人际交流。这就像养孩子一样，父母多忙多富，也要自己花时间。家务可以请保姆，知识训练可以请老师，但情感的发育、道德和价值观念的培养，都要父母亲自操心。说远程教育、网上授课能够代替现在的大学，就好像说可以网上育子一样荒唐。如果名校只检测人才而不培养人才，把自己变成了一个商标，大学就成了考试公司，高等教育就会空洞化。

从我个人短短的教学经验看，现代技术确实给大学带来了巨大的变化，但有其界限。大学有两部分：训练和教育。前者包括基本的知识传授，技能的磨炼，后者则包括人格的发展、分析能力的培养、价值观念的形成。在传统的大学中，这两者基本是不分的。现代技术的发展，则使这两者有了分离的可能。比如2005年我给学生讲古希腊史，就有很好的影像资料可用。有专门的教育公司生产大学课程的光盘，办法是请权威的教授讲大课，全程录像，并配以丰富的图像资料。这种光盘所展示的，和大学课堂已经没有什么区别。要知道，美国大学的许多课程，实际都是由外行人来教。比如一个美国史教授讲中国史，我这样的中国史教授讲希腊史。隔行如隔山。跨一个领域，有时连历史人物的名字都不知道如何发音。这样的授课怎么能够和教育公司在全国乃至世界范围内筛选的专家在精心准备后的授课竞争呢？目前一流教授一般不屑于把自己的课变成光盘，市场上卖的大多是二流教授或年轻教授的产品。一旦一流教授观念变过来，走市场道路，这种教育公司的产品质量就更高。很少量的教授，确实可以通过光盘，代替大部分教授在基础课程中讲大课的工作。

不过，光这么听大课、记笔记，仅仅是教育的一小半。更关键的是培养学生的分析能力。我告诉学生，古希腊城邦，有雅典和斯巴达两大代表、两大传统，前者是民主的，后者是权威主义的。孰优孰劣，我让学生分成两组辩论，手把手地帮助他们分析，随时点出他们的漏洞。这是光盘替代不了的。这是教育。而这种教育，只有在小班才能进行。大课教授的人力可以省，小讨论班的教授人力不仅无法省，而且是衡量一个大学水平的基准。

仅靠科技的发展，解决不了当前的高等教育危机。维持精英教育的优异，同时又满足大众化的需求，就必须突破传统的大学体系。在这方面，美国的高等教育制度虽然问题重重，但相对而言还是最成功的。以上海交通大学2004年的世界大学排名而论，前20名中的学校，17所是美国大学。另外则是排在第三的剑桥大学和第八的牛津大学，以及日本的东京大学。整个欧陆，竟没有一所一流大学。除了质量占优外，美国大学奖学金、贷款多样、充足，虽然学费惊人，但这些“标价”并不是学生的实际花费。各阶层的人，通过奖学金和贷款，大致都可以享有高等教育的机会。更重要的是，美国的精英教育，在哈佛、耶鲁、普林斯顿、斯坦福、麻省理工这些研究性大学，以及威廉斯、阿默斯特、斯沃斯莫尔、韦尔斯利这些小型的本科文理学院中得以完整地维持。师生比例达7：1、6：1，甚至有3：1者。同时，大众化的高等教育，又可以在一些低层级的州立大学、社区学院、营利大学、网上大学进行。反观欧洲，大学基本全由国家经营，一方面国家财政不堪重负、投入不足，另一方面又不许或限制大学向学生收取学费，导致了教育质量的全面下降。

全球化的竞争，已经使这种国家主导的高等教育越来越难存活。学生和教授可以在全球流动。政府想管也管不了。比如，德国的大学得不到经费，校园教室拥挤不堪。政府力图维持平均主义的大学教育，结果学生不买账，纷纷跑到英国大学中去。英国政府限制大学收费，经费不足使教授负担加重、报酬偏低，结果一流教授被美国的大学挖走。不仅政府在那里瞎指挥，而且那个指挥棒也越来越不管用了。《经济学人》给各国政府在高等教育上提出的直截了当的建议是：让大学体制多元化。大众化的大学教育，早已经超出了政府财政可能承担的极限。必须广开财源。政府的拨款、校友的捐助、学生的学费、企业的投资，哪一个都不能排除。同时，一个高度复杂的全球化知识社会，需要多种层级、多种体制的高等教育服务。公立、私立，非营利性、营利性，课堂教学、网上教学，都必须各显精彩。各种教育制度，要在一个平台上争夺高等教育的消费者：学生。这样才可能优胜劣汰，竞争出最优的复合体制。

在当今全球化的高等教育的扩张中，中国已经处于带头羊的地位。中国大学生的增长，无论是绝对数量还是比例都是世界最高的。但是，由于管理过死、体制过于单一、教育资源过于集中在政府手里，近年来的高等教育扩张给中国大学带来的是危机而不是机会。我在近著《谁的大学》中已经论及，中国高等教育的投资，不应通过教育拨款集中在少数精英大学，而要通过教育券的手段分散到学生手里。只要学生达到一定的程度，比如超过规定的高考分数线，就可以从国家那里得到教育券，用来支付学费。学校凭收到的教育券，从国家手中兑换现钱。这样，大学必须先在市场上争夺消费者，招来学生并提供了教育服务，才有要钱的资格。在这方面，对公立、私立大学要一视同仁。这样，民间资本看到有利可图，会大量进入高等教育。没有北大、清华这样的实力的民办大学，可以通过降低费用从而降低学费来吸引学生。这种低层级的大学，会给整个大学体系施加巨大的价格压力，抑制高等教育费用的上涨。真正的一流大学，也可以在竞争中产生。可惜在今天的制度下，大学没有提供教育服务，就先向政府要钱，打造自己的品牌。各大学都好大喜功，烧钱兴事，唯恐不够一流、要不来经费。这不是市场行为，而是寻租。结果是高等教育费用不断上涨，却没有人真正关心教育质量。近年来中国大学的费用在绝对数目上迅速接近发达国家的水平。许多家长宁愿把孩子送到欧洲读书。这说明中国正在成为高等教育全球化的失败者，正在丢失自己的市场份额。现在中国的高等教育怕的不是遍地野鸡大学，而是几个“一流”垄断教育资源。只有放松管制，让民间教育自由发展，中国才可能利用现在的机会成为一个高等教育大国。

世界理工科教育的未来

——苏珊·霍克菲尔德，麻省理工学院和波士顿

生命科学的对象不是机器，而是人和生命。科学和价值观念、道德问题会纠缠不清。比如干细胞的研究、克隆技术的发展，甚至安乐死的争议，都涉及深刻的伦理问题，一点细节就会招致科学界之外的政治、宗教力量的卷入。

麻省理工不能再把学生关在实验室里，而要扩展其人文教育。这一变化，在目前的麻省理工本科教育中已经显示出来。过去麻省理工招生时总把加州理工学院看成自己的主要竞争对手，如今则要和普林斯顿争夺学生。同时，欧盟也有不少人酝酿在波兰建设一个欧洲的麻省理工，挑战美国的科技优势。要保住美国的科技优势，麻省理工任重道远。它目前的转型，预示着世界顶尖的理工科教育的未来。

2005 年对于世界教育之都波士顿来说是非同寻常的一年。年初，哈佛大学校长萨默斯因提出一个男女先天的差异可能是导致女科学家过少的原因之一的假说，引起美国高等教育界的风暴，招来了哈佛教授们的不信任票。然而，就在与哈佛一桥之隔的地方，前耶鲁大学的教务总长苏珊·霍克菲尔德（Susan Hock－field）正式就任麻省理工学院的第十六任校长，成为统治这个一直被视为女人禁地的世界最高工学院的第一位女性。与四面楚歌的萨默斯形成鲜明对照，当苏珊·霍克菲尔德作为未来校长第一次出现在麻省理工时，竟赢得了 5 分钟之久的全场起立鼓掌。也许更为重要的是，刚刚跨入新世纪之际，这个工程师的摇篮第一次迎来一位来自生命科学领域的学者作为自己的领袖。

无巧不成书。哺育哈佛、麻省理工的波士顿，2005 年超过纽约、洛杉矶等城市，成为美国企业经营费用最高的大都市。其主要原因，就是因为波士顿的高科技产业使当地集中了各种专家，他们工资奇高，因此波士顿劳动力费用高于全国平均水平 36％。人才的升值，说明这个教育之都正在取代西部的硅谷，成为美国

乃至世界高科技的龙头。根据《波士顿环球报》的评选，从事生命科学的四大公司，名列2005年波士顿100家最大的公司的榜首。作为一个产业，生命科学正在取代计算机科学而成为经济的主要动力。从教育到经济，一场静悄悄的革命正在开始。

先说苏珊·霍克菲尔德。2005年她54岁。如果按萨默斯男女天生不同的假说，苏珊·霍克菲尔德正好为之提供了一个反证。一般的成见认为，男女才能之不同，出生不久就能够看出来。女孩子喜欢玩娃娃、过家家，她们的游戏特别具有叙述性。这令人想起女性的文学才能。男孩子则喜欢玩枪、汽车，并且常常把玩具拆散，看看里面到底是怎么回事。这被人用来解释男人为什么攻击性强、富有探求精神，为什么喜欢搞科学、当工程师等。苏珊·霍克菲尔德在上小学三年级时，人家送给她一块表。她则好奇要看看这个表是怎么运转的，于是一点一点地将之拆散。等她触动发条之时，表砰的一声散开，零件撒得满屋都是。她为此兴奋得不得了。这算是她最后跑到"男孩子的领域"中的最早迹象。

不过，她最感兴趣的，还是生命的运转规律。这大概要归于女人的天性吧。1973年，她大学本科毕业，专业是生物。6年之后，她在乔治城大学（Georgetown University）获得解剖与神经学的博士。从1980年开始，她在长岛的冷泉港（Cold Spring Harbor）实验室工作5年，老板是1954年发现DNA结构的科学家之一詹姆斯·沃森（James Watson）。1985年，她到了耶鲁大学，从事特别与儿童相关的脑癌研究。1998年，她成为耶鲁大学研究院的院长，这也是历史上第一个来自医学院的教授担当此职。到了2003年，她成了耶鲁的第二号人物：教务总长。

麻省理工选择她，自然和她高超的政治技巧有关。她当耶鲁研究院院长之时，笔者还是那里的研究生。当时学生中传说，她是个典型的女强人，在读研究生时和几个女友一同发誓：不拿到终身教职不要孩子。此事真假不可考。但如今她的独女仅十几岁，是快40时才生的，显然是在拿了终身教职以后的事。不过，真见其人，全无强悍的痕迹。她走到校园里，碰到笔者这样从来不认识的研究生，也一直都春风满面地微笑、打招呼，让人感到十分温暖。她在任期间，正好赶上一些研究生要组织工会，称自己辛辛苦苦当助教（teaching assistant，简称TA），被学校剥削了，于是游行示威，甚至罢教。苏珊·霍克菲尔德作为研究院院长，自然是众矢之的。但她却能以柔克刚，大幅度提高研究生的奖学金，让不满的研究生没有闹事的口实。她当教务总长时，前耶鲁毕业生内奥米·沃尔夫（Naomi Wolf）突然发表文章揭发自己当学生时曾受到耶鲁顶尖的教授、著名文豪哈罗德·布鲁姆（Harold Bloom）的性骚扰，公众的目光又指向耶鲁。苏珊·霍克菲尔德身为女性代表耶鲁，在事情没有搞清楚、也不可能搞清楚的情况下，十分难处。她避开就事论事，立即重申耶鲁一贯反对性骚扰的立场和严格的政策，把公众的注意力引导到积极方面，使耶鲁从这个尴尬的问题上迅速脱身。

这次萨默斯在女性科学家问题上漏嘴出事，麻省理工的女教授首先发难，人们的目光自然全盯在这个即将在哈佛门口当麻省理工校长的女科学家身上。她不出面谴责不行。但麻省理工和哈佛的关系非常微妙。一个多世纪前，哈佛试图吞并麻省理工，引得两校势同水火。可是自 1905 年哈佛放弃兼并梦后，两校相处甚为融洽，甚至达成默契，不互相挖对方的教授。这一战咯关系，是波士顿的查尔斯河畔一山能容二虎之关键。在这样一种两难的处境下，苏珊·霍克菲尔德迅速和斯坦福、普林斯顿的校长一起发表声明，对萨默斯的言论表示有节制的批评。不过，声明迅速从具体事情上移开，提出了如何鼓励妇女从事科学事业的实际计划，避免激化冲突。

可见，苏珊·霍克菲尔德在处理这一系列危机时，手腕极其圆熟。她总是避免过多卷入具体的争执，善于把大家的目光引向未来，而且行动迅速，不给媒体留下炒作的时间。这种高姿态、有效率的作风，常常在事情弄得满城风雨之前就化解了麻烦，几面都不得罪人，同时又给各方提供了发展的远景和希望。作为一个处于各种利益冲突之中心的校长，这当然是一项理想的素质。

不过，更为重要的还不是政治，而是麻省理工在学科上的转型需要她这样的人才。麻省理工是个传统的工学院，修路造桥似乎才是正业。但如今，这些行当早已经够不上高科技。甚至计算机科学，也很难代表高科技的最先锋。20 世纪末异军突起的学科，是生命科学。2004 年总统大选时，干细胞研究成了一个中心主题，就反映了这样的趋势。冷战期间，五角大楼一直是麻省理工最重要的财源。麻省理工的研究主要是围绕着军事工业展开的。如今，生物工程在麻省理工的投资已经超过了五角大楼的项目，成为麻省理工最重要的财政依靠。2000 年，麻省理工接受了 3.5 亿的捐款建设大脑研究的机构。这是麻省理工历史上得到的最大捐助。2003 年，麻省理工和哈佛共享 1 亿美元的研究拨款，进行基因资料的实用处理。2004 年，麻省理工从国家健康协会拿到的拨款超过了五角大楼。

这一系列发展，要求麻省理工改变传统的工学院的面孔，把关注点从硬邦邦、冷冰冰的机械，转向生命。为此，1990 年麻省理工聘任生物学家、诺贝尔奖得主菲利普·夏普（Phillip Sharp）为校长。这也是麻省理工首次要生物学家来充当领袖。菲利普·夏普公开接受了聘任，但在 24 小时之内，鬼使神差地又变了主意，使麻省理工受挫。如今，能把自己对一块表的兴趣转化为对人脑的研究的苏珊·霍克菲尔德，当然是把麻省理工从对机械的研究带入对生命的研究的最理想的人选了。

这样的转型，并非象牙之塔里的小波澜，而是体现了美国经济的深层变化。这个变化，你看一看《波士顿环球报》在1990年和2005年排出的本地百强企业就明白了。1990年，百强中有9家计算机公司，如今只剩2家；1990年有4家技术服务公司，现在仅2家；1990年有18家高科技制造公司，如今仅13家。再看生命科学领域：1990年百强中没有生物技术公司，如今有4家；1990年医疗设备公司也是零，如今已经增长到了14家。生物技术、医疗设备和医药被称为领导生命科技的“超级团队”。比如波士顿科技公司，是一个制造医疗设备的公司。其最著名的产品，叫Taxus stent。这一超微型设备用来植入人体的血管中，保证血液能够从栓塞的动脉中流过；同时，这个小机器被一层药衣裹住，此药物能够预防血管中的伤痕形成新的栓塞。此项技术的发明，使一些心脏病患者避免了危险的开胸手术。结果，2004年，该公司的销售额从2003年的不到35亿美元上升到56亿多，利润从不足5亿上升到10亿多。

除了这些企业外，还有许多经营类似产品的跨国公司，因为总部不设在波士顿，没有被算在百强之内。如瑞士的Novafitis AG在2003年把自己的研究中心移到哈佛和麻省理工所在的剑桥地区，雇用上千个科学家和服务人员。这些大公司看中的，就是波士顿的人才。麻省理工实际上已经被生命科学的产业所包围，不改变也不行。

在90年代IT泡沫破灭后，生命科学产业正迅速崛起，取代计算机产业成为经济的带头羊只是时间的问题。美国是世界第一经济大国，其健康开支，又占GDP的将近14%，遥遥领先于任何发达国家，平均1000个人1个医生，1000个人1张病床。相比之下，美国的国防经费虽然比世界上其他主要国家的国防经费的总和还多，但不过占其GDP的3%多一点；美国拥有世界上大部分一流大学，其教育经费也仅花掉GDP的5.6%。可见，医疗是美国的最大产业。如今美国面临着婴儿潮一代退休、进入老年的时代，这代“二战”后美国社会的主力军的健康需求，更加刺激了生命科学的突飞猛进。

回应这样的挑战，自然需要新的领袖、专业学科的重组，同时理工教育也必须改革。生命科学的对象不是机器，而是人和生命。科学和价值观念、道德问题会纠缠不清。比如干细胞的研究、克隆技术的发展，甚至安乐死的争议，都涉及深刻的伦理问题，一点细节就会招致科学界之外的政治、宗教力量的卷入。树大招风。过去麻省理工和五角大楼合作最多，如今还面临本校著名教授特德·波斯托尔（Ted Postol）对学校在导弹防御计划的研究中涉嫌弄虚作假的腐败指控。日后生命科学迅速成长，生命伦理方面的官司肯定不少。苏珊·霍克菲尔德的政治技巧，为麻省理工未来应付这样的政治、宗教争议提供了宝贵的财富。同时，这些问题，在实验室中是解决不了的。麻省理工不能再把学生关在实验室里，而要扩展其人文教育。这一变化，在目前的麻省理工本科教育中已经显示出来。过去麻省理工招生时总把加州理工学院看成自己的主要竞争对手，如今则要和普林斯顿争夺学生。同时，欧盟也有不少人酝酿在波兰建设一个欧洲的麻省理工，挑战美国的科技优势。要保住美国的科技优势，麻省理工任重道远。它目前的转型，预示着世界顶尖的理工科教育的未来。

营利大学的崛起

营利大学的意义不在其本身规模或市场份额的大小，而在于其对整个高等教育体系的影响。对培养一般人才的美国大学来说，营利大学提出了严峻的挑战。为了竞争，主流的大学必须重建自己的财政纪律，回应市场的要求，使大学的经营更加理性化。

如今高等教育改革之风席卷全球。美国的大学已经成为公认的范本。但是，美国高等教育近十几年最大的一个变化，却常常被人们忽视。这一变化，就是营利大学的崛起。

美国的大学，在一般人的观念中分为公立（州立）和私立。前者如加州大学的几个分校、密歇根大学、维吉尼亚大学；后者最有名的就是大家津津乐道的哈佛、耶鲁、普林斯顿。按另一种层级性的分法，则是研究性大学，文理学院，社区学院。不管属于哪一类，大学都属于“非营利”机构，不追求利润，政府也不收税。公立大学是政府教育投资的结果。私立大学则靠捐款和学费，更像是个复杂的慈善事业。

但是，自20世纪90年代以来，高等教育的一个“异数”在美国崛起：营利大学。这种大学由一些上市公司控制，直言不讳地追求利润，而且如同正常的企业一样，向政府缴税。在1991年，还只有一个被承认授予学位的高等教育机构在股票交易市场上市，即DeVry，Inc.。8年后，则有了40家。这些机构从1994年到1999年吸引了48亿多美元的投资。

目前，美国每年花在教育上的钱为6500亿美元，使教育成为医疗之后的第二大产业，比国防开支还大一倍。在这一块大饼中，营利性教育机构占有7.5%的份额。按目前的趋势发展，到2010年左右，美国的高等教育市场有25%将被营利大学占据。综合大学教育数据系统（Integrated Postsecondary Education Data System，简写IPEDS）的数据表明，1996年，美国15%的两年制和四年制大学属于营利型，拥有学生30多万，占美国大学生总数（14367530）的2.1%，全职教师2.6万，占美国大学教师总数（528000）的5%。根据美国教育部1996年的数据，美国两年制和四年制的传统大学，公立和私立加在一起共有3427所。另有669所营利大学。这就使美国大学总数达到4096所。不过，营利大学的数据可能被低估。根据专家的计算，在2000—2001年度，营利大学的数量大致在750所左右。另外，一些传统大学，也开设了营利型的教育分支机构。如纽约大学的继续教育学院（School for Continuing Studies），全国科技大学（National Technological University）的NTU Corporation，乃至哥伦比亚大学的数码媒体分部Morningside Ventures，等等。美国还有大约7000所的“业主学校”（proprietary school），教授一些中等教育以上的专业技能，如商业、电工、食品服务、烹调、室内设计、医疗服务、摄影、交通等。总之，营利型和非营利型机构在美国教育中一直平分天下。只是当20世纪90年代营利大学异军突起后，营利型教育才变得引人注目。

根据美国教育专家乔治·凯勒（George Keller）的总结，营利大学的崛起，有四大原因。第一，美国经济转型，越来越依赖知识；第二，成人教育迅速扩张，目前美国的大学生，有一半年龄在25岁以上；第三，新的电子技术的发展，使教育变得更加灵活，可以在多种时间和地点通过多媒体技术授课；第四，传统大学费用的上涨速度，超过消费品物价指数上涨的1/3，这就使得一些教育者和受教育者重新估价传统教育，寻求其他的选择。

那么，营利大学是否能够保证教育质量？一个以利润为主要目标的机构，能否实现教育的目标？这是人们首先问的问题。传统高等教育界人士，也以此否定营利大学对教育的贡献。为回答这些问题，从事营利型教育的人士纷纷著书立说，不仅为自己辩护，而且挑战传统的高等教育体系。其中理查德·S. 拉什（Richard s Ruch）在2001年出版的《高教公司：营利大学的崛起》（*High Ed, Inc.: The Rise of the For-Profit University*）最为引人注目。此公曾在几个传统大学当教授、院长（dean）。后来跳到营利大学当院长，两面的情况都有亲身体会。他的结论是，大学的好坏，不能用营利或非营利来区分。有很糟糕的非营利大学，也有很糟糕的营利大学。但也有很有质量的营利大学，就像有许多优秀的非营利大学一样。营利与非营利，描述的是大学的经营方式，不是界定大学好坏的形容词。

攻击营利大学的人，多来自传统的非营利大学。但这些人应该意识到，营利大学的合法性，正是来自近几十年传统大学危机。最近经济学家理查德·维德（Richard Vedder）出版的《为了学位而破产》（*Going Broke by Degree*），从保守主义的立场，对大学危机作了一番总结。他认为，大学费用的上升，已经达到了荒谬的程度。顶尖的私立大学一年费用 4 万多美元，早已超出了老百姓的负担能力。大学费用不断升高的原因，在于大学的运作不受市场规律的制约。大学的经费，主要来自联邦、州政府和捐助人，而不是学费。因为不主要靠学费过日子，大学就不会像直接面对消费者的企业那样经营。为了拿到大笔经费，大学好大喜功，一天到晚想的是雇名教授，建立大型研究计划，不管对教学有多大的好处，更不管费用多高。一旦有了名教授，有了许多一流的研究，大学的档次就提高了，对政府和捐款人就更有吸引力。说白了，大学的经营就是寻租，根本不守财政纪律，花钱没有边际。结果办大学的费用越来越高。教育成本也因此跟着上涨。也正是如此，他对靠学生的学费生存的营利大学大为赞赏。

在这一市场派人士看来，教育就是个产业。大学就要按市场规律来经营。那些所谓非营利大学，只是标榜不图利。可是真正看看其校长们，还不是在搞钱？一些自由派人士也指出，现在的大学校长和过去不同，当校长的主要资本不是学术建树、教育思想，而是能否要来经费、拉来赞助。所以，现在的校长基本上就是个 CEO。比如埃蒙·M. 凯利（Eamon MKelly），1981 年就任图兰大学（Tulane University）的校长。他的大部分生涯，是在福特基金会和联邦政府里度过，后来当了两年副校长，马上成了校长。罗兰·W. 施米特（Roland W Schmitt）在 1988 年到 1993 年期间任伦斯勒理工学院（Rensselaer Polytechnic Institute）的校长。在此之前，他在通用电气公司（GE）干了 35 年。1993 年密歇根州立大学请 M. 彼得·麦克弗森（M. Peter McPherson）来当校长。此公原来是美国银行的副总裁，并曾任福特总统的特别顾问，里根政府的国际发展局主任和副财长。企业总裁已经在接管大学。传统大学何必把自己打扮得那样清高？

所以，理查德·S. 拉什引用经济学家、诺贝尔奖得主米尔顿·弗里德曼的主张，把营利和非营利这样的概念从高等教育的词汇中去掉，代之以缴税和免税的大学，并对二者进行了一番系统的区分。首先，那些所谓非营利的大学不仅免税，而且接受大量纳税人的钱的补贴。其中来自联邦政府、州和地方政府的拨款占了公立大学一半的经费和私立学校 17% 的经费。营利学校不仅没有这种纳税人的补贴，而且要把自己税前营利的 40% 拿出来缴税。其次，那些非营利大学靠捐款人的捐助建立捐赠基金。特别是在私立学校中，捐赠基金的大小决定了学校的实力。营利大学则要靠投资人买股票。特别值得一提的是，许多营利大学，根据教师的服务年限，给教师一定数额的本校股份或股票期权（stock－option）。这就像 IT 产业一样，让每个职丁都成为企业的拥有者，刺激他们想尽办法为自己的企业尽力。尽管营利大学没有终身教职制度，教授们由于部分拥有了学校，也有相当的主人翁意识。另外，非营利大学追求的是自己的声誉、排名，营利大学则追求利润，要保证持股人的利润。在教育上，非营利大学注重知识的创造，营利大学则注重已有知识的应用。非营利大学以学科发展为中心，营利大学则以市场为中心，现实中需要什么就教什么。

免税与缴税，有补贴与无补贴，这些特点给两种大学之间的竞争带来了双重不平衡。在这样不利的条件下，营利大学看上去存活都不易，何谈“营利”？又如何能够和非营利大学分庭抗礼？在这样不利的竞争中赚钱，如何保证教育的质量？

这最后一个问题是最好回答的。美国有3000多所非营利的免税大学，大家争夺生源非常激烈。一个非营利大学，因为享受着纳税人的补贴、大笔的捐款，教育质量不高，照样可以存活。但营利大学则不同，一切靠学费，没有教育质量，学生肯定不会来，根本无法在市场上立足。在这种不公平的竞争中存活，必须靠优于他人的质量才可能。

那么，营利大学如何才能克服种种不利、在竞争中获胜呢？其实主要还是靠竞争对手的弱点吃饭。如上所述，非营利大学不是市场经营，而是寻租，缺乏成本意识，常常烧钱办教育，制造一些“白象”（white elephant）工程，造成巨大浪费，入不敷出，最后无法维持。营利大学则严格地进行企业经营，把教室当车间，控制成本，严把质量关，保证学生满意。具体而言，营利大学不像非营利大学那样请明星教授，并且尽可能减少教授用于研究的假期。因为研究属于创造知识的范围，而营利学校的学生是来学习如何应用已有的知识的。教授传授既有的“手艺”，比创造新知识要便宜得多。营利大学不需要寻租，也就没有上马大型研究项目的负担，办学的费用就降低了。在1997—1998年度，培养一个本科生一个学年（两个学期）的成本，在私立大学平均是23063美元，公立大学为17026美元，营利大学则仅为6940美元。可见营利大学在成本上的优势非常明显。同时，营利大学主管教育的行政人员，一心一意组织教学，财政上的事情，全由专业的高级经理掌管。非营利大学则不同，以校长为首的行政领导，大部分时间在外面化缘、寻租，没有心思过问教学。所以现实常常和人们的印象相反：非营利大学的学术领袖“不务正业”地追逐金钱，营利大学的教育主管则全心全意关照本校的课程。

在传授的内容上，传统的大学奉行学科为中心的制度，并且有一大群终身教授，很难根据现实的需要及时进行课程调整。举例而言，20世纪80年代末期，MBA很热，许多传统大学新建了商学院。但到1990年，MBA的市场已经饱和，随后急剧看跌，学生的兴趣转到计算机、信息技术上。一夜之间，许多学校守着刚刚建起来的商学院、刚刚挖来的终身教授，面对一个已经不存在的市场手足无措。笔者还知道这样的案例。一个大学的院长跑到一个 CEO 那里募捐。那个 CEO 问："你们大学教什么语言?" 院长回答："法文、德文、俄文、意大利文……" CEO 笑道："这些都是 19 世纪的语言！有什么用? 你们应该辞退这些教授，雇一大群中文教师。大部分学生要学中文。这样毕业出来才能够有竞争力!" 院长听了哭笑不得："这怎么行呢? 我们这些教授不是有终身教职，就是在'终身轨'上。他们教到退休，至少也得几十年。等他们退了，空出位置可以雇新人了，才可能考虑换语种。" 可见，明明知道是没有用的课，也得开下去，教授也得雇。甚至越过时的教授资历越高，工资也越高。这样的学校就没有资源应付新的挑战。营利大学则不同。市场上卖什么就生产什么。学生想学什么就教什么。可以随时根据市场的变化，调整师资。如今全球经济转型，科技进步日新月异，变化多，挑战多。营利大学遵循市场规律，应付起来也容易得多。

由于重视教学、回应市场迅速、有针对性，营利大学培养的学生有较强的"可雇用性"，找工作容易。对此，一些非营利大学的教授有一种酸葡萄的心理，称这个"可雇用性"主要是掌握了应时的手艺，并不是受了真正的教育，营利大学也没有能够为建设一个良好的社会提供更多的贡献。营利大学则反驳：学生在学到手艺的同时，也接受了教育。良好的社会，是建立在给人们提供更多的机会的基础上。而这正是营利大学对社会的贡献。

看一看这些营利大学的学生就知道，他们大部分都属于高等教育的边缘阶层，被常规大学所忽视。比如 DeVry 的 5 万学生中，只有 1/3 是最近的高中毕业生、属于正常的大学生年龄。但这部分学生，常常学术准备不足，难以达到一般大学的要求。该校 1999 年秋季的学生，竟有 40% 是黑人。一般大学再怎么种族平权，也达不到这个比例，除非是专门的黑人大学。在菲尼克斯大学注册的 10 万学生中，平均年龄 35 岁，平均年收入 56000 美元，比一个新的助理教授的收入还高。这些人都有中产阶级的工作，是利用职业休假来进行知识更新的。Argosy Education Group 以商业和教育的博士课程为专业，学生年龄平均 41 岁，比一般大学博士课程的学生至少大出十几岁。总而言之，营利大学的大龄学生、拖家带口的学生、有孩子的单亲学生、有工作的学生、少数族裔的学生的比例，明显高于常规的大学。他们的生活比典型的大学生更复杂，对教育的要求更具体，需要的服务更灵活。常规大学很少考虑他们的需要。而随着社会和经济的转型，这样的人对高等教育的需求越来越高。

自20世纪90年代以来，营利大学在和常规大学的竞争中，节节获胜，目前仍然处于上升的势头。比如Quest Education Corporation，专门收购学校，其目标就是那些财政陷入困境、很难再经营下去的常规大学。1999年，该集团在美国11个州有30个校园，其中29个是收购而来，仅1998年一年就收购了12所校园。收购以后，学校并不改名，只是将收购的学校纳入自己的系统，以市场手段经营。2000年，该集团被卡普兰公司收购，组成卡普兰高等教育公司。如今，卡普兰高等教育公司拥有75个校园和网上课程，58000学生，其教学包括15个美国劳工部预测的增长最快的职业课程。

买卖做大了不说，营利大学也越来越赢得了美国高等教育界的承认和尊重。这些大学的战略，就是全力达到一些职业机构的对大学的承认标准。比如上面提到的Argosy Education Group，在其属下的美国职业心理学院的10个校园系统中开设博士课程，最终获得了美国心理学会的承认。菲尼克斯大学的护士课程的学士和硕士学位，也都获得了国家级的认可。这些学校，为了获得相关职业协会和组织的承认，有什么标准达什么标。检验团来校验收，即使一些人对营利大学有偏见，面对明显高出标准的学校也不敢说不合格，怕被人指责为歧视。所以，这些营利学校纷纷登堂人室，成为公认的大学。

那么，这些营利大学究竟给美国的高等教育带来了什么？回答这个问题，就需要用历史的眼光。

美国的大学以非营利为正宗，其中的原因主要有二。第一，美国大学在根源上和教会的关系密切。早期的美国大学，基本全是教会所建。比如哈佛大学是清教徒建立，耶鲁大学是公理会建立，普林斯顿是长老会建立，布朗大学是浸礼会建立。直到19世纪下半期，许多大学的校长还由神职人员充任。第二，大学一开始是针对精英阶层的绅士教育。旧欧洲的贵族，一直以操办实务为耻。到了近代前期，发财的商人也要赶紧披上绅士的衣装，和俗物保持些距离。殖民地时代美国的大学教育，基本的使命就是培养神职人员和上流社会子弟，注重品德、文化的培养，集中于希腊文、拉丁文的古典训练，除了稍后开设的法律等科目外，很少涉及实务，更无科学、技术方面的训练。举例而言，1723年哈佛图书馆有将近3000本书，58%是神学书籍，只有两本是商业方面的书籍。这种超凡脱俗的作风，在19世纪末的大学改革中有了根本性的改变，但影响仍然十分巨大。如今的大学，仍以人文教育为主要使命，帮助学生“发现自己”，培养其高尚的文化品位，使之具有良好的公民品德。

这一大学的主流传统，每到一个社会转型、经济发展的时刻，就会受到挑战。比如，独立战争前的北美殖民地，土地便宜，商业繁荣，劳动力短缺，工资比英国本土高出许多。这就刺激了大量欧洲移民来新大陆淘金，而淘金就需要各种商业和生产方面的手艺。于是出现了许多私人教师，以传授具体的生产技术为生。启蒙主义巨子、“建国之父”本杰明·富兰克林对此贡献尤著。他不仅在美国顶着圣人的光环，而且在欧洲，特别是启蒙主义的故乡法国，和伏尔泰一样已经成为文化偶像。他自幼当学徒，没有在大学接受精英的训练。他所受益的，就是由欧洲传来的工匠和生意人的学徒系统。他因此希望把这套传授具体手艺的学徒系统转化为学校，并把数学等理论化的学科也整合进来，于是在费城建立了公共学院（Public Academy）。到了晚年，富兰克林回忆说他不得不和学院中的教师和信托人打架，对方总是想把古典课程加进来。他最后宣布他的办学实验失败，因为总有些人在那里食古不化。不过，富兰克林的时代，一大批职业学校已经兴起。其哲学就是推行富兰克林信奉的勤奋、节俭、审慎的生活态度，实用与自助的教育理念，鼓励人从自己内心的呼唤中获得力量和使命。富兰克林虽然是美国统治阶层的名流，但他的教育理念强调实用，和当时主流的大学所奉行的教育哲学已经分途。当时美国的生产阶层和上流社会对教育有不同的价值判断。乃至美国的“自动化之父”伊莱·惠特尼（Eli Whitney）1789 年进入耶鲁时，和他共事的工匠为他惋惜：“唉，一个绝顶优秀的手艺人将被浪费在学校里！”

到了 19 世纪末，美国进入镀金时代。工业化、都市化高速发展，为年轻人开辟了绕开大学而成功的进身之阶。于是传统的大学受到冷遇。工业家卡内基公开批评大学一天到晚讲授死去的语言。甚至有银行家宣布不雇用大学生。这些压力，逼着大学改革。美国的现代大学，实际上正是在那个时代脱离教会的统治，奠定了如今“世界一流大学”的根基。

20 世纪 90 年代营利大学的崛起，实际上是高速发展的经济和急剧转型中的社会对美国大学体系的又一次挑战。这一挑战，一开始有强烈的意识形态色彩。20 世纪 60 年代参加反战、民权运动的自由派学生，许多进入学术界，到 20 世纪 80 年代成为终身教授，主宰了大学。保守派人士一下子觉得他们对培养精英的高等教育机构失去了控制，于是开始大兴讨伐之师，把大学描绘成脱离实际、高高在上的自由派的堡垒，要求打破现有的大学体制。到了 20 世纪 90 年代，随着经济繁荣，大学彼此斗富，教育成本提高，在学科上故步自封，满足不了草根社会的要求，这就给营利大学提供了机会。

综观美国高等教育的历史，人文传统所塑造的非营利大学无疑是健康的主流。但是，这样的传统长期不经受挑战，就会故步自封、丧失活力。幸运的是，美国有强大的草根政治传统和实用主义的企业精神。市场不断挑战大学，逼着大学作出回应。19 世纪欧洲的大学，有一套讲座教授的制度。一个系的方向，就以这个系的讲座教授的学术志趣为中心，和现实世界颇为隔离。这样就形成了教授的垄断，妨碍了学科的创新。美国目前的终身教授制度，也有类似之效。几个教授的学术兴趣和利益决定一个系几十年的方向。营利大学的崛起，就是要挑战这种学术垄断，使大学变得更加开放。

营利大学，属于草根大学。目前虽然在上升中，但如理查德 · S. 拉什所估计的那样，即使到了顶峰，最多也只能占美国高等教育市场的 25% 左右，不可能成为主流。营利大学传授应用知识，不涉及知识创造，培养的是一般的生产阶层，很难染指培养社会精英的一流大学的领地。但是，营利大学的意义不在其本身规模或市场份额的大小，而在于其对整个高等教育体系的影响。对培养一般人才的美国大学来说，营利大学提出了严峻的挑战。为了竞争，主流的大学必须重建自己的财政纪律，回应市场的要求，使大学的经营更加理性化。

如今中国正在讨论教育要不要产业化的问题。似乎教育只能有一种体制，非此即彼。营利大学给我们的提示是：教育体制首先要多元化，要多种体制并存。营利大学不仅是产业，而且是教育工厂，满足的是基本的市场需求。比如中国的新东方这类学校，都可以归入这个体系。高等教育不能完全以这样的方式经营。但是，这样的大学如果能够和其他体制中的大学共同生长，则会促进高等教育的繁荣。

大学：老人的新边疆

一个60多岁已退休的在读研究生，在读解西方抗议运动的历史时，讲起自己年轻时参加民权运动的经历，让后辈受益匪浅。其实，讲“二战”有经历过“二战”的同学在场参加讨论，这常常比一个大教授的存在更有意思。我倒是觉得，年轻人那种传统的自我封闭的文化不进行相应的调整，恐怕会浪费了向这些老同学学习人生的机会。

我35岁开始在耶鲁读硕士，然后是博士，离校时已经42岁，用我自己的话来说，是该考虑退休的时候了。开始时上日语课，坐在一边的大一女孩子竟是我上大学那年出生的。离校那年，我上大学那年出生的人竟开始在我所在的博士课程中从一年级起步了。

不过，我并不会因为每天和年轻人对比而觉得自己“老之将至”。一次上考古课，竟和一个参加过朝鲜战争的老兵同班。在健身房锻炼，一个几乎每天都见的伙计是20世纪50年代的耶鲁本科生，如今重新当起学生来。人家堂而皇之地在这里读书，我还有什么可惭愧的?

最近，美国的大学中老人变多。这里有几股力量。首先，终身教育的观念深入人心。人到中年进大学越来越平常。这些人构成了美国大学中的非传统学生，即25岁以上的大学生。为了适应这些人的要求，有的大学竟开始建幼儿园。因为有孩子的学生有此需要。目前，25岁以上的非传统学生占美国大学生总数的38%，而1970年时仅为28%。甚至常青藤盟校，如哈佛、耶鲁、哥伦比亚、布朗、宾夕法尼亚大学等，也努力招揽非传统学生。比如为了给非传统学生服务，哈佛设置了Harvard Extension School，每年有13000学生就读，其中500名学生的目标是学士学位。哥伦比亚有School for General Studies，录取率为40%。宾夕法尼亚的College of General Studies有6000学生，其中1/3的人是来拿学士学位的。

不过，这些学生中，真正的老人还不算多。我在《波士顿环球报》上看到一组对这些非传统学生的介绍。大部分都在30～65岁之间。其中只有一个80多岁的老人。但他给我印象最深。别人求学，大多为了事业的转轨，掌握新的技艺。他的求学目标栏中则赫然写道：想明白我这一生究竟应该干什么！

这样的目标，体现了老人上大学的精神。他们不是想再重新开始一个职业，而是更积极地思考人生、社会和文明。我其实在很年轻时就羡慕老人。记得十几年前，我在台湾的姨父去世，我给姨妈写信慰问，学着人家西方人的习惯，讲了许多乐观的话。我当时说："老人的生活比我们年轻人更有品德。我们年轻人一切都是为了谋生，不论学什么，先问有什么用，非常功利，就像我现在二十几岁，一切都是为了未来奋斗，不是在过现在的生活。老人没有我们的负担，没有我们的算计。他们真正能体会'现在'的意义，他们真正在过眼下的生活。"我无非是劝她珍惜和享受眼下的每一时刻。她接到信后很感动，打电话还谢了我半天。所以，我自以为从年轻时就多少对老人有些理解。

现在发达社会的健康水平提高，活到90岁高龄已经是很平常的事情。况且美国人富了以后，流行早退休，有的不到50岁就挣够了钱"下岗"了。所以退休后常常还有富足健康的小半辈子。许多人并不把退休看做脱离工作，而是以之作为一个实现自己工作时无法实现的人生理想的机会，享受半辈子真正属于自己的时间。最近几十年，养老院越修越豪华，佛罗里达的老人村也急剧扩张。然而这些地方，在物质上看上去像老人的天堂，精神上却令人压抑。试想：谁会守着那些高科技的豪华呼吸器、喂养机、轮椅而感到生活在天天向上呢？和一群同龄的老人在风景如画的高尔夫球场切磋技艺、在海滨晒太阳，美则美矣，但时间一久，心里就明白：大家不过是在此一起等死而已。

也正因为如此，那些精力旺盛的老人，开始为自己的生活开拓新边疆。这个边疆就是大学。如今美国的大学城附近，老人越来越多。我20世纪90年代初期刚刚到耶鲁时，纽黑文百业萧条，犯罪率奇高，成为美国最危险的城市之一。耶鲁一个本科生被杀，成了全国新闻，一时申请耶鲁的人数大减。等10年后我即将离开耶鲁时，纽黑文开始了一场复兴。房地产越来越热，街面也越来越热闹、安全。克林顿任上的经济繁荣自然是原因之一，但老人的到来是另一大因素。英国《金融时报》曾用整版报道，纽黑文成了老人的最后故乡：他们卖掉自己在郊区的大房子，到纽黑文买一个小公寓。这里年轻人多，而且都是来自世界各地的秀异之士，文化活动也异常丰富。为什么不投身在这些生机勃勃的历史的创造者之中，而要把自己囚禁在豪华的高尔夫球场？最近宣布退休的美国首位女大法官桑德拉·戴·奥康纳（Sandra Day O'Connor）就是一例。她退休，理由是要多一些时间陪伴得了老年痴呆症的丈夫。可是，她却要和丈夫从马里兰郊区搬到华盛顿中心的连栋房屋中。她还计划在最高法院留下自己的办公室。显然，越老她越要进入生活。

所以，现在的老人村，设计时不仅考虑老人的收入水平，而且考虑他们的智商。比如在亚利桑那州 2000 年开张的“学术村”，就是这样一个老人村。其中没有高尔夫球场，却和一个非营利的“亚利桑那老人学院”建立了伙伴关系，在村内为 110 位居民设立一系列课程，每周有诗歌朗诵、古典音乐会。这个学院的创办者，就是其中的一个“村民”，叫亨利·科夫勒（Henry Koffler）。他本是一位生物学家、亚利桑那大学的前校长！据他介绍，这里的“村民”，比一般老人院的居民要年轻一些。准入年龄是 75 岁，但也并不排斥年轻人。一般老人院不许有孩子进来。这里则听便。老人在这里不与世隔绝，还可以教育自己的后代。一句话：“我们要活着！”

密歇根大学则于 2002 年建立了一个“大学院”（University Commons），专门供校友和退休的教授、员工使用。创建者杰夫·贝克（Jeff Baker）自豪地说：“我们仍然通过学习和艺术与大学连接在一起。这里的居民，许多有 2～4 个学位，来自各种领域。这里的建筑设计，也突出校园文化的特点，让居民们回想起自己优异的大学时代。”这里的公寓售价在 20 万～60 万美元之间，离大学近，许多居民到大学去旁听，参加莎士比亚读书会，或参加由密歇根大学的教授主持的研讨班。

在重返大学的老人中，当然有不少当年的优等生、学术人士，退休也放不下书本，希望继续过去的日子。但是，更多的恐怕是来弥补青春的。这些人在上大学时，还不懂得用功，荒废了大好时光，年纪大了以后开始后悔，但没有办法弥补，于是退休给了他们重新上大学的机会。凯姆·爱德华兹（Kern Edwards）今年 77 岁，当年在耶鲁读书时是著名的男生合唱团 Whiffenpoof 的成员。Whiffenpoof 是耶鲁男生最出风头的地方之一。每年大张旗鼓地搞演唱会、灌唱盘、出 CD，是校园一大盛事。大家为了挤进去不遗余力。这位爱德华兹先生把精力全用在这里，怎么可能有心思读书？用他自己的话说：“我在大学唱了 4 年歌，是典型的 C 先生，和布什、克里一样。”（布什是著名的 C 等生，但最近揭露出来的材料证明，克里在耶鲁的成绩和布什相当。）如今则不同了。他从一家保险公司退休后，虽然还住在新泽西州，但是不停地往母校跑，花 400 美元旁听一门课。自 1996 年以来，他已经在耶鲁旁听了 65 门本科生课程，远远超出一个本科生修课的数量。他完成所有的课外阅读，参加所有的讨论课（一般本科生的课除了老师讲大课外，还有研究生主持的讨论课，许多是自愿参加），泡图书馆。他称退休后才发现原来有图书馆！

常青藤盟校和密歇根、圣母大学（University of Notre Dame）这样的名校，因为有这样忠诚的校友，得风气之先，纷纷设立给校友打折扣的旁听计划，以及网上课程。这不仅对学校的财政不无小补，而且培养校友的忠诚，对募捐也大有好处，甚至由此经营起校友房地产，专门给希望就近居住的校友服务。同时，美国的大学，一般非常注意和所在地方社会的关系，为之提供许多服务，包括让居民旁听。于是，一些老人开始打听，哪个学校这方面的政策优惠就往哪里搬，甚至使学校周围的房地产价格上涨。

大量的老人进了校园，混迹于20岁上下的本科生中，给学校的教学也带来不少挑战。本科生尚未进入社会，性格羞涩，上课不愿开口发言。但老人经历丰富，要讲的事情多，甚至爱唠叨，乃至有喧宾夺主的情景。比如，一次上课，大家正讨论一个涉及更年期的问题。一个本科生刚说几句，就被一个老人打断："你没有经历，对这个问题的理解是错误的。让我告诉你是怎么回事。"一下子大家全不说话了。不少教授对此十分恼火，甚至特别规定，旁听的老人不准说话。当然有许多老人不服：我们一辈子的经验，难道对这些孩子没有用处吗？老人在自己的新边疆，似乎已经开始和"土著"有了冲突。

美国大学的文化，在某种意义上说就是同龄人组成的社团。大家来不仅是读书，而且还要谈情说爱，交朋友，对外来人有天然的排斥。即使是年龄相近的研究生，和本科生也有相当的心理距离。老人一进来，情况就更复杂了。我当年在米德尔伯里学院（Middlebury College）修暑期日文班时，就有这样的经历。20岁上下的年轻人聚在一起，一位50多岁的妇女则向我抱怨许多人对她有年龄歧视。

我相信，各大学都知道自己的主顾是谁，目前都尽量把老人和传统的学生分开，不让老人冲击正常的教学。我上课时碰到过几次这种老龄学生，他们举止都非常得体，从来没有打扰谁。而一个60多岁已退休的在读研究生，在读解西方抗议运动的历史时，讲起自己年轻时参加民权运动的经历，让后辈受益匪浅。其实，讲"二战"有经历过"二战"的同学在场参加讨论，这常常比一个大教授的存在更有意思。我倒是觉得，年轻人那种传统的自我封闭的文化不进行相应的调整，恐怕会浪费了向这些老同学学习人生的机会。

更为重要的是，现在的老人，多是20世纪二三十年代出生。当时美国的生育率正在走向低谷，所以这代人的人数比较少。然而，在“二战”后，美国出现了所谓“婴儿潮”的生育高峰，生育率提高了50%。从1946年到1964年，有7600万人口出生。这个数字超过俄罗斯和德国以外的当今欧洲任何国家的人口数。在十多年的时间内，这代人就要陆续退休。他们不仅人数众多，而且受的教育普遍比较高，退休后更愿意回到大学读书。可以预料，到时候老年大学生的比例会进一步大幅度提高。因此，现在老年人在大学开辟的新边疆，不久会招来更多的“定居者”。如何把他们整合到现在的大学体制中，对未来美国大学的发展有重大的意义。

怎么教育长不大的孩子

我们的社会和大学，应该给临时辍学创造便利条件，应该鼓励在社会上奋斗的人回到学校接受“继续教育”。实际上，如果一些有丰富工作经验的大龄同学能够和刚刚从高中出来的学生坐在一个教室、住一个宿舍，彼此互相学习、激励，我们的大学教育质量，恐怕会有明显的提高。

大学教育的一个基本预设，是社会对人生的划分。在美国人常规的概念中，人生分为童年期，青少年义务教育期，如果上大学，毕业后才进入工作期，还要结婚生子，最后到了 60 多岁退休、进入老年。在这一旅途中，受教育阶段、工作阶段、退休阶段分得清清楚楚。因此，从 18 岁到 22 岁，一直是正常的“大学年龄”。

但是，现在美国社会的发展，开始打破了这样的分段。我在《美国是如何培养精英的》一书中对此有过初步的分析：在 20 世纪 50 年代，美国是世界工厂、制造业的中心。高中毕业后，大部分年轻人就在本地的工厂就职，终生不愁。因此 18 岁高中毕业就是受教育期、青春期的结束，成人期的开始。许多人 20 岁上下就成家立业、生儿育女。后来大学普及，成家立业推后，不过一般年轻人 22 岁左右大学也毕业了。富裕的父母，一路供孩子读书。但到了毕业典礼后的一个月，钱就断了：孩子算是变成了大人，要自己对自己负责。教育阶段虽然延长了，但还是和工作阶段截然分开的。

如今，美国正常的大学年龄正在演化为 18 岁到 30 岁。甚至有一个民调显示：美国大部分人认为 26 岁才是青春期的结束。最近美国的媒体捧红了一个大明星，威斯康星一所州立大学的学生。此公并无特别才能，但有些怪僻：1994 年进大学后，就待着不肯走，至今已经度过了 12 年大学生涯，其间互联网崛起，IT 泡沫破灭，他却仍然没有毕业。最近，以大学生为主顾的娱乐媒体公司国家讽刺文社 (National Lampoon) 为他支付学费，提供住房，刻意将他塑造成一个媒体的娱乐明星。大型饮料公司给他赞助。他出入一些最著名的电视节目，财源滚滚。在大学无忧无虑地混 12 年本身竟成了一个职业。

为什么这样的人能在当今的美国走红？其中一个原因，就是他挑战了传统的人生分段，拒绝长大。同时，这种挑战，又多少反映了同龄的美国人正在做的事情：他在大学泡 12 年，如今美国上大学的正常年龄段不也快变成 12 年了吗？只不过他把这样的现实给戏剧化了。在真实的生活中，这 12 年的读书生涯，是边读书，边工作，或两者交替。在受教育期和工作期之间划出一条明确的界线已经越来越困难。

为什么会如此呢？首先人在生理存在上的期待已经不同了。1900 年，美国人的平均寿命是 47 岁。如今 18 岁这一代，大部分可能活到近 90 岁。人生旅程几乎延长了一倍，大家当然就不急着赶路，而要给自己留出时间多规划规划。现在的年轻人很难接受那种先闭门读书，然后义无反顾地开始职业生涯的传统模式。他们在读书时就想体会一下真实世界的滋味。进入真实世界后，也不像过去那样死心眼儿地一直往前走，而是一步三回头，随时准备回来读书。

生命的延长给了年轻人慢慢走的本钱。社会的变动和知识经济的崛起则逼着他们用更多的时间理解生活、为未来作准备。如果像 20 世纪 50 年代那样高中毕业就进工厂，人成熟不成熟无所谓。因为只要老老实实按指令干活，一辈子衣食无愁。现在则是企业外包、制造业萎缩，各种服务业此起彼伏，一会儿互联网兴起，一会儿 IT 泡沫破灭，一会儿生物工程大盛，世界变幻莫测，今天学的热门明天可能就没用，很少有过去那种别人给你安排好的稳定职业结构。这辈子要干什么，必须自己选择，有时还不得不再选择，并且独立为之承担后果。所以，大家读一两年书，就“下海”试一试，有了经验后再回学校进行训练。生活的意义、事业的规划、谋生的技能，所有这一切，不可能通过封闭的 4 年寒窗而完成。人要一点点地成熟起来，在精英大学中的学生，还会趁年轻读完本科，工作一段再读研究院。但大多数非精英学生，怕是要在本科时就走走停停。像过去那样不成熟就一头扎进生活中，恐怕会被撞得头破血流。

这一切，都给现有的大学体制提出了挑战。现在的大学还是为 18～22 岁之间未经世事的孩子们准备的封闭结构，但是，如果一个人 30 岁才毕业，这期间则要工作，可能结婚生子，生活变得复杂得多。大学有给正在工作的学生开的业余学校吗？有给学生的孩子办的幼儿园吗？教学怎么和学生的工作经历配合？怎么回答学生在实际生活中碰到的问题？最实质性的问题是：象牙塔里的封闭教育哲学，怎么才能开放、拥抱外面的世界？

应该说，美国在应付这些挑战时，准备还是相当充足的。美国的高等教育体制比较多元化。正常的四年制精英大学确实比较注重18～22年龄段的全日制教育，但是，大量草根大学，特别是两年制的社区学院、新兴的营利大学，非常注重大龄学生、半工半读学生的需要。即使是像哈佛这样的精英大学，秉承着为社会服务的优良传统，也开办业余学校。个别大学已经开始给学生的孩子设立幼儿园。相比之下，中国的大学体制在这方面太死。许多大学生毕业找不到工作，大概是因为关在学校脱离现实太久。为什么不鼓励他们在大二、大三出去闯荡一番，有些工作经验后再回来有针对性地读书呢？许多农村的民工，因为生活所迫放弃了上大学的梦想。如今他们进城打工，就在大学附近生活，我们为什么不能给他们提供一些上业余学校的机会呢？我们的社会和大学，应该给临时辍学创造便利条件，应该鼓励在社会上奋斗的人回到学校接受“继续教育”。实际上，如果一些有丰富工作经验的大龄同学能够和刚刚从高中出来的学生坐在一个教室、住一个宿舍，彼此互相学习、激励，我们的大学教育质量，恐怕会有明显的提高。

美国大学的内部运作

薛　涌 XUEYONG

美国大学校长的年薪

> 大学校长的财政责任越来越大，CEO化已经是个不可阻挡的趋势。许多学校，已经开始改变以学术领袖领导大学的传统，到处请并不一定有学术经验的财神，这迟早会在校园里引发一场文化革命。可怕的不是校长的高薪，而是大学和企业的利益纠缠不清，产生利益冲突。比如校长在几个董事会服务，不少人辩解这对募捐方便。但是，董事会的工作消耗了校长大量精力。更重要的是，如果企业利益和学校利益冲突，校长如何摆平？在未来一段时间，美国大学面临的最大挑战，恐怕还是如何在商业化大潮中维护学术独立。

到2005年为止，已经有5位美国大学的校长的年薪突破百万美元。IRS（Internal Revenue Service）即美国主管收税的“国内岁入署”严阵以待，准备在2006年4月15日付税日前后查一查非营利机构的首脑是否应该挣这种CEO的工资。在高等教育界人们也议论纷纷：校长们的收入是否过分？

我们不妨先看看账单。私立大学的校长，明显收入高于州立大学的校长。而收入最高的校长，常常是不知名的大学。其中收入最高的，是林恩大学（Lynn University）的校长唐纳德·E. 罗斯（Donald E. Ross）。他的工资和各种福利相加，高达500多万美元。他这么高的收入，并非全无道理。1971年他来到这所设在佛罗里达的学校时，学校还叫玛丽山学院（Marymount College），是一所两年制的天主教女子学院。当时的学生，由20世纪60年代中期的500人跌到200人，马上要宣布破产关门。这时30岁出头的罗斯来到这里。他是设在特拉华州威尔明顿学院（Wilmington College）的创建人，此行的目的是到这所破产的学校的图书馆为自己的学校买书。然而，当他看到这么安静典雅的校园时，一下子心动了：这所学校有许多他自己的学校没有的东西，为什么要关门？那一天，学校几个留守的修女和他见面，求他帮帮这所学校。于是，他从自己的母校拉出一个班子接管学校，并从朋友手中借钱，还把自己的积蓄也倾囊投入，防止了学校破产。

接着，他一家三口搬进了学校的宿舍，和几个修女、几个教师开始患难与共。有很长时间，他自己也拿不到工资。他马上把学校命名为博卡拉顿学院(College of Boca Raton)，并改成了四年制的男女同校大学。在头十年，学校还是陷于财政危机中不能自拔。于是罗斯到处募捐，其中锁定林恩夫妇。林恩先生做保险业发财，先后给学校捐了1700万美元，最终学校变成了林恩大学。如今林恩夫人担任校董事会的主席。

罗斯先后为学校募集了一亿多美元的捐款，使学校财政稳定，并得以建设新的图书馆、健身房、教学楼和国际中心。如今学院面积123英亩，学生2300人，已经是一所注重企业管理和传播学、重点扶助学业较差的学生的四年制大学。在任将近35年，罗斯准备2006年退休。许多一起过来的人都说学校怎么感谢罗斯也不为过，没有他就没有这所学校的存在。结果，林恩夫人主持的校董事会虽然知道联邦政府的国内岁入署要来审计调查，还是决定奖赏罗斯为学校作出的一生的奉献。

更有意思的是，罗斯最初创建的威尔明顿学院，出产了美国年薪第二高的校长奥德丽·K. 多贝斯泰因（Audrey K Doberstein)。她2005年退休，同年的年薪加各种福利为137多万美元。两所默默无闻、学术水平处于低端的小大学，竟有着美国最贵的校长。排在第三的，才是那所南部名校范德比尔特大学的校长E·戈登·吉（E Gordon Gee)，年薪加福利共132多万美元。排第四的是波士顿大学的前校长约翰·R. 西尔伯（John·R. silber)，年薪加福利125万美元，著名的米德尔伯里学院的前校长小约翰·M. 麦卡德尔（John M. McCardell Jr.）则以121万美元排第五。

在州立大学中，还是以年薪加福利计，密歇根大学的女校长玛丽·休·科尔曼（Mary Sue Coleman）排在第一，为72万多美元。特拉华大学校长戴维·P. 罗塞尔（David PRoselle）以72万美元出头排第二，得州大学校长马克·C. 尤通夫（Mark G Yudof）以将近70万美元排第三。美国州立大学校长的中等收入在2005年是36万美元。虽然这已经比2004年提高了10%，但校长们在抱怨：钱还是不够，比私立大学的同行差得太远。

当然，校长们并不仅靠自己学校的年薪，不少有外快，有的外快超过正常收入。在这方面，斯坦福大学校长约翰·L. 亨尼西（John L Hennessy）格外突出。他从学校领取的年薪加福利，共56万多美元，属于哈佛等一流大学校长的正常水平。但是，他同时出任硅谷三家高科技公司的董事。由此获得的年收入高达3140

万美元！他本来是计算机系的教授和系主任。Google 是该校两个研究生创立的，他自然被拉去做董事，获得 65000 股的股票期权，2005 年，花了他 130 万美元买的股份卖了将近 2500 万。据悉，美国目前有 1/3 的大学校长在公司兼董事。当然大部分只是在一家公司兼董事。

校长高薪，早已经引起公众的注意和辩论。许多人认为非营利机构的总裁拿这么多钱是不正当的。但另有许多人认为，这些校长的年薪，比起挣上亿年薪的企业 CEO 来，简直是小巫见大巫。而管理一所大学的难度，比起管理一个企业的难度来有过之而无不及。况且大学校长又必须是学术领袖。能把 CEO 和学术领袖的才能合于一身的人，如今打着灯笼也找不到，年薪不这么高，根本没有合格的人干。

尽管华尔街上 CEO 的高薪使社会对大学校长的高薪有相当的理解和宽容，但这些高薪还是和丑闻搅在一起。2005 年，参议院开始调查美国大学（American University）校长本杰明·拉德纳（Benjamin Ladner）的经济问题和他的各种收入的合法性。此公 3 年花了 50 万美元，包括让他的私人厨师去欧洲旅游，开 13 道菜的家宴，等等。这些事情曝光后，教授、学生大怒，他不得不下台。但是，他的退休费用包括 95 万美元的大支票，275 万美元的退休福利，让学校师生震怒。而在美国高等教育界，他绝非孤家寡人。

拉德纳声称，他当校长期间，很少犯错误。许多所谓豪华的开支是必须的。比如他开了许多 40 美元一瓶的酒不喝而去学校报账，原因是要招待捐款人。捐款人大多是企业界的精英，平时受招待就是这样的规格。舍不得几瓶酒，到哪里找人家要钱去?

拉德纳的案子会有什么结果，现在还很难判断。不过，大学校长高薪，在大学中已经引起文化冲突。过去的大学校长，是学术领袖，是教授们的同事，而非老板。大学是个平等的学术共同体。耍老板脾气的，如哈佛校长萨默斯，常常吃不开。而美国的大学教授，一直算是中等收入的阶层。比如，在纽约、波士顿这些地方的公交司机，平均收入要比一个刚刚拿了博士的文科助理教授要高。因此，大学校长收入越来越像 CEO，不少教授当然不满。另外，校长如今的主要责任就是募捐。要募捐就得和企业精英打交道，就要按华尔街的气派做事，比如开豪华宴会等。这在清寒惯了的教授们看来，简直就是穷奢极欲。比如 2004 年，新泽西州一所小的社区学院的校长被解职，并接受调查。人们对他的一个谴责是：一方面给学生涨学费（社区学院是两年制的大学，大多是为上不起四年制大学的穷学生服务），一方面校长要吃 60 美元一磅的神户牛肉！

以我个人观察，如今美国大学教育升温，大学校长奇货可居，年薪还会继续涨上去。特别是州立大学，校长薪水还属偏低，已经有人说州立大学给校长开工资跟不上时代的变化。大学校长的财政责任越来越大，CEO化已经是个不可阻挡的趋势。许多学校，已经开始改变以学术领袖领导大学的传统，到处请并不一定有学术经验的财神，这迟早会在校园里引发一场文化革命。可怕的不是校长的高薪，而是大学和企业的利益纠缠不清，产生利益冲突。比如校长在几个董事会服务，不少人辩解这对募捐方便。但是，董事会的工作消耗了校长大量精力。更重要的是，如果企业利益和学校利益冲突，校长如何摆平？在未来一段时间，美国大学面临的最大挑战，恐怕还是如何在商业化大潮中维护学术独立。

美国人上得起大学吗

——兼论中国如何学习美国的经验

为什么大部分美国适龄青年都要读大学呢？因为他们根本不是按标价付账，大笔费用是政府埋单。美国高等教育的优势在于既通过政府的财政资助保证了公民受教育的权利，又避免了官僚机构对教育的直接卷入，用市场竞争创造了大学的效率。可谓一举两得。

我在《谁的大学》一书中明确提出，中国应该实行大学的“教育券”制度。政府基本不直接资助大学，而是把大部分高等教育的经费，以奖学金、助学金的方式直接交给合格的学生，让这些学生拿着钱去选择学校。这样，就会迫使学校像对待消费者一样，为学生提供物美价廉的教育服务。

这一主张，至今在国内还没有获得任何的回应。但是，这却是在高等教育最发达的美国行之多年的有效办法。遗憾的是，我们掀起了“建设世界一流大学”的运动，明确以美国的模式为目标，但是，学美国只学一半。比如，美国的大学经营非常市场化，学费高得吓人。中国的许多大学，学费也跟着拼命涨，让穷人上不起学。于是有人出来说，美国的经验不能照搬到中国来，不能食洋不化。

真是如此吗？当然不是。如果我们真能照搬美国的经验，中国的穷人上大学不仅不用缴学费，而且还能靠各种资助享受大学所在地标准的生活水平。

不错，美国的大学学费是世界最贵的。两年制公立大学，学费平均一年 2000 美元，四年制公立大学为 5400 美元，私立则为 28300 美元。其中有 12.6% 的私立大学，学费超过 3 万美元；有 3.7% 的公立大学，学费超过 9000 美元。与此同时，美国的中等家庭收入，在 5 万美元上下。如果只看这些数字，上便宜的四年制公立大学，仅学费一项就超出一个中等家庭收入的 10%。如果加上将近 1 万美元的生活费，一个大学生一年消耗一个中等家庭将近 1/3 的收入。这样的价格，当然令人难以承受。美国的媒体现在几乎每天都在嚷嚷：学费上涨太猛，超出中产阶级的承受能力，给孩子攒了学费就攒不够自己的退休金，等等。大学市场化创造了高学费，让老百姓苦不堪言，似乎是个不容置疑的事实。

然而，这样的说法似是而非。我们不要忘记，美国的学费高，但奖学金、助学金也高，学生贷款、打工助学的机会也多。以2003—2004年度为例，美国从联邦政府、州政府到学校、私人慈善机构给学生提供的各种资助达到1220多亿美元。在校学生总共有1646万多，平均到每个学生头上，就有7400多美元，远远超出公立大学的平均学费。而真正得到资助的学生，特别是贫困生，平均拿到的钱要比7400美元高得多。因为有许多学生来自富裕家庭，并不需要资助。不考虑这些现实，单盯着美国的学费，美国模式就会学歪了。

我们不妨两头都算一下账。

美国的奖学金名目繁多，理清楚非常不易；而且学生的个人财政保密。这些资助，落实到每个学生头上究竟是多少，很难搞清楚。不过，根据一些公开的数据，还是可以看出一些蛛丝马迹。我仅根据2005年8月出版的一期《高等教育编年》所提供的数据进行粗略的推算。由于各种数据统计规范不完全一致，有时彼此之间有些小出入，但并不影响我们基本的估算。

在2003—2004年度，四年制公立大学的教育费用（包括学费、杂费，以及住宿、伙食等生活费）平均为15200美元（其中学费5400美元）。私立四年制大学的教育费用平均为28300美元（其中学费18400美元）。学生得到的资助有两种。一种叫aid，我试译为“助学金”，学生对这笔钱的使用不受限制，但有时需要做一些工作。另一种叫grant，我试译为“奖学金”，使用有一定限制，比如只能用来支付学费等。在公立大学中，有76%的学生接受各种助学金，每人接受的平均总额为8700美元。另有59%的学生获得各种奖学金，每人平均获得4600美元。我们只要对比一下公立大学的学费和教育费用就可以看出：如果获得助学金，自己一年的教育支出（包括支付生活费）就是6500美元。获得奖学金，自己一年就付10600美元。但从获得资助的百分比上看，获得这两项资助学生比例都远远超过了学生总人数的一半，可见有相当多的人两项都得。如果两项全拿到，共计13300美元，自己只须支付1900美元就可以完成学业。

私立大学贵得多，但资助也是水涨船高，有89%的学生得到各种助学金，平均数额为16300美元。另有82%的学生获得各种奖学金，平均数额9400美元。如果仅获助学金，自己需要付12000美元。如果仅获得奖学金，自己需要付18900美元。但大部分学生恐怕是两项都得，这样资助加起来就可达25700美元，自己的开销就只有2600美元而已。除此之外，还有许多学生贷款可以申请。供孩子上大学的家庭，还可以获得付税优惠。

从这些数据中我们可以看出，把各种资助加上后，大部分美国人的高等教育负担，比学费所代表的数字要低。不管上公立学校还是私立学校，有相当一部分(也许是大部分)学生得到的资助超过了学费。对他们来说，上学不仅是免费的，而且还能够得到小额的生活补助。大家需要对付的，是昂贵的生活费用。许多学生一年的花销常常在5000美元上下。有的则只须花两三千美元。这笔钱，就是不上学，在家和父母住也是要花的。就算打工一小时挣7美元，一年平均每天打两个小时工就可以了。况且暑假可以集中精力打工，上学时还是可以比较专心地读书的。我还必须指出，不管是公立还是私立大学，所谓教育费用除了学费外就是生活费。生活费一般是学校根据当地平均生活水平、物价指数估计出来的，并非实际生活费用。我们这些留过学的人都知道，这样的估计都是留有余地的。我自己读博士期间，实际的生活费用，每年都比学校估计的生活费用低几千块钱。有时夫妻俩靠一个人的全奖也过一年。简单地说，如果一个学生拿到的资助总额比教育费用低两三千元，他未必需要自己掏腰包，只须生活俭朴一些就可以了。

上私立学校，当然比公立学校贵一些。但是看看上面的数据就能明白，私立学校学生获得奖学金、助学金的比例远远高于公立学校的学生，获得的金额也大得多。真上私立学校，真正的负担比上公立学校也就多几千美元。况且，上私立学校的学生来自富裕家庭的居多，这些费用比较容易承担。

当然，这些都是抽象的平均数字。落实到不同地区、阶层的具体学生身上究竟是什么情况？不当家不知道柴米贵。不了解具体美国家庭的收支账目，很难估算其供养一个大学生的实际负担。为此，我特地咨询了一位朋友，她本人在一个比较贫困的地区的小私立大学负责财务，处理学生的奖学金是她的分内之事。她丈夫在同一所学校当终身教授，专业是高等教育管理。他们自己的独生子，刚刚上大学不久，也有一番申请奖学金的经历。所以，她给我的一些直观描述，包括一些“内部情报”，非常有说服力。

她的学校，有2100个学生。绝大部分学生是拿着资助读书的。有些资助是直接给学生，但许多资助是采取过账的方法给学生。也就是说，学生到学校注册，学校知会有关部门，于是这个学生得到的各种资助就都被转到学校的账户上。学校用这笔钱直接支付学生的各种费用，包括学费、书费、伙食费、住宿费、停车费、设备使用费等。这些费用全付了以后，学生拿到的资助若还有剩余，就得如数付给学生。她告诉我，上个学年，她为了付给学生这些剩余的资助，就开了900张支票，总金额达120万美元，也就是说平均每张支票1300美元左右。这也说明，在这个2100人的小学校，有将近一半的学生，用得到的助学金、奖学金等支付了包括学费、书费、伙食费、住宿费（该校有宿舍，不过大部分学生走读不住校）的所有费用后，竟还能拿到平均1300美元的零花钱！

她自己的孩子怎么样呢？她的家庭总收入为9万多美元，当地平均家庭收入不足4万，可见他们是个富裕家庭了。结果，孩子上学申请所有联邦、州里的奖学金都不合格（她说她再有一两个孩子就合格了）。但孩子功课不错，上了本州州立大学的最高学府，即俄亥俄州立大学（在全美也是有名的）。一年奖学金将近15000美元，扣除学费、学杂费、住宿费、伙食费，一年学校退回1500美元的零花钱。

我和她电话交谈了半个小时，请她澄清各种技术问题，同时也互相印证彼此对美国高等教育的印象。最后的结论是，除非你家里很有钱，在美国上大学，大部分人用不着自己缴学费。在这方面，越穷越合适。穷人上大学，不仅是读书，而且等于得到一份白来的工资。因为你就是什么都不干，和父母一起住，一年生活费怎么也得几千美元，总得有人来支付。一上学万事大吉，教育和生活问题都解决。这么优厚的条件，也使个别穷学生拿上学当饭碗，甚至变相欺诈。比如，到学校一注册，奖学金到手，人就不见了。我也碰到过这样的学生，上课从来不来，等期末跑到这里求情，说："我刚刚离婚，有个孩子，前夫是个浑蛋，什么也不管，你一给我不及格，我的奖学金就没了，孤儿寡母怎么办？"等。有的人跑来，说："你给我个D就行，就是不要不及格。"总之，他们在乎的不是成绩，是保住自己的奖学金。

最苦的是那些读书不好的中产阶级子弟。奖学金大量给了穷人，轮到他们头上的就少了。美国人上大学，先要算一下"预期的家庭贡献"（expected family contribution）。你把家庭收入、人口、财产、债务、居住地以及所上的学校和费用等输入电脑，马上就会得到一个换算的结果，即你应该为你的孩子上大学付多少钱。如果是5000美元，而所上的大学学费、生活费等是25000美元的话，剩下的2万元就由学校或其他机构用各种资助的形式填补。你上越好的大学越划算。比如哈佛，财大气粗，给你补上的是现金，是白给的，不用还也不用打工。穷学校也会给你补上，但有些款项是学生贷款，虽然低息或无息，最后还是要偿还的；另外有的有打工的义务。所以，如果家庭年收入10万美元以上，住个五六十万美元的房子，两三辆车，再有若干股票，这虽然在波士顿地区不算富人，但申请经济资助不合格；孩子功课如果不佳，也拿不到优等生的奖学金，最后大学费用大部分要自己支付。这样的家庭选举时投票率最高，掌握着重要的政治资源，所以在媒体上"嗓门"大。他们一叫，美国大学上不起的神话就不胫而走。但据《经济学人》的报道，在美国的大学里，20%的学生来自在贫困线上挣扎或在贫困线之下的家庭。而美国生活在贫困线以下的人口，仅占总人口的12%，在孩子中占17%。可见贫困生上大学基本没有财政障碍。上大学负担最重的，是那些中高产阶层，他们中许多人确实只能勉强供孩子上大学。当然百万富翁们付多少也不会在乎。这是美国高等教育的基本现实。

美国的高等教育，在世界上是最市场化、产业化、私有化的，学费也是最高的。其成功的诀窍，就在于实施了没有“教育券”之名的“教育券”制。政府不直接管理大学，而是通过大量的资金支持学生。我在《河流与教育质量：美国“教育券”争论之今昔》中，已经对“教育券”制作了详细介绍。简单地说，它的核心内涵就是创造教育的市场竞争。其实，在美国的高等教育界，许多做法就是“教育券”制。比如佩尔奖学金（Pell Grants），这是联邦政府资助低收入学生的最大奖学金，2003—2004 年度的总金额高达 126 亿多美元。拿到这笔钱的学生，只要到一个学校注册，钱就会拨到学校的账上，学校必须在 14 天之内把钱交给学生，否则就犯法。这样，等于政府给学生一笔钱，让学生根据自己的需要和好恶来“采购”高等教育。他们就成了教育的消费者。各大学为了迎合这些消费者的胃口，抢到这笔生意，就得给人家提供满意的教育服务。

可见，在这样的制度下，政府绝不是对公民受教育的权利放着不管、把一切交给市场。正相反，国家对教育的投入甚大。美国对高等教育的投资，一年是其 GDP 的 2.7%，而欧洲仅 1.1%。说美国的高等教育是赤裸裸的生意、把穷人排除在大学门外，完全是无稽之谈。有人算过一笔账，结论是，你如果按标价付学费上大学，即使毕业后收入比不上大学的人高得多，从纯经济的角度算，也不如把这笔钱放进股市。这样所得到的收益，远远高出大学教育给你带来的高工资的收益。大多数人都是经济动物，算了这笔账后，按说不会有几个人愿意赔钱读书。可是，为什么大部分美国适龄青年都要读大学呢？因为他们根本不是按标价付账，大笔费用是政府埋单。美国高等教育的优势在于既通过政府的财政资助保证了公民受教育的权利，又避免了官僚机构对教育的直接卷入，用市场竞争创造了大学的效率。可谓一举两得。

中国现在的办法是直接把经费拨给大学。北大、清华因为要“建设世界一流大学”就获得了多得出奇的经费，别人根本无法与之竞争。于是，其他大学为了吸引政府的眼球、抢占获得大量财政拨款的地位和资格，就会不惜工本地上大项目、创大牌子，把自己打扮成名校，让上面觉得他们也有成为“世界一流”的希望。这样竞相“寻租”的结果，是使各大学过分投资，哄抬教育成本，最后把贫困学生挤出高等教育。如果像美国那样，把钱直接交给学生，让学生“采购”大学，那么就会激发一场完全不同的竞争：各大学要挖空心思低成本、高质量地培养学生。就像市场上的汽车战一样，谁价格合理、质量过硬，谁就是名牌。这样才能从根本上激发中国高等教育的效率。

美国的大学语文教科书

我作为在中文世界和英文世界都写作的人，真心的体会是语言是表面，思想才是本质。你怎么写说明你怎么想。写英文和写中文，遵循的是一个规则。只不过人家那里写作受重视，大家钻研这些规则。我们这里则似乎认为在中文系里教书的人都懂写作，根本没有人管这些小规矩。更重要的是，人家的语文强调表达思想，我们的语文强调抖搂学问、炫耀文化；用更不好听的话说，就是读书人在那里摆谱儿：看，我懂这么多，还是信我的吧。

2005 年底《新京报》上关于大学语文的讨论，让我想起了美国一本最畅销的书。

这本书名字叫《风格的要素》（*The Elements of Style*），我手上有的第三版，是最小开本，正文仅 85 页。而最初的版本，仅 43 页。这本书，是康奈尔大学教授小威廉·斯特伦克（William Strunk Jr.）在上个世纪初讲授“大学语文”（课程代号是 English 8）的私印教材。他骄傲地称之为“小书”。1919 年上过他的课的学生、知名作家 E. B. 怀特（E. B. White），在 1959 年应约将这本“小书”编辑公开出版。第一版就印了 200 万册。可是有个评论却惊呼：“这样的书竟然仅仅印了 200 万，说明许多人根本没有看到。实在是太糟糕了！”后来不断重印，成了美国人写英文的圣经。现在到底印了几千万或者更多，我也无从查证。但是，我在美国读这么多年书，所碰到的英文老师或帮我改英文的同学，没有人不看这本书的。

这么一本神奇的小书，塑造了英语的历史，对美国现代的英文写作，有着决定性的影响。那么，翻开看看，里面究竟写了什么呢？小威廉·斯特伦克当年那 43 页，是书的核心，讲的无非是三件事：清晰、精确、简练。且举几个例子。

书中的第十四条写作规则，是“要用主动语态，避免使用被动语态”。例句是：

1. 我将会永远记住第一次对波士顿的访问。

2. 我第一次对波士顿的访问，将会被我永远记住。

第一句写得明显比第二句好，因为主动语态更直接、有力。

与此相关，第二条规则是“用肯定句，避免用否定句”。例句是：

1. 他不认为学习拉丁文是一个运用时间的好办法。

2. 他认为学习拉丁文是浪费时间。

这两个句子，显然第二句好得多。第一句话把能用肯定句法的话用否定句法说，显得逃避、躲闪，影响了句子的清晰度。

这些看起来是小节，但要在文章中始终贯彻非常困难。因为这样的句法，逼着作者把话讲清楚。而实际上，许多作者写文章，并不知道自己在说什么。举个例子，如果你写这么一句：“他被认为是在作秀。”这种被动语态，忽略了谁认为他在作秀。主动语态，则逼着作者回答问题、拿出证据：究竟是谁？这样，文字就变得具体，避免了含糊不清。

这当然不是说不能写被动语态，不能用否定句。这些原则只是告诉我们：能不绕圈子就不绕圈子，直截了当地面对读者。我学习写英文这么多年，受益最大的就是这些规则。其他还有“尽量避免写长句子、复杂句，要写简单句”等规则。真正能把复杂的思想用简单的句子表达出来，那才是最典雅的英文。

这些跟我们的大学语文有什么关系？我作为在中文世界和英文世界都写作的人，真心的体会是语言是表面，思想才是本质。你怎么写说明你怎么想。写英文和写中文，遵循的是一个规则。只不过人家那里写作受重视，大家钻研这些规则。我们这里则似乎认为在中文系里教书的人都懂写作，根本没有人管这些小规矩。更重要的是，人家的语文强调表达思想，我们的语文强调抖搂学问、炫耀文化；用更不好听的话说，就是读书人在那里摆谱儿：看，我懂这么多，还是信我的吧。

我出去读了这么多年书，捡起中文来写的第一本书，就叫《直话直说的政治》。所谓“直话直说”，就是受这些年英文训练的影响。记得有一次教一个英国人汉语，讲的是一位著名香港作家的文章。这个英国人汉语程度很低，但英文非常出色。讲到一段，碰到一个“进一步地说”，她马上提问：这里的文字上下看不出递进的意思，为什么要用“进一步”？我仔细一看，果然没有必要，用了反而把文章的意思搞乱了。这件事情给我震动很大：一个汉语这么浅的人，居然给我们的大作家改作文，而且改得头头是道。这是为什么？看来还是人家的语文训练严格。你跟这种人交流，发现人家每句话都简单明了，没有任何不相关的包装。人家那里比的，是看谁能把最复杂的问题用最简单的语言说清楚。我们这里则比的是看谁能把一件简单的事情说得天花乱坠。大学语文的问题本来很简单：写文章、讲话要简练、清晰、达意，以最有效率的方式传播信息、交流思想。而温儒敏教授建议大学语文讲些《孙子兵法》、《九章算术》等，其实还是一种包装心态，要让大家显得有文化一些。如果这样训练学生，大家写作就更要漫无边际地引经据典、摆自己有学问的谱儿，却忘记了实际要讲的内容。大学语文既不是传统文化课，也不是文学课，而是语言课。我很奇怪，为什么这个问题谈了这么久，居然没有人出来写类似《风格的要素》的那样一本“小书”？舍此而夸夸其谈文化传统，是否有些不务正业？如果老念念不忘遗产，忘了现实的生活，那就真等于给大学语文送葬了。

在大学中挣扎的言论自由

美国历史上的每一重要关头，言论自由的游戏规则都会出现危机，并进行调整。如今，左右派又得想想如何制定一个对彼此都公平的游戏规则了。右派在打压反战言论时，不得不调整自己一贯主张的“个人可以信口开河，国家无权干预”的信条；而左派在捍卫自己谴责美国的国家恐怖主义行为的权利的同时，也要自省一下自己对说“同性恋是一种病”或“黑人学生能力低下”的“侮辱性语言”的人，是否也应该容忍。

“9·11”恐怖主义袭击之后，美国媒体的言论自由已大打折扣。美国的大学，历史上是维护言论自由的重镇。比如代表巴勒斯坦人声音的萨义德，谈起美国的社会和媒体每每愤愤不平，但谈起美国的大学，则赞不绝口，认为美国的大学就是知识分子的“乌托邦”。然而，因“9·11”这一重击，在今天的美国大学里，言论自由要站稳脚跟已颇为吃力。

就总体而论，在名牌大学，特别是在私立的名牌大学，言论自由依旧巍然不动。“9·11”后不久，耶鲁的几位大牌教授如保罗·肯尼迪（Paul Kennedy）、约翰·加迪斯（John Gaddis）等就主持了公开的讨论会，对“9·11”进行反省，主流的基调是批评美国的外交政策。这一讨论在校刊上迅速引起著名的古希腊史学家唐纳德·卡甘（Donald Kagan）的反击，他谴责他的同事在大难之后反而指责受害者。不过事情也就到此为止，大家求同存异，照样过着过去的日子。MIT的左翼健将、语言学大师乔姆斯基，公开把“9·11”与当年美国导弹袭击苏丹加以对比，认为两者无质的不同，只是美国那次杀人更多而已。对于这样一位国际名人的激烈言论，右派们似乎也奈何不得。

俗话说，柿子找软的捏。右派们在寻求打击目标时，先拿公立大学的不甚知名的教授开刀。“9·11”之后，4位左翼教授在北卡罗来纳大学主持讨论会，公开批判美国的外交政策，一下子捅了马蜂窝。北卡罗来纳州是著名的右派参议员杰西·赫尔姆斯（Jesse Helms）的老家。此公是过去30年中除了里根之外最重要的保守主义政治家。他反对种族平权，反同性恋，反人工流产，反联合国，同时维护烟草公司的利益，支持保守的基督教运动，并且几乎是拉美所有右翼独裁者的朋友。不久前，当"美国之音"抗命播放采访塔利班领袖的录音后，他坚决要求严办。一句话，保守主义在北卡的根基不浅。果不出所料，一位北卡罗来纳大学的知名校友、右翼杂志《头版》的副主编斯考特·鲁布什（Scott Rubush）在全国公共广播网（National Public Radio）发难，号召人们向容许反美集会的北卡罗来纳大学施加压力。结果，校方一下子收到几百个愤怒的电邮，并在北卡的州议会中受到严厉谴责。但是，该校校长发表强烈声明，捍卫教授的言论自由。从这一事例看，在当今的美国，言论自由比起一战时几个大学解雇反战教授的时期，已有了显而易见的进步。

然而，并不是所有的大学都能像北卡罗来纳大学那样。南佛罗里达大学最近将一位巴勒斯坦裔的终身教授除名。这位教授名叫Samial-Arian，在20世纪90年代初期，他曾邀请了几位激进的穆斯林神职人员到美国开会。他还雇用了一位巴勒斯坦学者，并帮他办了签证。但这个学者回去后，成为巴勒斯坦恐怖组织"伊斯兰圣战者组织"的核心领袖。多年来，Samial-Arian声称他做这些事的目的是鼓励穆斯林知识分子和美国学者的对话，并且事先不知道这些人有任何恐怖主义背景。美国政府一直想对他采取措施，但就是找不到证据。"9·11"后，电视里公布了他的这些记录，进而使学校一度因收到死亡威胁而被迫关闭计算机系。由于学校不断受到抗议电邮、电话的骚扰，以及校友、议员、未来学生的威胁和压力，终于决定解雇这位教授。在美国，终身教授就是个铁饭碗，只要他不犯罪，按时上课，校方就无解雇之权。这也是言论自由的制度基础。而对Samial-Arian目前还找不出任何犯罪的证据，这次破例解雇自然是对大学长期维护的学术自由的侵犯。该校校长无奈地说："我们尊重学术自由，但我们必须考虑学校能忍受多少对正常教学的干扰。"但Samial-Arian坚持说："人们有权利听到那些非主流派的意见，我也有义务表达这些意见，因为我热爱真理，也热爱这个国家。"

另外几起案例，结果并不像上述两例那样黑白分明，却十分引入深思。新墨西哥大学的教授理查德·博斯欧德（Rich Ard Berthold）在"9·11"后开始讲他的古罗马史课时，开了一句不得体的玩笑"谁能炸掉五角大楼谁就会赢得我的一票"，结果引起轩然大波。在新墨西哥的州议会和当地的广播网中，对博斯欧德的攻击持续了几个星期，博斯欧德本人因此面临被停职停薪一学期的惩罚。具有讽刺意味的是，博斯欧德本人是个保守主义者。他事后坦率承认，他的玩笑开得愚蠢，活该挨骂，但他又说：宪法第一修正案保护言论自由，包括那些邪恶的言论。学校加给他的罪名包括“使用侮辱性语言”，这使他得出结论：“当今美国的校园正以社会正义的名义领导着不宽容的潮流。”

在加州大学洛杉矶分校，一位图书馆的助理在9月12日接到他同事送给大家的一个伤感的说教式电邮，题为“美国：好的邻居”，他随手回了一电：“我们美国的纳税人资助和武装了一个种族隔离的国家——以色列；我们还在轰炸伊拉克。到底谁是恐怖主义者?”结果，两天后，他被停职停薪一周，罪名是他的言论“对那些在种族、宗教和家庭上与以色列有关联的同事造成了威胁”。然而，他的电邮中未提任何同事的名字，他只是觉得那个发给他的电邮是邀请他参加讨论。最后，通过工会的努力，他把丢掉的工资都要了回来，结局还算不坏。

这两个事例引发了一个更深入的问题：是谁在限制言论自由？是如今当道的右派？还是过去活跃异常的左派？什么叫“侮辱性语言”、“威胁性语言”？右翼杂志《国家评论》（*National Review*）的斯坦利·科特茨（Stanley Kurtz）声称，当今的言论控制完全是左翼的遗产。正是那些左翼，在当年女权主义、反种族歧视等抗议运动中，逐渐发展起来一套“政治正确”的言论尺度。你要说黑人笨，对黑人而言就是“侮辱性语言”，你要说某某文化具有侵犯性，那么对于从那一文化中来的人，就是一种“威胁性语言”。于是，讲话不能有种族歧视、性别歧视、年龄歧视或什么别的歧视。于是，要立法限制异端邪说，造成了国家有权管老百姓说什么话的局面。如今右派正是基于这一遗产，利用左派创建的游戏规则，以不得侮辱别人的感情为借口，打压“不同政见”。

当然，以左压右的事也不是没有。在加州的另一所大学，Orange Coast College，政治学教授肯·赫尔森（Ken Hearison）遭到带薪停职的处罚，原因是在9月中旬的一堂课上，他与穆斯林学生进行了激烈的辩论。学生告他对穆斯林学生有偏见，无端指控这些学生支持恐怖主义。赫尔森辩称他不过是想激发课堂讨论，让大家澄清那些一方面谴责“9·11”，一方面又支持哈马斯的中东政府是不是采用了双重标准。后来赫尔森虽被证明无辜，但学校未经任何调查程序就把他送回家，成为极左政策严重侵犯学术自由的一例。

不过，纽约城市大学的芭芭拉·波文（Barbara Bowen）教授坚决反对所谓左派制造不宽容的言论尺度的指责。她所在的纽约城市大学的教授就“9·11”举行了几次讨论会，会上反省了美国的对外政策，结果引来外界激烈的批评。《纽约邮报》刊登大标题：“一向是令人骄傲的校园如今成了培养白痴的沃土。”

波文教授指出：“纽约大学、普林斯顿、哥伦比亚等同一地区的学校都举办了这样的讨论会，并未招致这样恶毒的攻击。其中的奥妙是，我们学校的学生来源于劳工阶级、移民、有色人种。我们的社会上有这么一种意见，认为这样的学生不应该像精英大学里的学生一样接触广泛的、不同的意见。这就是种族歧视、阶级歧视。这种歧视就应时时受到批判。”事实上，美国社会也有一种等级观念，只是未曾明言而已。美国没有明文规定，却有社会的潜意识。我的一位社会学教授曾提醒我：不要总觉得美国文化就是鼓励个性，鼓励不同观点，那是常青藤盟校的象牙塔。一般的美国社会，给人的压力就是要与别人一样，不要标新立异。只有一小部分人，才有以与众不同为骄傲的特权。

不管左右派谁应为目前的局面负责，大学校园的言论自由已经发生了变化。“我们美国人不能纳税养活一批人在公立大学里攻击我们”这样的理论，已成为反言论自由的最有力的口号。一个醉汉，不久前闯进博斯欧德的办公室，企图对他进行人身伤害。北卡的几位教授，陆续接到死亡的恐吓。媒体的煽情和暴民的恐怖主义，正在使美国退回到“反智主义”传统中去。

美国是言论最自由的国家，美国的大学又是美国言论最自由的地方。但是，即使是在这样的地方，言论自由也不是不需要游戏规则。伊利诺伊大学教授斯坦利·费什（Stanley Fish）写过一本《没有言论自由这回事，而这本身也是件好事》(*There's No Such Thing as Free Speech, and It's Good Thing, Too*)，称所谓言论自由不过是一种“行会式的协议”（aguild arrangement），以让教授们不受政治、宗教权威的干涉而自由教学；外部世界不要管我们的事，而我们为此也得自律。如果你认为你可以说“谁能炸掉五角大楼谁就会赢得我的一票”的话，别人是否也有权说“谁炸掉一个清真寺谁就赢得我一票”呢？美国历史上的每一重要关头，言论自由的游戏规则都会出现危机，并进行调整。如今，左右派又得想想如何制定一个对彼此都公平的游戏规则了。右派在打压反战言论时，不得不调整自己一贯主张的“个人可以信口开河，国家无权干预”的信条；而左派在捍卫自己谴责美国的国家恐怖主义行为的权利的同时，也要自省一下自己对说“同性恋是一种病”或“黑人学生能力低下”的“侮辱性语言”的人，是否也应该容忍。

美国教育：没有基准的优异

美国社会是由公民组成，而非由社会工程的“零件”、“螺丝钉”所构筑。教育要先塑造人，然后再谈专业，否则你不知道如何把专业技能用到人身上。所以，教育首先是人文教育。布什当年在清华讲“大学不仅是培养技术人员，更要培养公民”，正好道出了美国教育的精神，对那些在苏联模式下被当零件锻造而又自以为是的“精英”，是很恰当的一课。学生从一开始就要培养如何对自己的生活作出选择，而不是在一种高度专业化权威主义教育体制和哲学下，掌握别人需要他们掌握的技能。教育与训练的最大不同就在于，教育不仅传授着知识，更孕育着一种源源不绝的人文资源。

美国的教育，可谓世界之一大怪。如果你只看一流大学，看学术界的表现、拿诺贝尔奖的数量，美国的教育无疑是世界第一。但若看基础教育，看那些不会读不会写而只知道打篮球的高中生，你又觉得美国的教育至少在发达国家中是最糟的。美国财大气粗，可以从世界广揽人才，维持其高等教育的水平。但是，即使在哈佛、耶鲁这类名校，大部分学生和教授还是美国人，说明其基础教育还是在大量培养人才，其高等教育并非仅靠金钱和外国的精英来维持。金钱重要，但并不能解释一切。美国的文化观念与教育哲学，也许是造成教育上两极分化的更为根本的原因。

美国有民主社会带来的诸多好处，但也有许多“民主病”，这一病症很容易就“传染”到教育上来。简而言之，在专制社会，各种权威对百姓动加训斥。一句话，权力归政府，责任在黎民。

美国则不然，选民是上帝，政治家把老百姓奉为衣食父母，哪里敢对之说一句不中听的话。每次总统竞选，挑战现任总统的人不管来自哪个党，说的话都是一个模式：我们是美国人，所以应生活得比现在更好；现在之所以有种种问题，全是因为这个现任总统把事情搞坏了。美国的政治话语可以归结为一句话：你有问题不怪你自己。我们美国的问题，并不是我们美国人造成的，而是别人的原因。主权在民，责任却不在民。此一民主政治文化的核心，是不承认上面的权威。老百姓听惯了奉承，听不得批评，更不用说教训了。但是，教育没有权威却不行。最近发生在美国一地方高中的事情，就很能说明问题。该学校的一位女教师，发现她高二班上的二十几位学生的学期报告，全是一模一样地从一个网站抄袭而来。老师照章办事，给了这些学生不及格。不想惹怒了家长，事情被告到校董事会那里，最后校方当众宣布老师的打分无效。那位可怜的老师觉得自己丧失了一个教师的基本权威，无颜再回教室上课，只好辞职。家长的理由是：我们的孩子不懂什么是抄袭，不该受此惩罚。那位教师反唇相讥：高二还不懂为什么不能在作业和考试中抄袭，你还有资格上高二吗？但是在这件事情上，不管老师多么有理，她肯定是要输的。美国高中的经费是老百姓纳税提供的，谁敢说纳税人一句不是？这些“衣食父母”会说：难道我们纳税办教育，就是花钱让你给我们的孩子一个不及格吗？他们带着这样的成绩，怎么申请大学？

不仅中学如此，许多质量平平的大学，学生的学期报告或论文也常常是从网上下载而来。这些学生说不得，惹不起，教授最好是给他们一个好成绩买个清静。精英大学虽然有所谓分数膨胀，学生却认真得多。但是在对待学生时，也要十分小心。笔者在耶鲁当助教已有几年，有一次判学生的期中考试，近一半的学生都拿了 90 分以上，标准不能说太高。可有一位实在不像话，我怎么高抬贵手，也只能给他 62 分。在他卷子后面的批语中，我这样写道：“你似乎并不理解你所讨论的问题，你需要稍微用功一些。”不想教授看后立即把我叫到办公室中，说我的批语完全无法让人接受。他告诫我这个外国人：“这是美国，这种批语是在侮辱学生。你可以说他哪里错了，你的打分也无可非议，但你不能说人家不懂，不用功。”对于计划在美国谋教职的笔者而言，这番教导无疑是可贵的一课。但事后一想：我判了 36 份考卷，只给这么一个学生写了这样的批语。他表现如此之差，谁都知道这不是智力的问题，而是态度的问题，难道作为老师，不应该警告他一下吗？

在美国，政治家不能对选民指手画脚，老师不可对学生说三道四，政治正确的话语格式，束缚了教育者的手脚，使他们不能告诉学生一些基本的是非善恶。于是高二的孩子，还不懂什么是抄袭，家长却在那里振振有词。如此下去，教育的基本水准如何可以维持？

不过，这并不是说无法维持基本水准的美国教育，也无法造就高水平的人才。道理很简单，好学生不用督促也会用功，而且美国给他们提供了无与伦比的学习条件。更重要的是，多元、自由的教育制度给优异之士提供了最充分的发展空间，使他们能够掌握卓越的技能来应付异常复杂的社会。美国大学录取学生，注意学生在种族、文化、经济等背景上的多元搭配，并不仅仅盯着分数。这一政策，也不仅仅是照顾黑人、穷人的问题，而确实有助于提高教育质量。记得刚进耶鲁时，笔者上一个讨论班，阅读的是一篇民国时期上海妓女的研究。同班的大多是些连黄河、长江都不知道的本科生，中国的事情实在不知从何跟他们讲起。可是一讨论，就发现不仅是笔者本人，连教授也处于下风。一位不足20岁的女孩问大家如何理解妓女的价值观念、阶层意识，没人能给予满意的答复。于是她告诉大家她从小就是和妓女们一起长大的，然后滔滔不绝地讲起自己的观察，听得笔者顿开茅塞。这样的多元性，在东亚很少见。你若观察日本那些单靠分数录取的大学生，就会发现他们对社会问题的理解比美国学生狭窄简单得多。

美国的大学生一般在头两年不用决定自己的专业，甚至高年级时的专业也与自己未来的事业无直接关系。我当年的一个同班同学本科读的是历史，毕业后却上了医学院。其实，他早在选历史作为自己的专业时，就已想好将来读医学院，并不是临时改变专业。这样的例子，在校园里司空见惯，没有人会感到一点惊异。在中国人看来，这么读书，简直是浪费，只能使学生博而不专。然而，你若有些实际的生活体会，就会觉得这种教育是多么可贵。

一次，妻子去看病。医生见面先自我介绍，聊聊家常，当知道她是一个中国人在这里学日本文学时，马上和她讨论起南京大屠杀的问题，让你感到双方有许多共同语言，病人与医生之间，一下子就有了信赖感。再看看东亚又如何呢？中国的大夫不用说了，在日本这样的发达国家，你去医院从来别指望医生会主动和你握手，更不用说聊家常了。在美国，大家平等，医生对病人并没有无可置疑的权威，你必须自己去赢得病人的信赖。有些人文训练，不仅能使你成为一个更完美的人，对你和病人打交道也有帮助。而日本的医生，常常让人想起电影里的宪兵队长，你不过是他权威之下的一个有问题的东西，而不是人。我两岁的女儿，在美国一路过医院就喊着要进去看看她的医生；可是在日本，她一见医生就哭，乃至有了些心理问题。以美国的标准看，你若是连这么小的一个孩子的信赖都无法赢得，还当什么大夫！

美国社会是由公民组成，而非由社会工程的“零件”、“螺丝钉”所构筑。教育要先塑造人，然后再谈专业，否则你不知道如何把专业技能用到人身上。所以，教育首先是人文教育。布什当年在清华讲“大学不仅是培养技术人员，更要培养公民”，正好道出了美国教育的精神，对那些在苏联模式下被当零件锻造而又自以为是的"精英"，是很恰当的一课。学生从一开始就要培养如何对自己的生活作出选择，而不是在一种高度专业化权威主义教育体制和哲学下，掌握别人需要他们掌握的技能。教育与训练的最大不同就在于，教育不仅传授着知识，更孕育着一种源源不绝的人文资源。

美国学者的“转会”

世界上没有完美的制度。就总体而言，这套制度促进了学术竞争，特别是拿到铁饭碗以后的终身教授之间的竞争，为学术发展提供了良好的动力。不过，这种竞争不能强调过度。许多教授找到满意的学术环境后，很知道珍惜，并不会为几个钱而轻易放弃现有职位，特别是本校也有对应出价的能力。所以大牌教授虽然流动，但总体而言还是稳定的。

所谓学者的“转会”，即知名教授跳槽，到其他学校另谋高就，抬高自己的身价等，本不是笔者有资格谈的事情。第一，笔者只是个学生，正在写博士论文，还没有找工作的经验，离能够“转会”跳槽还有十万八千里之遥，对此无从谈起；第二，所谓“转会”，一般涉及许多幕后交易，整个过程颇为保密，所以即使当了教授，谈起这些事情来，大家不免也捕风捉影，除非自己在有关的委员会中。但是，这一问题对了解美国的学术制度又很重要。笔者 1995 年起在美国从硕士读到博士，因为不成器，至今还未毕业。其间看着教授来来去去，道听途说灌了满耳。虽然真假难辨，但反省一下，毕竟许多话是靠得住的教授说的，有些虽然难以证实，但总体而言，这些道听途说对笔者了解美国的学术制度还是有帮助。思前想后，觉得也许有和国内读者分享之必要。但事先必须说明，不要把笔者讲的认定为事实，最好只视之为是了解事实的一些线索而已。

先说说所谓“转会”所指为何。在美国大学教书的教授们，工资多少人们大概有个数，如耶鲁的助理教授平均起薪为四五万美元，终身教授为 8 万上下等等(哈佛、斯坦福要高得多，不过那是因为那里生活费用贵得多，不一定是待遇好)，这些都登在报纸上，没有什么好保密的。不过具体到个人，只要这个人是从别的学校挖过来的，你就无法知道他挣多少。一个博士生毕业，拿到个教职就喜出望外，哪里有心思讨价还价？但你若运气好，同时拿了几个教职，就算有了点筹码：工资可否涨点？课时能否少点？配偶能否帮助安排工作？如此等等，都可以和学校商量，但不能太过分。一来刚刚出道，筹码不多。二来只是个助理教授，以后还要等着学校提你当终身教授，不要先把印象搞坏。

大牌教授就不同了。不久前耶鲁把一个终身教职给了一个普林斯顿的教授。据说普林斯顿听到消息后，立即给该教授买了栋房子，那个教授就不走了。对这一“谣言”，笔者一直不敢轻信，但也不敢不信。一般的规矩是：你在别的大学拿到一个更好的工作，如果想再抬一下身价的话，就通知本校一声，本校如果想留你，就给你一个对应出价（counter－offer)。你比较一下，如果觉得留下更好，就不用费心搬家了。如果学校只对你说声：“祝你好运！”你就赶紧走人吧。当然也有最后不走的。说了走却不走，也不会像在中国这样丢面子。

美国的学术界如同其市场经济一样，竞争非常激烈，教授的工资也都与市场挂钩。比如医学院、法学院的教授，可以挣到十几万或几十万美元，否则这些人就都去当医生和律师了。文学、历史的教授，一般六七万块也就打发了，反正你也没有本事靠这个手艺去别的行当吃饭。不过就算是在教育界内部，在教文学、历史的这些百无一用的书生之间，市场规律照样赤裸裸地起作用，“转会”时有发生。不过以笔者的观察，这种“转会”和对“转会”的对应，在名气大的学校和名气小的学校有所不同。简单地说，大学校讲竞争，小学校讲稳定。

先说小学校。小学校不会一听竞争就兴奋不已。不久前一位耶鲁的毕业生去一个小学校面试，人家问他的问题是：我们这里的学生，有一半不知道他们为什么来读书，另外一半巴不得马上离开这个“鬼地方”。请问你怎么对付他们？弄得这位在7年的博士课程中装了一脑子“后现代”、“后殖民”的书呆子不知所措。这种学校，不需要什么哈贝马斯、福柯，需要的是能向学生的家长说：看看，我们有教文学的，有教历史的，有教计算机的，有教幼儿教育的，我们能够满足你们孩子的任何需求。对这些学校而言，雇个教授也是个费钱费力的事情，初选面试就不用说了，最后三四位候选人的校园访问、讲学，不仅要包食宿旅费，而且几个人陪着，要是折腾半天人家不来，第二年整个程序又得走一遍。所以，只要找到差不多的人，学校会鼓励你安居乐业：给你解决配偶的工作，甚至不给你任何发表学术文章的压力。你没有成就，没人来抢，学校反而有了安全感。

但是，小学校也有咬大学校一口的时候。几年前，耶鲁来了一位日本史教授，三十出头，少年得志。但仅待了一年，就被蒙大拿州立大学挖走了。后来他又拿到斯坦福的教职，但最后还是没有去，留在了蒙大拿。当他走时，我问他理由，他告诉我：在耶鲁拿不到终身教职。美国有所谓终身教职制（tenure）制度，比如文科的正教授，都是终身教授，理工科有时副教授就可以是终身教授。这种职位一旦获得，学校无权解雇，甚至无权让你退休，除非你犯罪。而年轻的助理教授们，一般拿到的职位是“终身轨”（tenure－track），即虽然先当助理教授，但到一定年份，满足了学校的学术要求，就可以被提升为终身教授。耶鲁和哈佛是两个没有这种“终身轨”的学校。其实像斯坦福，有“终身轨”也很难拿到终身教授，人家的门槛很高。但至少在理论上，你到了年头，就有这么个终身职在那里，尽管也可能你拿不到。但没有“终身轨”，就连这种理论上的可能都没有。比如在耶鲁、哈佛，你到了年头，学术优异，但学校没有终身教授退休，也没有钱新设一个终身职位，那么你多优秀也得走人。

那么，是不是在耶鲁、哈佛教了多年后，在小学校拿终身教授就容易些呢？未必。这就是那个去蒙大拿的教授的逻辑。他告诉我：看看，别的学校都有“终身轨”，那就意味着人家选终身教授时都要从本校在“终身轨”上的年轻教授中选，你在耶鲁干了十年，没有拿到终身教职，跑到人家那里，人家却以本校的低级别教授优先，没有你的份儿，到头来你什么也不是。索性乘现在有机会，赶紧脱身。

此君学术优异，已出了两本书，在同龄人中绝对一流，后来又拿到斯坦福的“终身轨”，但还是没有去。理由是那里生活太贵，也解决不了他夫人的工作。蒙大拿生活便宜、舒适，学校又解决了夫人的工作问题，所以权衡再三，还是留下了。从他的例子可以看出，小学校的稳定有其优势。此君能力太强，日后恐怕还是要跳到一流名校去的。但能力若差一点，很可能就在小学校安居乐业了。

大学校则不同，一个教授的去留，有时就决定这个学校的某一学科的兴衰。比如耶鲁的中国史只有3个终身教授，日本史只有1个终身教授（目前空缺）和1个助理教授。如果最好的中国史教授到其他学校，耶鲁中国史的半边天就塌了。而目前由于没有找到日本史的终身教授，日本史几乎就在耶鲁消失了：没有研究生来报考，报考了学校也没有办法接收。斯坦福的中国史职位也空缺了许多年。几年前一位朋友去报考，人家干脆把报名费都退回来，告诉你根本无法考虑。再比如研究唐诗的宇文所安，他在哈佛，哈佛就是中国古典文学的第一，他若去了普林斯顿，普林斯顿就是第一——一个人定天下。所以，特别是在一个小学科，你可以看到因为一个教授的去留，一个系从顶峰跌到谷底。哪个学校敢大意？

正是这种严酷的竞争，在一些学校创造了严酷的制度。哈佛、耶鲁的低层教职不设“终身轨”，便是一例。这种制度背后的理论是：我们是世界一流的大学，我们的所有教授都要是世界一流的。当一个终身职位空出来后，就得招天下豪杰来“打擂台”，最后的胜者拿到这个职位，绝不能从自己的低层教授中选一个，因其教了十年书，辛辛苦苦，学术成就也不错，于是就授予职位。因为你若不挑最好的，年长日久，你的学校就不是最好的了。所以，当你在这种学校当了十年左右的低级别教授，该评终身教授时，首先要看有没有空缺，如本领域的教授退休或另有高就；如没有，你只好走人，就算你是本领域的头号明星也没用。如果有，那你就得和天下豪杰竞争。哈佛的低层教授最终能在本校拿到终身职位的，只有30%左右。怎么挑最好的人呢？理论上，是学校发信给有关学科的知名学者，让他们写出他们认为的本领域的顶尖学者。可想而知，每个人的意见都非常不同。不过等把这些专家的意见汇总齐了以后，大概还是可以选出几位领先的人，你可以排个座次。然后从第一位开始请起，不得已而求其次。当然，学校还都公开广告招聘，你要觉得有实力，可以自报家门。最后从众多的候选人中选出三四位，请到学校访问、演讲，进行最后的竞争。

不过，这只是理论而已，实际情况远比这个复杂多了，其中当然有人际关系问题。你若跟本校教授合不来，即使学术上好也未必能入选。因为人家挑选的，是自己要一辈子与之共事的同事，谁也不愿找一个刺儿头来。据耶鲁的一位教授说，当年他来时，评审会里有位教授说：此人不好，他批评别人的东西时太尖刻。但另一位教授不同意：这不能算学术问题，你批评别人时也很不给情面嘛！结果，他过了此关，成了终身教授。也正是基于这类经验，一些教授公开在课上对学生讲：在你没有成为终身教授前，不要批评终身教授。美国的学术自由，从当了终身教授开始。这话不能全信，也不可不信。

更实际的问题，是你看上人家，人家未必愿来。在美国，一个教授在一个学校安家立业非常困难，因为还有个配偶工作的问题。在纽约、波士顿，情况好一些，城市大，机会多，配偶找工作容易。但在耶鲁所在的纽黑文这类大学城，就难办了，城市小，配偶找工作极为困难。最难办的是学术夫妇。即使在大城市，大学的职位也很有限，两人在一个学校或一个地区就职非常难。有些小学校利用这一点，又可以占点大学校的便宜。比如笔者一位朋友本在伯克利教书，丈夫是同校的博士后。伊利诺伊大学想要她，就在她丈夫博士后期满后给他们夫妇两个工作，于是两个人都去了伊利诺伊。

但顶尖学校要个个教授一流，就不能采取这种“一人得道，鸡犬升天”的策略。因为一个人一流，并不见得其配偶也一流。据说杜克大学是顶尖学校中比较照顾夫妻关系的，招揽了不少夫妻教授。结果麻烦来了。因为离婚率太高，很多夫妻教授在杜克团聚后，又离了婚。离婚的夫妻，自然不愿在同一学校低头不见抬头见地共事。于是当年拼命一起往该校里挤，如今争先恐后地要从该校逃走。

结果可想而知：这些离婚夫妻中学术比较强的一位，很快就被别的学校挖走了，原来作为配偶被照顾进来的较弱的一位，没有人愿意要，只好留在杜克。杜克成了离婚落魄学者的收容所，真是有苦难言。

所以，理论归理论，现实归现实，再牛的大学，最后也得变通，不得已而求其次。不过，好大学对学术水准把得甚严，找不到人，位置就空着，宁缺毋滥，实在不行就以访问学者充数。

这种严酷的竞争制度，招致了不少批评。有人说没有“终身轨”的制度，对年轻教授不公。此话不假，但不这样就不能保证一流的学术水平。即使在耶鲁这样的学校，选终身教授极严，但草包教授还是颇有不少。所以严格本身并没有错误。往往心肠一软，法外开恩，草包就乘虚而入。要知道，所有已雇的终身教授，都是不能解雇的。谁敢不小心?

另一种批评则更难对付。这派人认为，这种没有“终身轨”的制度，一门心思去挖学术明星。但一个学者最有创造力的时期，是他在没有成为明星的时候。一旦功成名就，往往就失去了创造力。所以，这种制度忽视了最有创造力的实力派，找了一群名气大而正在走下坡路的招摇派，花钱甚巨，但对提高学术水准帮助不大。

哈佛大学的新任校长、前克林顿政府的财长劳伦斯·萨默斯就有这种看法。他当年28岁就拿到了哈佛大学经济系的终身教授，是哈佛历史上最年轻的终身教授之一，而且47岁就“衣锦还乡”，成了校长。也许正是因为自己少年得志，他对年轻学者特别看重，认为哈佛不可专雇过了气儿的名人。今年，他连续否决了两位终身教授的任命。第一个受害者是54岁的斯坦福大学音乐教授Karol Berger。虽然哈佛音乐系教授一致通过把本系的一个终身教席给他，但萨默斯推翻了音乐系的决定；另一位是政府系从剑桥聘请的54岁的政治理论教授Istvan Hont。政府系研究了他的著作达一年之久，请了20位校外专家评定他的水准，最后一致通过，但仍没有过萨默斯这一关。虽然萨默斯不敢公开说他否决的理由是这两位教授年龄太大（这样说是“年龄歧视”，在美国是犯法的），但大家都知道年龄是他的唯一理由。这两个否决在校内引起极大争议。Berger教授称，萨默斯自己的专业是经济，就如同数学、物理一样，容易少年得志，他不理解人文领域需要较长的时间才能成功，一般的人文学者创造力最旺盛的时期是50岁以后。Hont教授则称，他本是匈牙利难民，花了好长时间才到了英国，并建立了自己的声誉。因此，他比同行们起步晚十年，如今正逢盛年。说他太老，创造期已过，简直是天大的冤枉。

可见，尽管这套制度引起种种非议，但任何改革同样也会引起种种非议。世界上没有完美的制度。就总体而言，这套制度促进了学术竞争，特别是拿到铁饭碗以后的终身教授之间的竞争，为学术发展提供了良好的动力。不过，这种竞争不能强调过度。许多教授找到满意的学术环境后，很知道珍惜，并不会为几个钱而轻易放弃现有职位，特别是本校也有对应出价的能力。所以大牌教授虽然流动，但总体而言还是稳定的。

再说一遍，这仅是笔者作为局外人的观察，读者姑且一听罢了。

大学选专业：人文学科的价值

众所周知，美国的精英大学，毕业生总是最成功的，否则大学就该重新排名了。你仔细一调查就明白，越是精英的大学，那里的学生就越务虚不务实，人文学科的香火就越盛。

年纪稍大的人，大概还记得20世纪80年代的美国电视连续剧《大饭店》。其中有个漂亮体面的少妇，到大饭店来卖淫。结果被好心的经理发现。经理问她为什么要干这等事。她说自己被丈夫抛弃，带着孩子没有别的活路。经理又问："你没有什么技能吗?"那女人叹口气："我大学的专业是英语，甚至还曾写过诗，希望出本诗集。但现在那都是不相干的事了。"经理看不过去，正好他有个朋友在一个做贺卡的公司，就介绍她去给人家写贺卡词，算是"专业对口"了。这个少妇也立即从原来的肮脏行当中跳出洗手不干了。

这个故事听起来有些荒诞不羁，却反映了实际生活中美国大众的心态：百无一用是书生。人还是要趁着年轻学点有用的东西。我过去的一位美国英文老师告诉我，当年她父亲知道她要学英文专业，就以拒绝支付学费来逼她改行。

和中国一样，在美国，人们不仅竞争着上大学，而且对专业的选择极其挑剔。许多人都觉得，选专业是找工作的第一步。专业选错了，就会面临毕业就失业的危险。结果，大学的专业越来越实用，传统的人文教育面临严重的挑战。以2005年为例，美国大学最受欢迎的专业竟是会计！这个结果多少让人有些吃惊。因为根据2002年的一项调查，从1990—1991年度到2000—2001年度，美国大学会计专业的学生人数，本科生和研究生加起来，从59140跌到46555，下降了21.3%。会计师在人们的心目中，是枯燥无味、孤独怪僻、没有情调、只知道算账的数字处理机。但是，从2002年到2003年却时来运转，全美会计学位的授予量增加了11%。佛罗里达国际大学（Florida International University）所开设的全美最大的会计课程，学生人数从2000年到2003年增加了43%。密歇根大学会计专业的硕士课程，过去3年里学生人数上涨了76%。伊利诺伊大学的会计课程也是全美最大的之一，其本科生人数从 2001 年到 2004 年增长了 66%。

会计专业从消沉到流行，最大的原因是 2001 年安然公司倒闭及其引发的一系列华尔街的金融欺诈丑闻。这些丑闻最大的一个共同点就是犯罪公司做花账、虚报赢利，欺骗投资者。于是政府推出一系列新法规，加强审计、财会上的管理。仅此一举，就创造了许多会计专业的工作。在一般人的心目中，会计师是这一系列丑闻中“吹哨子”的英雄，形象也顿时高大、“性感”起来，投到这个专业的人数自然也随之猛增。

不过，华尔街的金融震荡并不能解释一切。从上面的数字可以看出，会计专业风行似乎在安然丑闻以前就已经开始了。这其实表现了美国人上大学的态度越来越实际：上大学就是为了赚大钱。会计顾名思义就是坐在那里点钱算账，财富看得见摸得着，当然最让人心里踏实。目前大学本科十大最受欢迎的专业，除了会计排第一外，从第二到第十的热门专业依次为：电力工程、机械工程、商务行政与管理、金融经济、计算机科学、计算机工程、市场推销与经营、化学工程、信息科学与系统。一句话，大家不是急着做生意，就是要当工程师，全都脚踏实地。

一个 2002 年在俄亥俄州和印第安纳州进行的调查表明，22%的学生在上高中前就开始考虑他们的专业。大多数的学生在高中毕业那年开始考虑。70%的学生考虑以后做生意。计划从事医疗和法律工作的紧随其后，各占 14%和 13%。而“潜在的收入水平”，是这些专业选择背后最大的依据。在考虑读商学的学生中，70%是受这个因素的驱使。即使在考虑非商学专业的学生中，58%也是出于这个因素。而“对社会作出贡献”的因素，只构成 40%的非商学专业的学生选择专业的主要动机。在选择商学专业的学生中，只有 25%以此为动机。可见，选择商学这个专业的人，大部分是被赤裸裸的金钱所驱动。

在 1970 年，美国大学本科商务类专业仅占学士学位的 13.6%。1981 年以后，这个比例上升到 19.3%到 24%之间。比如 2002 年，是 22%。也就是说，20%到 25%的大学本科生（一年平均 25 万人）是在那里念生意经。

相比之下，人文学科节节败退。英语专业 1971 年占学士学位的 8%，到 2002 年跌至 4%。历史专业 1971 年占学士学位的 5%，到 2005 年仅为 2%。尽管全球化大潮汹涌，外国语言和文学专业在学士学位中所占的比例，也从 1971 年的 2.4%跌到 2005 年的 1.2%。

其实，即使是这些少得可怜的人数，也不全靠学生的兴趣来维持。康州一所大学的一位教授，绘声绘色地描述了他的亲身经历。

一个叫罗伯特的新生，由家长带着来找他。家长问："选什么专业对进法学院最有利?"该教授回答："任何一个强调读和写的人文学科都可以。""不对!"家长急着说，"我们家的罗伯特早已打定主意要当律师，我们不会让他在那些和法学院不相关的东西上浪费时间。是不是读历史有些帮助?"

在美国，本科不设法学专业。想当律师，进大学常常不知干什么好。结果，许多像罗伯特这样的孩子，阴差阳错读了历史或其他什么人文专业。

上面提到的这位教授是耶鲁大学读美国历史的博士出身，亲历这种人文学科的没落，不禁痛心疾首，回到自己的母校寻求支持力量。他采访了许多成功的耶鲁毕业生。这些人捐的钱常常比这个教授一辈子的累计工资还多。但他们大学本科时，读的不仅是人文学科，而且现在也认为大学的专业奠定了他们日后成功的基础。

这并非是我们这些学历史的人不甘心自己的专业不热门而故意制造的宣传攻势。众所周知，美国的精英大学，毕业生总是最成功的，否则大学就该重新排名了。你仔细一调查就明白，越是精英的大学，那里的学生就越务虚不务实，人文学科的香火就越盛。

以耶鲁大学为例，在过去25年里，历史一直是头号热门专业。历史专业的学生占本科生的13%到15%。史景迁的中国史课年年几百人上，已经成了传奇。英语专业一直是四大热门专业之一，在20世纪90年代前半期还是第二热门的专业，后来才被经济学和政治学超出。而耶鲁的经济学，是高度理论化的人文学科，不是实用学科。耶鲁根本就没有实用的经济（商务）本科专业。哈佛大学前四大热门专业，第一是社会科学，选该专业的人数占本科生的48%；第二是生物，为10%；第三是英语，为8%；第四是心理学，为7%。普林斯顿的传统五大专业是政治学、经济学、历史、英语和国际关系。最近心理学上升，取代了英语，目前最热门的是政治学。传统上，46%的学生集中在这五大专业。最近学校努力推行专业多元化，已经初见成效。2005年，选择人文学科专业的学生上涨了15%，选择自然科学的学生上涨了7%。学生人数上涨率最快的全是人文学科的小系，依次为：研究古希腊罗马的古典系（100%），音乐系（100%），斯拉夫语言与文学系（60%），比较文学系（57%），宗教系（52%）。同时艺术与考古、法文、意大利文、德文等系，学生人数也明显上涨。总的趋势显然和美国一般的大学正好相反：人文学科越来越热。

解释这一现象，还要诉诸我们最基本的常识。这些精英大学，培养的是未来的领袖。当领袖，要把握大方向，其关怀和训练当然必须宏观，不能一天到晚坐在那里数钱算账。从这些精英学校的学生背景看，大部分学生出身于中高产阶层，父母受的教育很高，对大学有充分的理解，鼓励孩子追求自己感兴趣的东西。上大学的最基本目标，是发现自己，认识世界，反省人类最基本的价值。大学主要是一种精神经历。度过了这样 4 年的人生，再想实际问题也不迟。

普通大学的大学生，则是另一番光景。他们许多人来自劳动阶层家庭，常常是家里的第一个或者第一代大学生。他们的父母没有受很好的教育，许多人反智主义情结甚重，觉得大学总是教一些读书人才喜欢的没有用的东西。可惜，如今的大潮流是蓝领工作越来越少，连招警察也开始要大学毕业生。不上大学，没有出路。所以他们的子弟勉为其难，进大学就是为了找饭碗。大学不过就是个职业培训班。如果你让他们一年花几万块送自己的孩子读什么柏拉图，他们肯定觉得你有病。

其实，劳动阶层的子弟并非一定不喜欢柏拉图。问题是，如今大学越来越市场化。学费涨得奇高，学生和学生家长成了消费者。一年几万块花出去，构成全家最大的开销。这钱花得值不值？于是有了个消费者权利的问题。结果，每年新生一入学，你就会发现家长比学生还多。和教授、校方交涉的，几乎都是家长。他们从选择孩子的宿舍、课外活动的安排到所学的专业，事无巨细，全要和学校讨价还价、给孩子决定好，保证自己花的钱不冤枉。在这样的情况下，处在青春期的孩子，即使有许多梦想，希望利用大学时期探求人生、了解世界，也没有办法。他们的一切选择都由家长代劳了。

结果也可想而知。那些务虚的学生几乎肯定会成功，成为自己这一代人的领袖；那些务实的学生，还和父辈差不多，卖力气为生，等着人家给工作。何以如此？当然，精英大学的学生智商高，社会关系也多，学什么都会成功。但为什么在这群人里，彼此竞争时也要争先恐后地务虚不务实呢？可见，人文教育，对人实际的成功还是有关键作用。前述那位耶鲁毕业的教授在自己的校友中进行访谈调查，得出了有实际经验支持的结论。

1980 年从耶鲁毕业的苏珊·克朗（Susan Crown），读的是文学专业，目前是芝加哥一家投资公司的合伙人，已经当上耶鲁的校董。她的体会是，人文教育教你如何思考、如何分析、如何阅读、如何进行有说服力的论述。这些技巧，在商业活动中每天都要用。另外，如今的社会变化快，信息多，令人目不暇接，人们对任何东西的了解都浮皮潦草。大学的人文学科，则给你提供了一生中几乎是绝无仅有的机会，去专心致志地读伟大的历史和文学著作。这样，你就学会了专注于大的理念，不被一些琐碎的细节所支配。

理查德·弗兰克（Richard Franke）是1953年的耶鲁毕业生，领导一个大投资公司24年之久，如今已经退休。他的体会更为具体："生意场上的情况瞬息万变。不管你把公司办得多么成功，你那一套不到5年就得变。也就是说，你每5年要有秩序地重新塑造你的公司。在这个过程中，你需要专业技术人员，但你更需要一些能够综合思考不同的问题，并提出具体的解决方案的人。所以我作为公司首脑，就喜欢雇用人文学科出身的人。"

他这个意见几乎代表了所有被访者的看法：人文学科培养的分析深度、创造力，比商学院教的东西更可靠。

查尔斯·埃利斯（Charles Ellis）于1959年从耶鲁毕业，专业是艺术史。他创建并领导一个国际贸易咨询公司达30年之久。他强调说："如果你想当企业领袖或经理，本科学商学是一个不折不扣的重大失误。你所能学到的只不过是一些高级的账目管理技术。"他认为，人文学科给你奠定了管理人才的战略性的基础训练。生意场上，归根结底是跟人打交道。你想成功就得跟成功的人接触。你赢得人家尊重的最好办法，就是和人家有共同的社会理想和人文关怀。你最好是把和你生意有关的人都看做是志愿人员。他们如果不感到和你接触有意义，而只是赚几个钱而已，他们早就干别的事情去了。他的这番高见也同样得到其他耶鲁毕业的大老板们的认同。大家普遍的感受是，当个成功的生意人，就要看你是否有和思想复杂、社会关怀深刻的人打交道的能力，要看你是否能够创造一个文化氛围，让这些心灵复杂的人在这个氛围中感到愉快。其实前总统布什做生意的经历就是个很好的例子。他有哈佛的MBA文凭，又是贵族中的贵族，但在生意场上就是混不开。他一张嘴就让人看不起，凭老父的关系也不管用。布什家族有个不成文的家规：先赚钱再去碰政治。布什是第一个破这个规矩的人，原因是他没有别的办法。他在耶鲁只是睡过4年，其人格和企业精英格格不入。搞政治，可以绕开这些脑筋复杂、趣味精致的人。也正是因为他在脑筋简单的人看来有魅力，结果在政治上比在生意上顺利得多，成了美国历史上一个最为反智的总统。

耶鲁之外，人文教育同样培养了许多名声赫赫的企业总裁。前惠普总裁卡莉·费奥利那（Carly Fiorina），当年在斯坦福学的是中世纪历史和哲学。她号称她对从中世纪到文艺复兴的转型的兴趣，与她面对信息时代社会转型时的思考非常切近。迪斯尼的总裁迈克尔·埃斯内（Michael Eisner）大学的专业是英语和戏剧，没有上过一堂商学方面的课。他督促自己的三个儿子在大学里都学人文。用他的话来说："文学对人的帮助是难以置信的。你做生意时总要处理人际关系。文学帮助你理解什么才能打动人。"米拉马尔系统（Miramar System）的总裁尼尔·雷宾（Neal Rabin）是学创作出身。他虽然雇用MBA，但他批评说，那些哈佛的MBA，常常被管理学院的案例研究课程中企业失败的例子给吓得瘫痪，缺乏创业时必要的想象力。康宁（Corning）的总裁约翰·卢斯（John Loose）大学学的是东亚研究。他声称自己对中、日、韩和印度的理解，帮助他在光纤市场低迷之时，发现了亚洲市场的亮点。联邦百货商店（Federated Department Stores）集团的总裁休·克罗尼克（Sue Kronick）同样也是学的亚洲研究，并靠她对印度的理解在亚洲找到廉价的供应商。米夏埃拉·罗德尼奥（Michaela Rodeno）在大学学法国文学时，从来没有想到这个专业使他发现了葡萄酒这宗大买卖，最后成为一个设在加州的法国葡萄酒公司的总裁。学人文的客串高科技公司领导更是一个小潮流。加州的蓝盾（Blue Shield）的总裁布鲁斯·博达肯（Bruce Bodaken）拿了哲学的学士和硕士，还教过伦理课。他认为哲学帮助他思索深刻的问题，是他成功的关键。全景（Uniscape）的总裁斯蒂夫·亚当斯（Steve Adams）是20世纪英国文学的博士，后来辞掉教授的职位进了生意场，大获成功。

类似的例子举不胜举。曾经大红大紫、在中国广为人知的前福特汽车公司总裁李·艾科卡（Lee Iacocca），本科学的是历史。《花花公子》的创建人休·海夫纳（Hugh Hefner），本科学的是哲学。派拉蒙电影公司（Paramount Motion Picture）集团的总裁谢里·兰辛（Sherry Lansing），大学学的是英语。在美国前1000家大企业中，只有1/3的总裁拥有商学硕士学位。说到底，人文教育是向你展示人类最重要、最伟大的理念的交锋，并让你也被卷入这样的交锋。伟大的理念培养伟大的人，不管是在哪个领域。

这也难怪，一些在生意场成功的人，对大学生本科中的商学迷信和人文教育的衰落感到担心，觉得教育已经不成其为教育，而仅仅是训练。前面提到的查尔斯·埃利斯一针见血地指出："怀疑的自由是创造的第一步。没有人文教育，你很难进行建设性的怀疑。"用美国建国之父杰斐逊的话说："教育应该使每个人都能够自己来判断是什么保证了或者威胁着他的自由。"可惜，在"9·11"后两年多，大部分美国人还认为萨达姆是恐怖袭击的幕后指挥。这说明公众已经失去了批判性思维的能力。而这正是人文教育要训练的东西。没有这样的思维，不仅做生意时会盲从，跟着人家买股票、炒房地产，美国的民主制度，也会陷入危机。

博士的年头

美国的博士课程，可以在七八年内，把一个幼稚的大学本科毕业生造就成训练有素的学者，这已经是近乎奇迹的事情，再缩短时间如何可能？特别是在历史领域，因为要积累知识，学几门语言，速成就更属天方夜谭。

随着海归派杀回故里，洋博士也变得炙手可热了。有巴灵顿大学的博士，有哈佛大学的博士，虚虚实实，真假难辨。杨澜女士当初为自己的夫君吴征辩护时，说他有半年时间在那里废寝忘食地写博士论文，听起来理直气壮。国内三年就可以拿个博士学位，一位奇才半年写出个博士论文，似乎也颇能服人。

那么，在美国拿个博士究竟要几年呢？这当然会因每个人的才干、学科、博士论文的难度和质量而各有不同。记得当年选 James Scott 的课时，他拿那些为写学期论文而愁眉苦脸的学生开心，说写东西有时会“容易”得出奇。据他说，当年有一个研究古希腊的才子，在研究院待了不知多少年，学富五车，就是博士论文一个字也写不出来。但是有一天临睡觉前，突然想起古希腊某大师的著作中有两个关键词一直没有适当的英文解释，他灵机一动，觉得自己找到了美妙的英译，于是坐在案前，奋笔疾书，多少年在研究院学的东西一下子全连贯起来了。他一晚上未睡，工作到第二天晚饭前，大功告成，一共七八十页。教授一看，篇幅虽短，但旁征博引，而且解决了学界多年来的难题。没二话，通过。一个博士论文，前后不到 24 小时写就！

这类故事，听起来入情入理，没有人敢说是假的。饱学之士动起灵感来，什么事情都可以发生，但研究生们总是把这当神话故事来听，因为没有人相信自己有那么大的才分。博士生过了资格考试，不用选课了，但也进入了笔者戏称的“中年危机”。一位人类学系的学生告诉我，她的系里的学生进入写论文阶段时，总是想干各种别的事情：想装修住房，想生孩子，想离婚，凡是天下有的事情都想做，但就是不想写论文。换句话说，要挖空心思找些不写论文的借口。

面对这些苦熬数年写不出论文的学生，出版社觉得有钱可赚，于是以耸人听闻的标题，出一些书为你在短期内写完论文提供诀窍，就像国内出的一些百日掌握英语之类的书，专门投那些学不会的人之所好。不过，这类书中，牛皮吹得最大的，也不过是一本《如何在一年内写出博士论文》。大家有时写不出来时，就开玩笑说："看看那本书怎么样?"当然从来没人信它会灵验，笑话而已。至于半年写出论文，根本就没有人谈过，因为那连笑话也够不上。

言归正传，平均而言，要熬多少年才能拿到博士？不妨看看美国历史学协会提供的数字。一般认为，拿个历史学的博士需要花 8 年工夫。但具体的数据表明，历史学博士一般都要花 9 年时间在研究院当注册学生，而从大学毕业到拿到博士的平均时间，竟达 11.3 年！而其他学科的博士，则要平均当 7.4 年的注册学生，从本科毕业到拿到博士学位的年头是 10.3 年。所以，新的历史博士年龄总是偏大，平均 34.6 岁，其他学科的博士只有 33.6 岁。

刚看到这一数字，笔者自己先吓了一跳：怎么会这么长？但看看自己的情况，这一统计数字确实不离谱。我们夫妇两人都在耶鲁读博士，妻子读文学，当时是直接进的博士课程，如今已经花了 9 年时间。如果想早点毕业，论文的质量差一些，也许第 10 年能写完。如果想写好一些，怎么也得 11 年。笔者本人 1995 年进了耶鲁东亚研究的硕士课程，两年毕业，然后进了历史系的博士课程，如今又已经花了 5 年时间。估计完成论文，最乐观也是两年后的事。前后一算，在耶鲁拿到博士，至少要花 9 年时间。

为什么要花这么长时间？不妨谈谈个人经历吧。拿到录取通知书时，上面写得清清楚楚：给你 6 年的奖学金。办的签证，也是照这个日程。按说，6 年应该是法定的学制了：头 3 年修课，第 4 年当助教，同时也可以听课、做研究，第 5 年到所研究的地区做实地收集资料，第 6 年写论文。

但实际上，这样的日程很难落实。头 3 年的选课，一般都没有问题，大家都能完成，并在第 3 年或第 4 年通过资格考试。但接下来问题就来了。首先是个语言训练问题。我们夫妻二人都先后到日本学了 1 年日文，钱是别的基金会给的，不算在学校给的 6 年奖学金之中。这就长出来了 1 年。一般的美国学生，似乎更需要这种额外的语言训练。美国的大学是通才教育，学生一般语言都学得不精。笔者当助教时教过 3 年高级中文课，学生中还有几个研究生，但几乎还没有发现有能够用中文做研究的学生。后来又辅导过本科生的毕业论文，发现即使是很好的学生，面对一页简单的中文也会一筹莫展。可以想见，他们若读博士，外语关不是闹着玩的。事实上，最近的研究表明，美国读人文的博士生最大的问题，就是语言训练不足。

其次是论文的研究。学校的日程是 1 年，但很少有人能 1 年完成的。实际上，通过博士资格考试后离校进行“现地研究”，所拿的经费基本上都是来源于校外的基金会。而许多基金会给的钱，就是支持你 1 年以上的研究的。所以，在海外待 3 年，是很常见的事。而且，这种基金有时还可以连续申请，结果，拖上 9 年以上并不是太难。

除了这些学术原因外，还有许多个人原因。从 20 多岁到 30 多岁这段时间，是人生最关键、变化最多的一段时间。一般的人在这期间结婚、生子乃至离婚等，博士生们自然也不例外。我们夫妇就是读书期间有了孩子，结果两个人的进度都慢了下来。可想而知，因此半途而废的，比比皆是，女性尤然。

读博士的时间这么长，对许多人来说是个磨难，中途放弃的人很多，资源浪费不少，而且不能及时“生产”出急需的人才。20 世纪 60 年代初，美国历史协会研究生委员会主席 Dexter Perkins 提出了一个 13 页的改革建议，要缩短博士课程的时间。20 世纪 50 年代末，历史系的博士生通常要经过 7 年甚至更长的时间才能完成学业，但 Perkins 的方案要求 4 年之内完成。具体措施是，第一，提高奖学金，使学生经济上无后顾之忧，专心学习；第二，设法让学生在大学期间做好充分的语言准备；第三，减少博士生的选课量，并把博士论文的题目限定得更小一些，使学生能够有能力在短期内完成。

然而这一目标被证明完全不切实际。首先是语言训练。如今大学的财力比 40 年前雄厚多了，动辄可以送学子去海外进修。但是随着教育的普及，大学的语言教学也出现了不利于博士课程的倾向。比如，笔者教中文时发现，学生越来越重口语，教学对阅读能力非常忽视。后来才明白，班上的学生没有一个将来准备读博士，大多是准备将来做生意、当律师。他们希望今后一旦到中国工作，大学的语言训练能够帮助他们应付日常生活，没有必要学阅读。笔者偶尔看到赵元任先生几十年前在哈佛大学编的汉语教材，大吃一惊。比如教材中有类似“什么是汉学家”这样的文章，非常文雅，非常学术，比起如今我们在课上做的“他又漂亮又有钱”这类口语练习来，简直是两个世界。也难怪，赵先生当时教的学生，大多要当汉学家，如今的学生，大多是看重了中国所提供的经济机会。教学跟着学生的需要走，很少考虑要读博士的学生的需要。所以即使在大学苦学几年中文，一般美国学生进了中国史的博士课程，为了阅读中文文献，还得补语言的课。

减少博士生选课，缩小博士论文的覆盖范围，则更不可行。博士生未来的主要工作是教书。你若是研究康熙，不能只懂康熙，还要教几千年的中国史，甚至日本史、东亚史。狭窄的训练完全无法使博士胜任工作。在耶鲁历史系，博士的资格考试有三个专业，一个主修，两个副修。其中的两个副修中，一个必需涉及与你主修所研究的地区不同的一个大洲的历史，或一个纯理论性的题目。目的之一，就是要学生知识广博，能够适应未来的教学要求。

不过，Perkins 提出的增加对学生的资助的方案，却得以实施。目前虽然有38.3%读人文的博士生是自己花钱读书，但 33.2%是通过当助教支持自己的学业，23.8%拿着奖学金读书。一些顶尖学校因为互相竞争，奖学金越给越高。以耶鲁为例，1993 年我妻子进校时，拿的是最高的奖学金，生活费也不过 9500 美元(学费免)，而且只有少数人才有此运气，许多人只有半奖或没钱。如今，所有博士生基本都是全奖，生活费部分高达 1.5 万美元，暑期还另有资助。笔者 1995 年进耶鲁的东亚研究硕士课程时，拿的是最好的资助，即免学费。但两三年后，居然硕士也能拿到生活费。更有甚者，暑期还有各种基金供你到海外做研究、学外语，有时金额一次就高达七八千美元。如此算来，生产一个博士，造价至少得十几万美元。

美国的博士课程，可以在七八年内，把一个幼稚的大学本科毕业生造就成训练有素的学者，这已经是近乎奇迹的事情，再缩短时间如何可能？特别是在历史领域，因为要积累知识，学几门语言，速成就更属天方夜谭。

学术抄袭与学术规范

> 在哈佛大学发给一年级新生的学生手册中明确写道，如果你引用别人的东西不加引号，就属于抄袭，不管你是有意无意，也不管你加不加注。有没有引号，这是决定是不是抄袭的关键。如果你是一个 18 岁的哈佛大学新生，犯了这一错误，你会受到严厉的惩罚。你可以被要求离开学校两个学期，丢掉你挣到的所有学分。你在学校的个人档案上会留下不诚实的永久记录。

最近，在太平洋彼岸，两位著名历史学家的抄袭事件，震撼了美国的媒体。

美国一般的公众既不爱读书也不关心历史。这次历史著作的抄袭案之所以在媒体能引起轩然大波，是因为被拎出来审判的两位，是美国最得宠的历史学家。第一位是 Stephen Ambrose，他总共出过 30 本书，在最近 5 年就完成了 8 本书，内容从世界大战到美国总统，几乎无所不包。他的书一出就被排在《纽约时报·书评周刊》的最佳畅销书排名榜上居高不下，媒体好评如潮。他的名字，就像名牌商标一样，成为书商经营的大招牌；他本人自然也成了文化名人。另一位叫 Doris Kearns Goodwin，是一位致力于研究美国总统的历史学家。她关于肯尼迪、约翰逊和富兰克林·罗斯福的书都影响甚巨，其中关于罗斯福的一书获得 1995 年的普利策奖，并从 1999 年起，成为普利策奖的评委。每次总统选举，或总统作出什么重大决定，她都会上电视现身说法，有时天天都能在电视上露面。她甚至还是哈佛大学的执行董事之一，在教育界影响甚大。

然而，树大招风，这两位大腕写手最近几乎同时被人抓住。据《每周正论》(*Weekly Standard*) 报道，Ambrose 的近著*The Wild Blue* 中有几段与 Thomas Childers 1995 年的著作*Wings of Morning* 中的段落相似得几乎难以区分。比如，在*The Wild Blue* 中有这样一个片段：Up，up，up，groping through the clouds，no amount of pratice could have preparedthem for what they encountered：B－24s，glittering like mica. 而在 6 年前出版的*Wings of Morning* 中，有这样一段：

Up, up, up he went, until he got abore the cloud. No amount ofpractice coud have prepared the pilot and crew for what theyencountered: B－24s, glittering like mica. 在处理这一段落时，Ambrose在注释中提及Childers，但没有在文中打引号。最近，Ambrose承认他的书中还“借鉴”了另外两本书。他为此事公开道歉，并保证以后要严格处理书中的引用段落。在宾夕法尼亚大学任教的Childers则要求对方亲自向他道歉，并把一本Ambrose的书从自己课上的指定书目中拿掉。

Goodwin的问题出在她1987年的著作*The Fitzgeralds and the Kennedys*上。这本书刚出版时，在《纽约时报·书评周刊》的最佳畅销书排名榜上待了5个月之久。但据《每周正论》的报道，她这本书中有十几处与另外三本书中的段落惊人的相似。比如在Lynne McTaggert的*Kathleen Kennedy*中有这样一段：Mrs. Gibson gave a tea in her honor to introduce her to some of other girls, hardly aroutine practice for new recruits. Goodwin除了把Mrs. Gibson换成了全名Mrs. Harvey Gibson外，整段照搬到自己的书中。此事本来在20世纪80年代末就被Mc Taggert抓住，她曾威胁要对Goodwin起诉。Goodwin急忙要自己的出版商与McTaggert“私了”，赔钱遮丑，谁知如今事情还是败露出来。

面临当今媒体的口诛笔伐，两位大师各有说辞。Ambrose辩称：“当我写书要借用别人的段落时，我就顺手把句子打出来，然后加上注释。我希望当时我能加上引号。可是，我不是在写博士论文，而是在讲故事。”言下之意，他是在写畅销书，应另有规范，只要加了注释，不应算是太离谱。

经常要上电视的Goodwin态度则好得多。她说：“我百分之百地相信历史学家的职业标准绝不能因为写畅销书而被牺牲。我喜欢注释。注释是为未来的历史学家留下的指针，承认前人在自己领域内的贡献是至关重要的。我这件事发生在15年前，那是我第一本大型历史著作，长达900页，注释有3500个，完全是用手写出来的。遗憾的是，我的注释系统被证明不那么牢靠。我做研究时的阅读笔记都是用手写，并注明从他人书中抄出来的段落的来源；同时，我也随手写下自己的评论和感想。我的书就是在这些笔记的基础上完成的。书稿完成后，我对从300多本书中引用的段落再检查了一遍，保证注释和引号没有错误。可惜在这一复杂的过程中，出了几个错误。当我第一次被抓到时，感觉实在很坏，急忙与人家私了，不想为自己的几个疏忽去面临整个世界的审判。但15年后，这件事又回来了。我绝不是抄袭，而是忙中出错。事实上，我的书中到处都引用这些作者的文字，我不会傻到要存心漏过其中的几个注释。这是个技术错误。我相信我不会再犯。”

然而，这些辩词并不能为媒体完全接受。一位批评者尖锐指出，Goodwin 是负责监管哈佛大学的校执行董事会的成员之一。在哈佛大学发给一年级新生的学生手册中明确写道，如果你引用别人的东西不加引号，就属于抄袭，不管你是有意无意，也不管你加不加注。有没有引号，这是决定是不是抄袭的关键。如果你是一个 18 岁的哈佛大学新生，犯了这一错误，你会受到严厉的惩罚。你可以被要求离开学校两个学期，丢掉你挣到的所有学分。你在学校的个人档案上会留下不诚实的永久记录。我们为何对大学者就要法外开恩？Goodwin 的辩护者们则称这件事只能说明了犯错误是多么容易。已开始用计算机写作的 Goodwin 本人决定在做研究笔记时严格把自己的评论和引用的段落分记在两档里，以免未来再忙中出错。她甚至于 3 月 3 日致信普利策奖的评委会，主动要求退出这一新闻界最高奖的评委会。理由是由于媒体的压力，她已感到自己无法胜任此职。

Ambrose 引起的不满则更多一些。有些学者指出，一个人不可能在 5 年内认真写出 8 本书来。那么大的产量，其实就是学术不严肃的证据。他简直把自己的书房变成了作坊，完全被金钱所驱动。事实上，由于 Ambrose 的书畅销，出版社频频向他施压，要他提高产量。他一度表示封笔退休，但出版社又拿出新的“物质刺激”，保证作坊的继续运转，而在抄袭之事被揭露之后，也拒绝把书撤出市场。

美国人大学毕业要欠多少钱

我们的失败，在于没有拿出这笔钱直接给学生，而是作为教育拨款直接给了大学。所以，虽然总有学生家长因为愁学费而自杀，但大学“费照收，钱照赚，楼照盖”，一个食堂能修两个观光电梯，却说国情不同，没有钱给学生。

每到高考发榜日，就会有“愁儿学费父自杀”的悲剧上演。高等教育的费用问题早已成为社会关注的核心。其实，大学扩招后，总要面临一个谁来埋单的问题。对学费的承受力，也不是中国独家的事情。

美国近三十年来，高等教育急剧扩张，大学生在人口中的比例扶摇直上。用我们的话说，美国也经历了一个大学“扩招”的过程，只是比我们早走一步而已。与我们给大学财政拨款的做法不同的是，美国式的“扩招”，是在联邦和州政府给学生直接提供奖学金和教育贷款等财政资助的条件下完成的。许多穷学生享受着免费的或低费的高等教育。不过，美国毕竟是高等教育最市场化的国家，虽然有大量财政资助，教育费用的增长往往超出了奖学金的增长。最近，不管是左派右派，大家都在叫喊：老百姓越来越上不起大学了。美国的高等教育已经到了危机关头。

真是如此吗？我们不妨看看具体数字。美国三分之二的四年制大学毕业生拿到学位时都要欠一屁股债。不过这种债是学生贷款，利率低，偿还时享受税收优惠。这些需要偿还贷款的人，平均欠债数额为公立（州立）大学出身16000美元，私立大学出身两万美元。这一负担，在过去10年中增加了50%。可见过去的债务要低得多。怪不得人人都喊着危机。

不过，对这些数字，教育界人士有不同的看法。哈佛大学法学院教授、个人破产问题专家Elizabeth Warren念念不忘她1970年在休斯敦大学读书时一个学期的学费仅52美元的好日子。如今，州立大学1年的学费也上万。她指出，不要觉得一两万美元的债务小。如果每个月要偿还教育贷款，年轻人很可能到了28岁还要为买房子省钱。高等教育把大学生送进中产阶级的能力越来越低。

可是，一个人 28 岁还没有房子究竟是多大的不幸呢？不要忘记，一般大学生的起薪在四万多美元。几年后就是五六万美元。而一辆新车也要两万美元左右。大家都买得起车，怎么就受不了这样的债务呢？哈佛的另一位教授 Susan Dynarski 也恰恰指出了这一点。根据统计估算，一张大学文凭能让其持有者在一生中增加百万美元以上的收入，上大学是最好的投资。公立大学的平均欠债额不过 16000 美元，按月偿还，每个月仅 210 美元，几年就还清了。而偿还一辆 24000 美元的新车的贷款，每月则要支付 450 美元。怎么就没有人嚷嚷还不起呢？

这也怪不得，人人都说上不起学，人人都往大学里钻。目前虽然奖学金和其他财政资助的增长落在教育费用上涨之后，但无法掩饰美国在过去 30 多年高等教育资助计划的成功。目前人们充满了危机感，觉得奖学金不够用，也正反映了社会对下一代的责任。在 2003—2004 年度，美国对大学生的奖学金和贷款等财政资助达到 1220 多亿美元，占其国民经济总产值的 1% 以上，其中 800 多亿美元是联邦资助。按这个比率，中国的国民经济总产值以 13 万亿人民币算，对大学生的直接财政资助就是 1300 多亿人民币。1900 万在校大学生，如果有 1000 万元是需要财政资助的低收入家庭的话，平均每个人就可以得到 13000 元。而现在北大最高的奖学金，把免掉的学费算上，也不过如此。能得到这样优厚资助的，在中国大学生中纯属凤毛麟角。

这个简单的数字揭示出那种“中国穷，发不出奖学金”的说法是站不住脚的。按同样的国民经济总产值的 1% 的比例支付，我们基本可以资助所有合格的大学生在没有过分的经济压力的情况下上完大学。我们的失败，在于没有拿出这笔钱直接给学生，而是作为教育拨款直接给了大学。所以，虽然总有学生家长因为愁学费而自杀，但大学“费照收，钱照赚，楼照盖”，一个食堂能修两个观光电梯，却说国情不同，没有钱给学生。

对学生的直接资助不足的高等教育扩张，最终是一张空头支票。中国的高等教育要起飞，高等教育内的资源必须重新分配，把大学手中的钱直接交给学生。因为学生才是教育的主体。

哈佛、耶鲁及MBA

薛　涌 XUEYONG

哈佛政变记

这次倒萨成功，说明了美国一流大学的几大特点。第一，虽然理论上是董事会决定谁当校长，但是离开教授的支持，校长还是玩不转。教授治校，可谓名不虚传。第二，文理学院目前还是大学的核心。萨默斯在教授中并非没有支持者。他背后的力量，都集中在经济学家、科学家和哈佛的各个职业学院（如医学院、法学院、商学院）教授之中。这次他辞职后，法学院的著名教授、当年辛普森案的律师艾伦·德肖维茨（Alan Dershowitz）愤怒地指责校董事会屈服文理学院教授们的压力，称这是一次一小撮文理学院教授组织的“学术政变”。可惜，他忽视了一个基本现实：哈佛之所以是哈佛，在于其文理学院，哈佛精英主要是那里培养出来的。各种职业学院只是旁支而已。

2001 年，当萨默斯离开华盛顿就任哈佛大学的第二十七任校长时，他自以为他是从一个你死我活的权力角逐场到了一个友善的世外桃源。但很快他就承认自己错了。2006 年 2 月 21 日，他正式宣布在学年结束时（6 月 30 日）辞职，成为哈佛最近 144 年历史中任期最短的校长，前一位短任者是在 1860—1862 年期间任校长并死在任上的科尼利厄斯·康韦·费尔顿（Cornelius Conway Felton）。同时，他也是哈佛现代史上唯一一位被迫辞职的校长。在哈佛 366 年的历史上，只有 5 位校长被迫辞职，但前 4 位全是哈佛早期的校长。那时哈佛远非世界水平的大学。自 1820 年约翰·桑顿·柯克兰（John Thornton Kirkland）辞职后，萨默斯是第一个辞职的校长。

更为戏剧性的是，当年萨默斯上任时，人们期待他成为战后最有作为的校长、第二个艾略特。要知道，查尔斯·威廉·艾略特是哈佛历史上任期最长的校长，从 1869 年到 1909 年在任 40 年。在这 40 年中，美国一跃成为世界第一大经济体。向来被人看不起的美国大学，适应时代之巨变，在德国研究性大学的刺激下，迅速转化为现代化的大学。艾略特也正是这一过程中的领袖，是美国现代大学的教祖。萨默斯则同样是生逢其时：在 20 世纪七八十年代，美国被看成是一个衰落的帝国。用《大国的兴衰》的作者肯尼迪的话来说，问题不是美国会不会衰落，而是能否像大英帝国一样体面地衰落。然而，20 世纪 90 年代美国在冷战结束后一跃成为世界帝国。哈佛作为这一帝国的教育王牌，必须肩负起培养世界领袖的重任。而萨默斯 28 岁就成为哈佛历史上最年轻的终身教授，在 40 多岁时成为克林顿政府财政部的副部长、代理部长、部长，对 20 世纪 90 年代的高速经济发展贡献卓著，为打足这个世界帝国的财政底气起了关键性作用。他就任哈佛校长时，也不过 47 岁上下，英气逼人。当时哈佛作为世界高等教育的老大，养尊处优过久，已经有过于自足自满、不思进取、暮气沉沉之势。这是哈佛领导集团看中萨默斯的原因：他们希望他成为一个明星校长，大刀阔斧推动改革，在大时代完成大转型。

萨默斯的教育理想，确实正是哈佛需要的。第一，他强调本科生教育的核心地位，试图扭转研究性大学重研究轻教学的倾向。具体而言，他要推行“核心课程”的改革，侧重教给学生实实在在的知识，提高学生的量化分析水平；而不是一天到晚追学术新潮，折腾什么方法论，“解构”、“后解构”地没完没了。同时，他尖锐指出现在的学生对全球化准备不足，要求加强外语训练，鼓励学生在学期间到海外进修，培养世界领袖的基本能力。第二，强调科学的训练。他曾直言不讳地说：“在我们这个社会里，很少有人承认（至少是很少有人会骄傲地承认）自己没有读过莎士比亚或不知道康德所谓的‘绝对命令’（categorical imperative)。但是，人们对不知道染色体基因或不懂得指数增长却异常宽容。”所以，他加大对科学的投资，推动校园越过查尔斯河，到对岸相对破落的奥尔斯顿(Allston) 区建立科技区。第三，他大力为弱势阶层的子弟创造接受哈佛教育的机会，并落实了给贫困生全免学费的政策。更重要的是，他认为哈佛目前过于自满，缺乏危机意识和改革的动力，需要动大手术。他的强悍作风，直言不讳的脾气，也正是治理哈佛病的一剂猛药。

应该说，萨默斯的业绩、学术、远见，为他成为一个艾略特式的伟大校长提供了重要的条件。但是，他来哈佛前，显然在华盛顿混了太久，对如何驾驭世界顶尖的学术精英全无认识。最终因为小事坏了大事，被灰溜溜地赶下了台。

萨默斯在华盛顿混久了，自以为会玩政治。在权力中心都玩得转，哈佛还在话下？其实这是一个天大的误解。在美国玩政治，主要都和选举有关。萨默斯是被政治家任命的官员，是技术官僚，不是民选的政治家。在华盛顿的官僚机器中，等级森严，上下有别。他当财长，就是对克林顿负责，对底下的人，只要提要求、下命令即可。想办什么事情，可以大刀阔斧，其能力体现在怎么叫部下不扯皮、兜圈子，把该办的事情办好上。但是，这种官僚的行政效率，在哈佛就行不通。哈佛是由世界顶尖学者组成的学术共同体。校长虽然有相当大的权力，但本质上还是教授中的一个学术领袖，和教授们平起平坐，不能以自己的意志强加于人，不能强迫命令，当然更不可能解雇任何人，因为所有正教授全是终身的。比如萨默斯的前任尼尔·鲁登斯坦（Neil Rudenstine），就特别顺从教授们的意志，干什么事情都要先寻求共识，结果各系常常各自为政，互不配合。萨默斯则要矫枉过正，以铁腕扭转这种什么事情也办不成的死气沉沉的局面。

不错，哈佛需要这样的铁腕。但是，一个智慧的铁腕和一个莽撞的铁腕绝对无法相提并论。所谓智慧的铁腕，知道自己大刀阔斧的改革会得罪许多人，触犯许多既得利益，所以不轻易树敌，在小事上糊涂，大事上坚持。这样才能收缩战线，避免在不必要的冲突中“伤亡”，集中力量解决大问题。莽撞的铁腕正好相反，对什么事情都心明眼亮，万事不让。结果，在没干大事情前，在小事情上到处和人家打架。等到该办大事情时，早已经遍体鳞伤、精疲力竭，成了强弩之末。

萨默斯正是这么一个浑身是胆的莽撞铁腕。他刚刚上任，就拿著名的黑人教授科尔内尔·韦斯特（Cornel West）开刀。韦斯特不仅是哈佛最顶尖级别的十几位校级教授之一，而且是位社会明星，既著书立说，又投身政治，甚至灌制 hip-hop 光盘。由于忙得不可开交，有时不得不缺课，自己没有上足课，给学生打分自然手头较松。在萨默斯看来，这样的教授，是哈佛病症的根源：名校雇用名教授，教授名气越大，越顾不上教学，年薪比谁都高，上课比谁都少，学术上也盛期已过，没有新一代的创造力，整天飞来飞去，为自己的名利奔忙。年轻人本来就爱追星，这种教授打分一松，教室更是爆满。所以，萨默斯新官上任想抓个典型，把韦斯特叫来谈话，让他在社会上收收心，专心学术研究，认真教书，打分严格些。哪里知道，韦斯特不等他说完，就扬长而去，并声称萨默斯的话是对自己的污辱，哈佛不要待了，要另谋高就。

这件事情，实际上是萨默斯失势的开始。韦斯特是位著作等身的学者，通俗读物固然写过几本，但是纯粹的学术著作也不让于人，在学界声望卓著。人家灌不灌光盘，是人家的事情。而且，这样有原创性的教授，常常不守规矩，什么都玩。这常常是其原创力的源泉。萨默斯一个行外人出来教训人家认真搞学术，确实太过傲慢。至于教学，韦斯特是个明星教授，学生喜欢，缺几堂课乃属小节。要知道，越是得宠的教授，学生越等着听他的课，缺一堂课大家也不会抱怨。相反，那些低能教授的课，大家度日如年，缺课成了一种解放。相比之下，韦斯特有他红的道理。更重要的是，萨默斯对韦斯特不能怎么样。相反，韦斯特是个大明星，惹了他，他就上媒体和你打架，说你坏话，让你无心他顾，干不成别的事情。

果然，韦斯特不久就被普林斯顿当宝贝一样地挖走，并且在普林斯顿红得发紫，还上各种媒体攻击萨默斯。他的同事也出来助战，甚至透露要效法韦斯特另谋他就。没有几年，有“梦之队”之誉的哈佛黑人研究人才流失，已不复当日之辉煌。

一波未平，一波又起。萨默斯跑到哈佛大名鼎鼎的肯尼迪政府学院，质疑该学院是否比法学和商学院更能为学生的公共服务作了准备，结果举座震惊，大家觉得校长认为这个学院没有存在的理由了。虽然他事后一再解释自己被误解，但人们对他那种目中无人的印象也无法去除。

类似的事情，还有许多。但是，哈佛是个各系各自为政的地方，大家互相不通气。萨默斯得罪的人虽然很多，但是反对力量没有汇集起来，似乎不可能威胁他的权力。这也是他的失算之处。他照样嘴上没有把门的，胡乱放炮。结果，2005 年初，他在一个内部会议上提出女科学家少是否是因为男女先天有所不同的假说，被捅到媒体上，成为举国的新闻。

这个事件，按说是件小事，但是给萨默斯的反对力量提供了一个汇集点。经过女权主义 30 多年的努力，美国早已形成了一套男女平等的“政治正确”的话语格式。挑战这样的话语格式，等于把自己树为公敌。如果萨默斯过去没有树太多的敌人，他事后道歉，事情也就过去了。但是，他这次漏嘴，给自己的敌人提供了一个公共话语系统。本来很少见面的不同系的教授开始频繁碰头、互通电子邮件，商量如何对付他。结果，2005 年哈佛教授们在历史上首次对自己的校长投了不信任票。

哈佛的制度是董事会任命校长，教授的不信任票不具法律效力。董事会事后表示支持萨默斯，哈佛学生也给了萨默斯信任票，他似乎足以度过危机。但是，正如我曾经分析的，美国是教授治校，教授表明这样的态度，萨默斯基本上已经大势已去。因为他在教授中成了公敌，他的改革根本无法实施。更糟的是，他分裂了校园，破坏了哈佛的公共形象，甚至可能影响哈佛的募捐活动。他已经从一个为哈佛解决问题的人，变成了哈佛的问题。他已经没有再在这个位置上待下去的理由。

但是，萨默斯并没有意识到问题的严重性。2006 年 1 月，他正在瑞士开会，哈佛的学生报纸透露了文理学院院长威廉·C. 柯比（William C. Kirby，中文名为柯伟林）即将辞职的消息。柯比是著名的中国史教授，被萨默斯任命为文理学院院长，其一大使命，就是主持哈佛本科课程的改革。但由于萨默斯到处生事，整天被媒体追击，本科课程的改革不得不被放在一边。大概也是因为这方面进展太慢，萨默斯决定撤掉柯比。本来，一个院长的去留，是校长权力之内的事情。况且柯比也说他辞职是双方协商的结果。但是，这件小事，显然成为倒萨的最后一棒。有许多人说，柯比辞职的消息，是萨默斯在本该柯比自己宣布前有意泄露以羞辱柯比的，可见这位校长是如何难处。于是反萨默斯的人又被动员起来，教授们再次准备开会，要提出对萨默斯的第二个不信任案。

在柯比宣布辞职的第十天，即2月7日，文理学院的教授举行了他们和萨默斯的例行会议，场面异常火暴。15位教授当面指责萨默斯，甚至说他“屡次失信”，竟没有一位教授站出来为萨默斯讲话。等萨默斯离开会议的时候，他开始意识到了新的现实：反对者们不仅铁定心要把他搞倒，而且有组织。他打电话找自己在文理学院的支持者，让他们出来为自己说话。可惜，这样的支持者已经很难凑够数目。而他的大本营经济系，这次几乎不敢出来说话，怕触犯众怒，帮倒忙（经济系的一些教授等他宣布辞职后才出来赞扬他的业绩）。甚至有人干脆说自己觉得非常悲哀，因为明摆着“比赛已经结束”。

掌握萨默斯去留大权、并一向支持他的董事会，此时也开始顶不住了。教授们的决心是明摆着的：只要萨默斯不走，我们每次开会就要通过一个对他的不信任案。更有教授和董事会成员联系，声言再保萨默斯，我们就公开到媒体上说哈佛的坏话。董事会的成员开始和各学院的院长、高级行政人员以及教授沟通，最后得出的结论是：“再保萨默斯已经没有意义。”当董事会一些成员和他的朋友，特别是克林顿政府中的几位大员表明他不可留时，萨默斯终于缴枪了。据知情人说，当时他非常愤怒，觉得董事会背叛了自己。

这次倒萨成功，说明了美国一流大学的几大特点。第一，虽然理论上是董事会决定谁当校长，但是离开教授的支持，校长还是玩不转。教授治校，可谓名不虚传。第二，文理学院目前还是大学的核心。萨默斯在教授中并非没有支持者。他背后的力量，都集中在经济学家、科学家和哈佛的各个职业学院（如医学院、法学院、商学院）教授之中。这次他辞职后，法学院的著名教授、当年辛普森案的律师艾伦·德肖维茨（Alan Dershowitz）愤怒地指责校董事会屈服文理学院教授们的压力，称这是一次一小撮文理学院教授组织的“学术政变”。可惜，他忽视了一个基本现实：哈佛之所以是哈佛，在于其文理学院，哈佛精英主要是那里培养出来的。各种职业学院只是旁支而已。所以文理学院教授不仅人数多，而且发言权非常之大。另外，事后的民调表明，萨默斯虽然在教授中大失人心，但在哈佛学生中的支持率有 3 比 1 的绝对优势。哈佛学生报纸《哈佛深红报》（*The Harvard Crimson*）也一直支持萨默斯。可惜这一切，都无法挽救萨默斯的命运。

我们认真检讨萨默斯的倒台过程就能看出，使他受致命伤的几次冲突，都是可以避免的小事，没有一件事情是阻碍他实现自己教育理想的大事情。在小事情上引火烧身，最后干不成大事，反映了萨默斯性格中根本的弱点：他少年得志，恃才傲物。用一位教授的话说，他在任何场合，都本能地要表现出自己是屋子里最聪明的人。当教授、学者也许要有这种好胜心，但要驾驭世界顶尖的学者集团，这样做就让人讨厌了。平心而论，如果我是哈佛的教授的话，我也许支持他的所有主张，但不希望他当校长。因为他动不动会跑到你的领域里来指手画脚，好像比你高一筹，给你挥手指个方向，你就像小工兵一样跟着走。真正的世界一流学者，有几个受得了这一套呢？

萨默斯走了。不过，他的人格的缺陷，不能掩盖他的理想的价值。他确实撼动了故步自封的哈佛。甚至有位教授说，几十年后回首，也许人们会发现这几年是哈佛最好的时期。萨默斯究竟是位改革的烈士，还是位学术独裁者，看来还要由历史来评判。

谁来领导哈佛

> 校长找不到一个确定的机构来对之负责，而要权衡校内校外（包括校友）的各种势力进行治理。校长没有一个确定的负责对象，大学结构庞大松散，大家各自为政、互不买账，无怪接任萨默斯当临时校长的前校长德里克·C. 博克会将哈佛比之于印度。现在连文理学院的教授是否代表着哈佛教授这一点都搞不清楚。所以，许多人呼吁哈佛成立一个由各学院教授组成的“议会”，协调各学院之间的关系。

频频成为媒体焦点的哈佛校长萨默斯终于辞职了。还有人能治理哈佛吗?

在萨默斯宣布辞职的记者会上，有记者马上问了这个问题：“如果你放弃这个职位，听任自己被一部分教授给搞倒，那么这是否会使哈佛有变得无法治理的危险?”萨默斯当即承认他有同样的担心。前哈佛监督人理事会（Harvard's Board of Overseers）的成员、波士顿地区的企业领袖和哈佛重要的捐款人约瑟夫·奥唐那（Joseph O' Donnell）也质问：“如果一部分教授能够逼校长辞职，谁还能领导这所学校?”

这种担心和焦虑，并非没有根据。萨默斯是哈佛最近144年历史中任期最短的校长。前一位是在1860—1862年期间任校长的科尼利厄斯·康韦·费尔顿。他的短任，是因为不幸死在任上，并不是有人逼他下台。不过，他曾向朋友诉苦，说在这个学校当教授和当校长的滋味，那简直是一个天堂，一个地狱。萨默斯的前任，在1991年到2001年担任校长的尼尔·鲁登斯坦，累得精疲力竭，竟不得不在1994年被迫长休一年。再前面一任是德里克·C. 博克（Derek C. Bok），这次萨默斯辞职后又在75岁高龄被召回来充任临时校长。他对哈佛的治理颇有些体会。他在任时，印度总理拉吉夫·甘地来访。在欢迎仪式上，他开玩笑地说：“我和总理先生处在非常类似的位置上。我们都在治理着一群讲着不同的语言、信仰着不同的宗教、谁也不买谁的账、又都不尊重中央权威的人们。”拉吉夫·甘地应声而笑。果然，他回印度不久就被暗杀了。知道自己处境的博克，却善始善终，安安稳稳地从校长位置上退休，之后不断就教育问题著书立说，保持着对美国高等教育的影响力。如今临危受命，收拾萨默斯之后分裂的校园，也不出人们意料。

萨默斯作为一个教育领袖，性格上有诸多不成熟之处。对此，我已经在《哈佛政变记》中详细论述。不过，他不失为一位杰出的学者和教育家。他的辞职，使人们反省：当今一流大学的校长应该是什么样的人？应该如何行使自己的领导力？究竟谁是大学的主人？

哈佛校长难当，很大程度上是制度决定的。哈佛创立时，其制度设计就给了教授们很大的影响力，给校长很弱的权威。上轻下重，不好管理。不过，在过去，校长首先是学术领袖，也是社会上的意见领袖。一直到“二战”前，名校校长对社会舆论还有着关键性的影响，积极介入公共事务。像 1869—1906 年间的哈佛校长查尔斯·威廉·艾略特，就任时仅 35 岁，是哈佛历史上任期最长的校长，在社会上是自由派的旗帜，甚至不惜和总统西奥多·罗斯福分庭抗礼。他在《亚特兰大月刊》(*Atlantic Monthly*) 上发表文章，题为《新教育》，勾画出美国教育改革的蓝图，成为现代美国大学之父。他直言不讳地用他的社会理想和教育理想“布道”，要培养“有品格”的“绅士”。他认为一个绅士不应该由出身决定，而是由其品行塑造。这种品行说到底就是“民主”的人格。真正的绅士必须“体谅他人、慷慨、勤奋，从来不伤害弱者”。这些理念，明显是对 19 世纪末美国弱肉强食式的资本主义的强烈批判，合乎当时的进步主义运动的理念。所以，他要求哈佛向各种阶层开放，让学生随便选课，享受思想自由。

而他的继任者 A. 劳伦斯·洛厄尔则是一位极端的保守主义者，同样观点鲜明。他反移民，反犹，反同性恋。有位教授因为是同性恋被开除，许多人向他为该教授打抱不平，认为该教授为哈佛尽心尽力服务一生，怎么能因为自己的性取向而被开除？甚至有的教授愤怒地质问洛厄尔：“将心比心，如果你处在对方的位置上，你会怎么办?”洛厄尔竟说：“那我就去买把枪自杀！”

这就是那时哈佛校长的“言论尺度”。那时当校长，常常是学术、思想第一。校长首先是学界的领袖。学问好，思想丰富，不管属于哪派，都能服人，嘴也不必要把得太紧。其实极右的洛厄尔，进哈佛还是受自由派的校长查尔斯·威廉·艾略特提携，虽然后来他竭力反对后者继任校长。

“二战”后，风气渐变，特别是最近二三十年，观点鲜明的校长几乎看不到了。美国的政客，虽然不可能事事讲真话，但毕竟还是凭借政治立场吃饭，有自己的主张。大学校长则比政客还乏味，对什么公共事务都不发表见解，甚至对教育问题也顾左右而言他，你搞不清楚他们的思想是什么。校长的首务是给学校募捐，思想还有什么用？甚至学术成就和背景也越来越不重要。乃至有些学校，竟开始雇用没有博士学位、没有资格当教授的募捐专家当校长。

哈佛在这方面，算是比较能坚持学术传统，雇用响当当的学者当校长。有些校长，不仅自己是优秀的学者，而且常常出自学术豪门。比如前面提到的德里克·C.博克，从1958年在法学院当教授，后来当法学院院长，1971年当了校长。他的岳父岳母，都是诺贝尔奖得主。其中岳父贡纳尔·默达尔（Gunnat Myrdal）于1974年和哈耶克一起获诺贝尔经济学奖，其岳母阿尔沃·默达尔（Alva Myrdal）于1982年获诺贝尔和平奖。萨默斯则出身于经济学世家，父母全是经济学家。他的叔叔，就是大名鼎鼎的诺贝尔经济学奖得主保罗·萨缪尔逊（Paul Samuelson)。他们家本来就是姓萨缪尔逊，是他父亲把姓改成了萨默斯（Summers）的。他的舅舅，则是另一诺贝尔经济学奖得主肯尼斯·阿罗（Kenneth Arrow)。他本人28岁成了哈佛历史上最年轻的经济学终身教授。有人甚至说他如果不早早走出学术圈，说不定也会拿诺贝尔奖。

大概也正是因为自己出身于学术精英，萨默斯不甘心顺从流俗，当一个没有意见可说、不教书、不做学问、埋头搞钱的募捐人。在他的任上，哈佛获得的捐款虽然有所增加，但各校的捐款都在上涨，况且哈佛校友的捐款率这期间还有所下降，可见他搞钱并不成功。不过，他更像个学术领袖和教师。他不仅亲自教一年级本科生的讨论班和大课，而且对学生的思想和经验充满热情。他非常耐心地听学生发言，从道德伦理、干细胞研究，到伊拉克战争，无所不谈。他和学生辩论各种问题，通过提问迫使学生进行思考。他还常常光顾学生食堂、橄榄球赛、舞会，甚至被学生逼着跳舞。你看看现在美国的大学校长，一个个全像是生意人，哪里还有这样的老派校长？

这也不奇怪，2005年他在一个内部会议中积极参与为什么女科学家少的讨论，提出男女之间是否可能有先天不同的假设，引火烧身。这无非是说明他当教书匠太忘情，一心想刺激大家的思想，乃至忘记了当校长必须遵守的“政治正确”的话语格式。这也是为什么他在受媒体的煎烤的同时，在哈佛学生中却深受爱戴。他宣布辞职后的民调表明，哈佛学生有57%认为他不该辞职，只有19%认为他应该辞职。哈佛的学生报纸一直支持他，在文理学院教授通过对他的不信任案后，哈佛历史最悠久的学生报纸《哈佛深红报》发表社论，题为“对不信任案的不信任”，坚决站在他一边。

所以，当文理学院的教授们“倒萨”成功后，也给自己带来了一场公共关系危机。许多媒体质问：大学是属于谁的？是为谁服务的？萨默斯一心为学生服务，事事把学生的利益摆在第一位。他要求那些只顾自己研究的教授给学生上大课，惹恼了教授中的既得利益集团。这些不想教书的教授，希望找任何借口把萨默斯搞掉，以求继续过自己不教书但名利双收的神仙日子。

在政治上，这些哈佛教授更是受到保守派和温和自由派的攻击。乃至萨默斯这么一位前克林顿政府的财政部长，一下子成为保守主义的烈士。保守派人士戴维·霍罗威茨（David Horowitz）大骂："萨默斯是自由派，但是我们的大学已经被占领。那些搞掉他的10%的教授根本不是自由派，而是斯大林主义者。"哈佛法学院教授艾伦·德肖维茨十年前曾经出任杀妻案中的黑人橄榄球明星辛普森的律师，频受保守派的攻击，自己还曾和共和党的总统候选人进行政治辩论。他则说："我在美国，属于20%最倾向自由派的人。但是要在哈佛文理学院，我就是10%最保守的人。"一句话，哈佛自由派的"政治正确"，已经让一些明显有自由派倾向的人也感到窒息。

上述反映，带有强烈的情绪化色彩，颇能说明这场"倒萨"运动给校园和社会带来的分裂。要立足未来，就必须摆脱暂时的情绪冲动，通过萨默斯倒台冷静分析一下美国大学制度的得失。

萨默斯倒台对哈佛和美国高等教育最大的伤害，莫过于对校长言论自由的封杀。萨默斯提出男女先天不同的问题，仅仅是一个假设。学者的使命之一，就在于不断提出假设。况且这个假设，只是他解释女科学家为什么少的第三点假设，前面他已经提到社会传统偏见、妇女生儿育女使之无法承受一天12个小时、一周六七天的科学家的工作方式等因素。他也只是试探性地提出问题，从来没有说自己一定对。关键是，讲话的场合是一个内部会议，本来就不该对外公开。他的话，属于非常正常的学术活动。美国大学教授的言论自由有严格的保证，教授讲课，常常禁止别人录音，目的就是可以关起门来畅所欲言。如果这样的话都不能讲，大学就没有存在的理由了。特别是最近二三十年，大学校长越变越圆滑，越来越不愿意发表哪怕是对教育问题的意见。他们的职责，就是谁也不得罪，一门心思募捐，变得越来越像生意人，而不是教育家。

萨默斯则是一个以教育家自许的校长。一个生意人式的校长守成也许尚可，创新却不可能。萨默斯面临的，是一个故步自封的哈佛，许多学生抱怨哈佛徒有虚名，没有给学生提供良好的教育机会。学生在哈佛的满意度，远远比不上其他顶尖大学。所以，哈佛需要一个有思想的领袖出来打破这种死气沉沉的局面。萨默斯正是这样一个有思想而且喜欢表达自己的思想的人。靠打性别牌把他搞掉，从长远看恶化了校园中的学术环境，对哈佛有害无益。

不过，在“倒萨”过程中所体现的教授治校的原则，却并没有错。大学校长的去留，由校董事会决定。无论教授投票还是学生投票，都没有法律效力。目前还没有听说哪个学校像选总统一样选校长。不过，教授通过不信任案，要扳倒学生信任的校长，董事会在教授和学生之间，站到了教授一边。这里虽然有种种不得已，却是一个正确的决定。学生在学校只待 4 年，教授却要待一辈子。教授和学校的利益最紧密。更何况，学生是受教育者，教授是教育者，让教授跟着学生的意见走，还开什么大学呢？如今美国的大学商业竞争越来越激烈。许多人主张用市场方式经营大学。“让消费者满意”，成了压倒一切的考虑。有的教授不得不讨好学生，连打分也有所顾忌，生怕得罪人，乃至引起分数膨胀。这也是萨默斯要治理的问题之一。教书要靠教授，教授要有基本的权威。把教授都得罪了，学校的基本政策就无法落实，教育质量和标准无法保障，萨默斯本人所发起的种种改革，也无法推行。事实上，在 7 人组成的校董事会（包括萨默斯本人）中，已经发生分裂。2005 年一位黑人校董愤然辞职，看不惯在萨默斯给学校带来如此大的震荡的情况下，校董事会还决定给他涨工资，他在自己辞职的同时，也要求萨默斯辞职。

要知道，反对萨默斯的人，反对的不是他的教育主张，反对的是他的领导作风。萨默斯要求改革哈佛的核心课程、给弱势学生提供更多的资助、加速哈佛的国际化、鼓励学生到海外读书、扩张校园、加大对科学特别是生命科学的投入等，对此很少有人公开反对。但是，他的官僚式行政作风却让人反胃，对施行他的改革有害无益。

我在《哈佛政变记》中已经分析过，萨默斯在华盛顿待的时间太久。作为克林顿政府中的高官，他以思想和创造力著称，作风强悍专制。他有足够的洞察力发现问题并提出解决的办法，要求手下人立即执行。这种作风在等级森严的官僚体系中，当然什么都玩得转。可惜哈佛不是华盛顿，而是一个学术共同体。干什么事情，都要先取得共识才行。这一点，当年哈佛的校长遴选委员会就有担心。当时哈佛的董事会和校长遴选委员会都意识到哈佛的问题：这个有 11 个学院、2 万多学生、27 万校友的学校组织太松散，故步自封，需要一个铁腕人物来砸烂既得利益，把学校现代化，以适应 21 世纪的挑战。但是，这样一个人物可以是两刃刀，在校内带来分裂。他们怕萨默斯的性格让哈佛的教授们消受不了，对推行改革适得其反。但当时罗伯特·鲁宾（Robert Rubin），作为萨默斯前任的克林顿政府的财政部长、哈佛校董，也是萨默斯的保护人和事业导师，向委员会保证，萨默斯已经锋芒渐敛，性格温和化了。这样萨默斯才拿到这个工作。

可惜，鲁宾打的保票很快成为笑谈。萨默斯还是原来那副心直口快、专制傲慢的脾气。他当然是个聪明的学者和教授，他能够迅速进入任何辩论，阐述自己的观点。但是却没有意识到，当教授们的领袖和当一个普通教授毕竟有些不同。他总是有个本能，要展示他自己是屋子里最聪明的人，而没有意识到校长的角色，要的并不是这样自己逞能，而是要在其他人中发现谁是屋子里最聪明的人。这个性格，实际上为他推行的改革帮了倒忙。

比如，萨默斯的一大使命，是加大对科学的投入，加强科学在教学中的比重。但人文教育一直是哈佛的核心。这样的转向，当然不会让文科教授们太开心。不过话说回来，哈佛的文科教授都有自己的铁饭碗，是本学科中的学术领袖，不会如此小心眼、一听校长重视科学就不高兴。但是，萨默斯是麻省理工出身的经济学博士，在转到经济学前，是学物理的，科学家的劲头十分强。他为了治理分数膨胀、改革核心课程，频频找教授们谈话，不管在公开场合还是私下，都流露出一种经济学家比人文和社会科学的教授聪明、更有真才实学的态度和看法，甚至否决一些文科终身教授的提名。他28岁就成为哈佛历史上最年轻的经济学终身教授，少年气盛，口口声声说在哈佛拿终身教授的平均年龄快接近60岁了，哈佛的终身教授制不应该是给一些已经没有创造力的学者提供一个荣誉职位或养老院，而要提拔年轻人，等等。甚至有位来自东欧的教授，由于经历曲折，博士毕业比正常的美国同行大十岁，虽然创造力旺盛，但因为年龄其终身教职被萨默斯否决。这就给大家一个印象：萨默斯认为哈佛就他这么一个聪明人！他说重视科学，重视年轻人，就是重视他这样的人。

所以，在许多教授看来，萨默斯在学校里上演名人秀：他走进学生宿舍“亲民”，给学生的美元签字（他当财政部长时，发行的美元钞票印有他这位财长的签名，所以学生常常会拿这些美元钞票让他亲笔签字），把孩子们哄得高高兴兴，但对自己的同事，即教授们，骨子里却看不起，不放过任何机会对之羞辱。结果，他在科学家中、在各种职业学院乃至经济系中，有压倒性的支持率，但是在文理学院中却遭人恨。而他强调本科教育，要改革核心课程，这些事情主要依赖的就是文理学院的教授们。这些人中很少有愿意和他合作的，他还能干什么呢？他最后也不得不承认，他本人的存在，已经成为他所鼓吹的改革的一个根本障碍。

萨默斯的辞职，给哈佛带来了两大挑战。这两大挑战，归根结底都是一个“谁能领导哈佛”的问题。第一，哈佛规模庞大、结构松散，有世界第一学府的美誉，到2005年财政年度计有250多亿美元的捐赠基金，2006年就有23000名申请人竞争本科新生的区区1600个名额。但是，哈佛的学生对学校的教育质量普遍不满。哈佛确实有躺在自己的实力和名誉上故步自封的问题，需要有一位强有力的铁腕校长来领导。在这方面，萨默斯传送的信息是对的：哈佛需要大刀阔斧的改革；但送信的信使却是错的：萨默斯缺乏领导一个学术共同体的关键素质，无法激励他的同事自愿为他给学校确定的目标而奋斗。俗话说："一朝怕蛇咬，十年怕井绳。"萨默斯倒台前前后后，校内各派力量严重分裂，矛盾激化，在校外哈佛的名誉也受损。在他宣布辞职一周后，设计学院又出了乱子。教授们要把萨默斯2005年任命的院长艾伦·阿特舒勒（Alan Altshuler）搞掉。该院4个系主任中的3个到阿特舒勒那里逼宫：你不辞职，我们就投你的不信任票。萨默斯作为瘸鸭校长已经没有权威处理这一清除他的残余力量的纠纷，教授们动不动就投这个不信任票、那个不信任票，似乎一个潘多拉的盒子已经打开，学校有陷入乱局的危险。所以哈佛校董罕见地介入，表明对阿特舒勒的坚决支持。同时许诺继任的临时校长德里克·C. 博克就任后立即与教授们会面。这场大地震的余震如何收场，还不得而知。在这种情况下，董事会敢不敢再次赌博，任命一个强有力的校长？如果在这方面退缩，刚刚开始的改革就前功尽弃。哈佛在急剧全球化的社会变革中，会丧失关键的转型的时机。

第二个挑战是制度上的：校长应该对谁负责？是董事会、学生，还是教授？这次萨默斯宣布辞职后，他的反对者和支持者都提出类似的问题：程序不明。究竟董事会根据什么决策？听了谁的意见？文理学院教授是否能够代表哈佛教授的大多数？这些都是一笔糊涂账。

这一制度问题，有深刻的历史原因。在19世纪60年代以前，哈佛校长都是被"监督人理事会"（Board of Overseers）任命，并对之负责。这个理事会，包括马萨诸塞州的州长和由马萨诸塞州议会任命的权要。当校长的有时是马萨诸塞州的前州长，有时甚至同时是波士顿市长。1865年，马萨诸塞州议会通过法案，将哈佛"民主化"，让校友选举监督人，把哈佛从政治权力的网络中摘离下来。这一法案通过后4年，年轻的查尔斯·威廉·艾略特就被选为校长，带动了不仅哈佛，而且是整个美国高等教育的变革。由此，哈佛乃至大部分美国的大学都形成了一种平等、独立的制度框架和文化。校长找不到一个确定的机构来对之负责，而要权衡校内校外（包括校友）的各种势力进行治理。校长没有一个确定的负责对象，大学结构庞大松散，大家各自为政、互不买账，无怪接任萨默斯当临时校长的前校长德里克·C. 博克会将哈佛比之于印度。现在连文理学院的教授是否代表着哈佛教授这一点都搞不清楚。所以，许多人呼吁哈佛成立一个由各学院教授组成的"议会"，协调各学院之间的关系。

萨默斯辞职了，但他的影子还笼罩着哈佛。怎样走出这个影子，将对哈佛的未来有决定性的影响。

哈佛校长栽倒在俄罗斯

这一事件给那些占据领袖地位的人一个很好的教训：要想无条件、无原则地忠于朋友，就别出来当领袖。因为对朋友的忠诚，就是对公众的傲慢。同时，施莱费尔事件也给正在陷入信誉危机的中国经济学家们提出了警告：不管你的理想多么崇高美妙，不管你的设计多么充满智慧，制度的设计者不能直接从自己设计的制度中捞取利益。道德上的清白，是思想信誉的基础。在公益与私利之间，没有第三条道路好走。

最近哈佛校长萨默斯被迫辞职，国内媒体普遍强调他2005年年初失言提出男女在科学上可能有先天不同的假设，无法被遵守"政治正确"的话语格式的公众和教授们所容。其实，这仅是一个浅层的原因。有不少人猜测，萨默斯辞职，可能和另一个不太被注意的事情关系更大，那就是萨默斯与安德烈·施莱费尔(Andrei Shleifer)的私交。

这位施莱费尔非同小可。他是哈佛经济系的明星教授。20世纪90年代初苏联解体后，施莱费尔和一位哈佛出身的律师乔纳森·海（Jonathan Hay）受命设计俄罗斯的私有化计划，并充任当时的俄罗斯副总理阿纳托利·丘拜斯（Anatoly chubais）的顾问。这一俄罗斯计划，直接受到美国国际发展局（United States Agencyof International Development）的支持，因而得以用联邦政府的资金帮助俄罗斯发展金融市场。施莱费尔主持这个计划，实际上就是美国政府的代理。

然而，这两位设计改革的人，却想着从改革中捞一把。他们违反了避免利益冲突的原则，竟在俄罗斯投起资来。这就好像美国政府把纳税人的钱交给这位大学教授，让他在俄罗斯设计一个制度，为自己"改善投资环境"。结果，美国政府为此起诉施莱费尔、乔纳森·海以及哈佛大学。2005年夏天，这一诉讼终于达成了协议。两人虽然都不承认自己犯了法，但施莱费尔同意支付200万美元的赔偿，乔纳森·海则将根据他日后投资的回报来支付罚金。哈佛大概出血最多，同意赔偿政府 2650 万美元的赔款。

这件事情虽然开始和萨默斯无关，但他当了校长后就另当别论了。因为施莱费尔一直是萨默斯的密友和心腹。施莱费尔被美国政府起诉，丢尽了哈佛的人，哈佛内部当然也必须讨论对他的处理问题。在这个过程中，萨默斯由于和施莱费尔太密切，不得不回避整个过程。不过，萨默斯承认他曾经督促一位院长保护施莱费尔。最终，哈佛并没有给施莱费尔任何处分。这里萨默斯起了多大作用，目前还不得而知。但是，哈佛关键时刻放了施莱费尔一马，无疑激怒了许多教授。

2006 年 1 月，美国一位调查记者戴维・麦克林蒂克（David McClintick）在《国际投资者》（*International Investor*）杂志上发表了自己对这一事件的调查，题为“哈佛是怎样栽在俄国的”（How Harvard Lost Russia）。据哈佛的计算机教授哈里・列易斯（Harry Lewis）说，这篇文章发表后迅速被人送到一些终身教授的信箱里，许多教授开始给他打电话，一些过去很长时间没有打过交道的人，包括一些退休教授，也找他沟通，表示严重关注。2 月 7 日，在萨默斯和教授的会议上，有人公开在此事上挑战萨默斯。一位工程学教授在会上告诉大家如何在网上找到这篇文章，并当众质问萨默斯对这件事情的看法。萨默斯回答说他由于避嫌而对此事不知情。前哈佛肯尼迪政府学院的前院长罗伯特・D. 帕特南（Robert D. Putnam）认为，这样的答复明显不诚实。虽然他本人强烈地支持萨默斯的治校主张，但是萨默斯这样的态度，已经使许多像他这样的人无法再支持校长。

没过几天（据萨默斯自己说是 2 月 15 日），萨默斯就决定辞职了。

施莱费尔事件在萨默斯倒台中究竟起多大作用，也许连萨默斯的心腹们也估计不出来。不过，这件事却是一个抹不掉的污点，远比在一个会议上对男女在科学上的天分漏嘴提出一个假设要厉害得多。同时，这一事件给那些占据领袖地位的人一个很好的教训：要想无条件、无原则地忠于朋友，就别出来当领袖。因为对朋友的忠诚，就是对公众的傲慢。同时，施莱费尔事件也给正在陷入信誉危机的中国经济学家们提出了警告：不管你的理想多么崇高美妙，不管你的设计多么充满智慧，制度的设计者不能直接从自己设计的制度中捞取利益。道德上的清白，是思想信誉的基础。在公益与私利之间，没有第三条道路好走。

“世界一流大学”如何扶贫

阿西拉的经历，听起来像个现代版的灰姑娘的童话。然而大学在现代社会中的一大功能，就是使这样的童话变为现实。从中国的“建设世界第一流大学”的运动开始的时候起，笔者就反复撰文指出，当今世界一流大学都把吸引优异的贫困生视为首务。可惜，中国大学的改革者们一直对此装聋作哑。看看人家的一流大学，我们那些每年吞噬大笔国家经费的重点大学，是否觉得汗颜呢？

在高等教育，特别是世界一流的高等教育上，弱势阶层机会少，进而使其子弟在未来的竞争中吃亏，使弱势更为弱势。这是全世界都普遍存在的现象。近年来，美国的这一现象更加突出。根据 1999—2000 年对 18～24 岁年龄层接受高等教育状况的统计，在美国年收入 2.5 万美元以下的贫困家庭的子弟，只有 31%上了大学。年收入在 2.5 万以上、7.5 万以下的中等家庭，其子弟有 54%上了大学。年收入超过 7.5 万的富裕家庭，其子弟 79%上了大学。不仅如此，在上大学的人中，家庭收入的高低决定了所上大学的质量。比如在最低一档的两年制公立大学中，20%的学生来自贫困家庭，59%来自中等家庭，只有 21%来自富裕家庭。在两年制私立大学中，22%的学生来自贫困家庭，50%来自中等家庭，28%来自富裕家庭。四年制大学则完全是另外一种景观。在公立大学中，来自贫困家庭的仅为 11%，来自中等家庭的为 48%，来自富裕家庭的占 41%。在私立大学中，来自贫困家庭的为区区 8%，来自中等家庭的也不过 35%，来自富裕家庭的则明显占多数，高达 57%。在一流名校中，情况更加严重。根据 2004 年的统计，贫困生仅占 3%。如果把美国社会一分为二，低收入的一半家庭的子弟在这些精英大学中仅占 10%。剩下的都是高收入的一半家庭的子弟。

高等教育贫富不均，已经成为对美国大学特别是精英大学最大的挑战。如今各校相继有新政策出台，并且彼此展开竞争。哈佛大学 2005—2006 学年的学费和食住费用将达到 44350 美元。但 2004 年哈佛宣布免除家庭年收入在 4 万美元以下的家庭的教育费用。年收入在 6 万美元以下的家庭，一年只需支付 3200 多美元。普林斯顿大学则早在 2001 年前就用奖学金代替了学生贷款，让学生毕业时不至于负巨额的债务。耶鲁大学 2005 年宣布扩大对低收入家庭的资助，其中家庭年收入在 4.5 万美元以下的学生，费用全免。维吉尼亚大学几乎是最好的公立大学，费用比常青藤低得多，也对家庭年收入在 3.8 万美元以下的家庭大开方便之门，用奖学金代替了人家的贷款。

这一系列政策，2004 年开始看出效果。比如哈佛大学录取的家庭年收入在 6 万美元以下的家庭的学生，一下子增长了 21%。2004 年这样的新生只有 245 位，占新生总数的 15%。2005 年则上涨到 296 位，占新生总数的 18%。代价是哈佛拿出 200 万美元的额外奖学金。这对哈佛 8500 万美元的年度预算来说，是个不小的开支。维吉尼亚大学录取的家庭年收入在 3.8 万美元以下的学生人数，几乎增加了 3 倍。普林斯顿录取的家庭年收入在 5 万美元以下的学生的比例，也从 11% 提高到 16%。

这些成就，并非只要大学拿出钱来就可以得来全不费工夫。许多贫困家庭的子弟，即使学业优异，但一个上过大学的人都不认识，根本不觉得自己属于这种贵族名校。即使进了名校，自己省吃俭用、每周打工，而出身富家子弟的同屋一天到晚买名牌奢侈品，这样的精神压力对于一个 18 岁的孩子来说也不容易克服，难免把上名校视为畏途。所以，各名校不仅拿出大笔奖学金，而且还大量做电视广告，让贫困生知道自己的机会。比如维吉尼亚大学的电视广告词一针见血地说："你有个好脑子，但没有钱？大门向你敞开着！"同时，各大学把自己已经招来的贫困生组织起来，按着低收入地区的电话号码，让他们给那里的居民打电话。这既给他们提供了工作，又可以让他们现身说法，吸引更多的贫困学生前来就读。

珍妮弗·克里斯蒂娜·阿西拉（Jennifer Christine Arcila）就是一个经典的例子。她是一位哥伦比亚移民的女儿，父母不会讲英语，也不认识任何上过大学的人。她 1994 年看过一个以哈佛为背景的电影，但从来没有想过自己也能去这种童话般的学校读书。她父亲在一个标签厂做工，母亲是个校车司机，家里的银行账户中只有 1500 美元存款，还不够一个月的房租。这样的孩子也想上大学吗？但是在高中三年级时（美国高中有 4 个年级），她突然接到来自哈佛大学的电话。打电话的人是一个哈佛的本科生，来自类似的贫困家庭。他首先祝贺阿西拉在初级 SAT 考试中取得的优异成绩，然后详细介绍了哈佛的奖学金和校园生活，鼓励阿西拉申请。两个人在电话中聊了一个小时，最终阿西拉下定决心申请，并且被录取。

如今，阿西拉已经是哈佛的本科生。她没有一点债务，连自己的笔记本电脑也是学校给买的。生病的医药费由学校支付（一般学生的医疗保险，还是需要自己支付一定的药费），甚至可以得到免费的票参加一些文化活动。她家里仅在力所能及的范围内支付一点教育费用，她自己需要支付一年 3500 美元的费用。不过，她一周工作 10～12 个小时，夏天干全职工作，挣出这点钱轻而易举。而她的工作，就是替学校给其他的低收入家庭的高中生打电话，现身说法，让更多的穷孩子进哈佛。

阿西拉的经历，听起来像个现代版的灰姑娘的童话。然而大学在现代社会中的一大功能，就是使这样的童话变为现实。从中国的“建设世界第一流大学”的运动开始的时候起，笔者就反复撰文指出，当今世界一流大学都把吸引优异的贫困生视为首务。可惜，中国大学的改革者们一直对此装聋作哑。看看人家的一流大学，我们那些每年吞噬大笔国家经费的重点大学，是否觉得汗颜呢?

走后门进哈佛

在教育最市场化的美国，像哈佛这样的私立学校，办附校也是本着服务社会的精神，不仅收费非常低廉，而且教学十分认真。即使是诺贝尔奖得主的课，一学期也不过550美元，这在波士顿勉强够半个月的房租。要在我们这里，恐怕会在体育馆卖票，成为一大商业演出。我们的大学，基本上是国家投资，靠纳税人的钱养活，社会责任自然更大，应该对弱势阶层提供更多的服务。然而“建设世界一流大学”的运动发展到今天，还很少听说北大、清华的名教授给民工讲课，这实在是中国大学之耻。

哈佛难进是不用说的了。但是，总有些人能够发现进哈佛可以走“后门”。据《纽约时报》（*The New York Times*）报道，这样的“后门”如今还越来越风行。

比如劳拉·肖蒂尔（Laura Shortill）是个相当不错但成绩并不惊人的高中毕业生。她当初抱着碰碰看的心理报了希望甚微的哈佛，后来如预料中的那样被哈佛拒绝，但被约翰斯·霍普金斯大学录取。奇怪的是，她并没有去霍普金斯，而到哈佛来读书。

这怎么可能呢？因为她走了哈佛的“后门”：她没有在哈佛的本科生学院注册，而是在哈佛附校（Hazard Extension School）攻读本科学位。这个附校录取标准和学费都低得多，又能提供哈佛的教育。何乐而不为呢？

美国的许多大学都设有类似的附校，类似于业余学校，多在晚间和周末上课。原初的目的是给一些已经工作的成年人提供继续教育的机会。许多这样的附校不接受25岁以下、没有上过大学的年轻学生。但是，最近传统大学年龄（18～22岁）的学生对这些附校的兴趣越来越大，于是附校也就对一般的高中毕业生敞开了大门。

以哈佛为例，附校2004年颁发了118个学士学位，比10年前增加了一倍。

扩张的主要动力，就是像劳拉·肖蒂尔这样的应届高中毕业生的注册。

这些在哈佛附校读书的学生，所上的大部分课程是哈佛教授讲的。他们要拿到学士学位，需要128个学分，其中52个学分必须从哈佛教授的课中拿到（要知道，即使是哈佛正式的学生，也并非所有课都是哈佛教授上）。当然这只是最低要求。实际上绝大部分人上哈佛教授的课的比例要高得多。这些给附校上课的教授，许多是大牌学术明星，包括诺贝尔奖得主。许多课程和哈佛本科生的课程完全一致。所以，上附校给人的感觉，还是接受了哈佛的教育。

不过，这种哈佛教育，比正式的哈佛教育费用低许多。哈佛本科一门课的标价是4000美元。附校一门课的价格仅为550美元，只有1/7多一点，比上一个州立大学还便宜许多。

这种附校在高中应届生中流行，绝不仅限于哈佛，而是一个全国的现象。比如在圣路易斯的华盛顿大学，其附校在最近5年人数增长了3倍。就读的大多数是25岁以下全日制的学生。在马里兰大学的继续教育学院，25岁以下攻读学士学位的学生从1997年的1400人增加到2004年的4200人，也是3倍的扩张。菲尼克斯大学是美国最大的营利大学，在全美有176个校园，16万学生。原来该校针对的是有工作的成年人，只收22岁以上的学生，如今18～22岁的学生则占其学生总数的10%。

美国高中毕业生为什么开始把业余学校当正式的大学上？其中的一个原因是近年来学费大幅度上涨，而联邦政府提供的奖学金未能随着学费而提高。特别是一些中产阶级家庭，收入水平太高，没有资格获得充足的奖学金。比如一位叫简纳妮·玛格丽特·努斯（Jenanne Margerat Nurse）的女生，高中时本是一个优等生，但根本没有申请哈佛。她是12个兄弟姐妹中的一个，家里的收入对申请奖学金来说太高，但对支持12个孩子读正常的大学来说又太低。结果她就到哈佛附校就读。由于附校主要是晚间和周末上课，许多低收入的学生打工就比较方便。当然，还有许多学生，上哈佛附校完全是冲着哈佛的教育来的。

哈佛附校的课程要求和哈佛本校差不多。不过学生毕竟有些区别。哈佛的正式本科生，都是经过激烈竞争进来的，年龄整齐，在学术素质上也精致许多。附校的学生各种年龄的都有，许多人有工作，许多人已经结婚有了孩子，学术素质也不整齐。不过，学生丰富的生活经验，使一些教授觉得教附校的学生别有趣味。教高级小说写作的格雷格·哈里斯（Greg Harris）说，他开始教附校的学生时用了非常学术化的方法，但学生的反应是：先把那些理论的东西放在一边，请直接对我的写作发表评论。

附校生和正式本科生最大的区别就在于不住校。寄宿制是美国精英大学的精髓。住校给本科生们创造了一个小天地，大家一起组织各种活动，互相分享成长的经验。所以许多常青藤的毕业生会告诉你，他们在住校的环境中课外学到的东西远比在课堂中学到的东西多。住校也使这些未来的精英彼此之间形成牢固的人际网络，为他们日后的成功奠定基础。附校的学生没有这样的条件。特别是许多学生有家，上完课就走，年轻的单身学生就没有社交的机会。另外，刚刚从高中毕业的学生自律性较差，不住校，缺乏人督促，容易“放羊”。也正是如此，一些教育界人士认为以继续教育为目的的附校招收高中应届生应该慎重。

附校的文凭顶多大用呢？一个给波士顿律师事务所招募人才的专家盖尔·卡普兰（Gail Kaplan）说：“如果我把一个附校的毕业生送到波士顿的一家律师事务所，人家不会把他或她当哈佛本科毕业生对待。但是，如果我把哈佛附校毕业生送到圣路易斯或加州，人们很少能注意到附校生与哈佛正式学生的不同。”

我在过去的文章中已经指出，目前美国经历着重大的社会转型。求学期和工作期的界线越来越模糊。上大学的正常年龄正从18～22岁过渡到18～30岁。不仅学生年龄增大，半工半读的学生人数也日益增加。附校渐渐走红，也多少反映了这样的趋势。附校的教育，不仅适应了社会多种的要求，而且为一些低收入阶层创造了良好的受教育机会。目前中国的高等教育越来越市场化。许多大学有意图利用自己的牌子，办一个二级学院之类的学校作为生财之道。我们从上述例子可以看出，在教育最市场化的美国，像哈佛这样的私立学校，办附校也是本着服务社会的精神，不仅收费非常低廉，而且教学十分认真。即使是诺贝尔奖得主的课，一学期也不过550美元，这在波士顿勉强够半个月的房租。要在我们这里，恐怕会在体育馆卖票，成为一大商业演出。我们的大学，基本上是国家投资，靠纳税人的钱养活，社会责任自然更大，应该对弱势阶层提供更多的服务。然而“建设世界一流大学”的运动发展到今天，还很少听说北大、清华的名教授给民工讲课，这实在是中国大学之耻。

哈佛学生选什么专业

> 大学的教育，只能在非常宽泛模糊的领域，给学生提供一些基本的训练。比如，你要从事实际工作，应该具备什么素质；你要从事科学领域的工作，应该有什么样的训练；你要投身公共服务，应该具有哪些知识；你要进入私人企业，应该掌握什么技能。有时，即使是这样粗线条的划分也不可能。比如学生很可能弃商从政，也可能半路下海，或者赚够了钱要做学问了。成功的教育，要为所有这些变化作准备，不能让学生说：这事情我大学没有学过，干不好。

我最近不停地强调通才教育，劝告大学生抛开管理、法律类的“扯淡专业”，回归文史和科学（这后一项在行文中有疏漏）等基本学科。理由是，大学教育在于提高人的综合素质，而不是仅仅学一门手艺。特别是一流大学更是如此。学得越专、越实际，反而越无法适应实际工作。对这一点，我们的学生大学、和用人单位都还没有充分认识到。

最近我朋友的女儿在哈佛毕业，我们去她的学院 Cabot House 参加毕业典礼。今年该学院有 96 位本科毕业生。发证书时院长对每人有个简短的介绍。我利用这个机会记录了一下他们的专业。因为人声鼎沸，有两个学生的专业漏掉，一个学生的专业没有被提起。我一共记录了 93 人，多少能反映一些这里的学生的专业偏好。

首先声明，最近媒体反复强调，现在的大学生越来越实际，受教育的目的是毕业赚钱，或者说在生存竞争中获胜，而不是探求人生，寻找真理，改造世界。这一倾向，在哈佛这样的精英大学中也很强。不过，学生想实际，大学却不这么教育。比如管理类、法律类的专业根本就没有。希望从事这些实际工作的学生，也只好在接近的领域找个抽象些的科目，为毕业后的专业发展打下基础。

在这 93 位毕业生中，经济学是第一热门专业，共有 23 人（包括把经济学当成双专业之一的学生）。接下来是政府专业和生物类专业（包括生物、生物化学、神经生物学等）。这两个（或两类）专业各有 12 人。科学类（数学、物理、化学等）相加，有 11 人。另外心理学专业有 6 人，历史专业有 6 人，社会研究专业也有 6 人。剩下的基本属于小专业。比如有一个古典专业，两个文学专业，一个艺术与建筑史，两个英语专业，几个人类学专业，一个拉丁美洲研究专业，另外一个物理专业的华裔，兼修古汉语专业。

这 90 多位毕业生介绍下来，我几乎没有听到过什么实用的专业。最实际的专业，也许是应用数学。不过写着是“应用”，实际怕是很抽象。另一个是计算机科学。不过修此专业的学生还兼修一个物理学。

除了介绍毕业生的专业，院长有时还讲几句毕业生的事业前景。许多是以半开玩笑的口气说的，不可太认真。不过，从中多多少少也能感觉出来学生学的和他们想干的事业有什么关系。

比如，不少经济学专业的，恐怕以后想去华尔街，或上商学院。当然，有一个被耶鲁法学院录取了，未必会做生意。另外一个则立志当母亲，也就是家庭主妇。想当医生的，大多学了生物类的专业。不过，有一个生物专业的学生，毕业后的工作是风险投资。而且根据统计数字，要上哈佛医学院，选科学专业的和选文科专业的机会一样多。人家看的，不是你学什么专业，而是你是个什么素质的人。另外，想投身于公共事物的，不少选了社会研究和政府专业。所谓社会研究，其实是历史和政府专业的杂交，说不清毕业干什么好。而那个学艺术及建筑史的，毕业去向已定：加盟谷歌（Google），大概玩儿起高科技了吧。更多的学生，还没有想好干什么，或者只有一个非常模糊的方向。

整个听下来基本的印象是：大部分学生还没有选定他们的人生道路。他们需要工作几年，有些实践经验，然后想明白自己未来要干什么。这和我与耶鲁的学生接触后所获得的印象大同小异。另外，文科教育，占了压倒优势。大概理工科教育太专，太枯燥了吧。

以中国的标准看，这样的大学教育一定是太“水”了。杨振宁教授一定会说：哈佛的学生比不上清华。看他们有几个敢选清华的课?!

我们即使放开所谓人文理想的高调，从最实际的角度也不得不承认：这样专业“模糊”抽象的大学教育，给学生的人生提供了最实际的准备。第一，大部分学生毕业时还没有想好干什么。另有些人还不知道自己有什么机会，最适合干什么。他们的人生，只有一个模模糊糊的方向。第二，即使那些明确知道自己干什么的学生，也无法确定自己喜欢的行业在未来有什么变化。有的行业可能会衰落；有的则可能改变传统操作方式，使原来喜欢并且适合这个专业的人变得不喜欢也不适应了。大学的教育，只能在非常宽泛模糊的领域，给学生提供一些基本的训练。比如，你要从事实际工作，应该具备什么素质；你要从事科学领域的工作，应该有什么样的训练；你要投身公共服务，应该具有哪些知识；你要进入私人企业，应该掌握什么技能。有时，即使是这样粗线条的划分也不可能。比如学生很可能弃商从政，也可能半路下海，或者赚够了钱要做学问了。成功的教育，要为所有这些变化做准备，不能让学生说：这事情我大学没有学过，干不好。

我对北大、清华、复旦等国内一流大学的建议是：第一，要在大学一、二年级设立以文史、科学和外语为主的“核心课程”，使学生有个完整的知识基盘；第二，精简大学的专业，只设立一些基本课程，如文学、历史、经济、物理、数学，等等。专业训练要变成基础学科的训练，而不是一个手艺作坊。国内一流大学把培养未来社会的领袖作为自己使命并没有错，目前的高考不管多么狭隘，这些大学挑选的人才在总体上还是高水平的。问题是：越是高层次的人才，事业的跨度越大，涉猎的领域越多，学术上的准备越需要宽。我们嚷嚷建设世界一流大学已经这么多年了，这些世界一流大学的基础，还是本科教育，并不是有些人津津乐道的博士课程。国内顶尖大学最好不要光忙着盖楼要钱上项目，而是要审核和改革一下本科生的课程设置。这对于广大学生而言，才是最实际的事情。

在哈佛必须学什么

> 核心课程改革有四大目标：一、培养全球性的公民；二、发展学生适应变化的能力；三、使学生理解生活的道德面向；四，让学生意识到他们既是文化传统的产品，又是创造这一传统的参与者。
>
> 这四大目标，则以核心课程的方式显示出来。所谓核心课程，是所有本科生都必须修的基础课，也就是通才教育的主干。哈佛把这些核心课程分为七大领域：文化传统与变迁，道德生活，美国，世界中的（各种）社会，理性与信仰，生命科学，自然科学。同时，所有本科生还必须修一门写作课并掌握一门外语。

哈佛的前校长萨默斯，从上任到离任一直不停地告诫哈佛不要自满自足，必须锐意改革，否则就要落伍。美国高等教育界也普遍有强烈的居安思危意识，感到目前大学的教程陈旧，无法适合全球化时代的需要，必须尽快改革。萨默斯在任上，把改革核心课程当成一项重大使命；但他很快卷入各种争议之中，最后被教授们逼下了台，核心课程的改革也不了了之。然而，就在萨默斯下台后的三个月时间里，由六位教授和两位本科生联合起草的核心课程改革方案迅速出笼。而这一方案比起萨默斯任上提出的方案来，则大胆得多，顿时成为美国高等教育的热点。这个方案最令人瞩目的，是使哈佛成为常青藤中唯一一个把宗教和美国史作为本科生必修课的学校。具体而言，这一核心课程改革有四大目标：一、培养全球性的公民；二、发展学生适应变化的能力；三、使学生理解生活的道德面向；四、让学生意识到他们既是文化传统的产品，又是创造这一传统的参与者。

这四大目标，则以核心课程的方式显示出来。所谓核心课程，是所有本科生都必须修的基础课，也就是通才教育的主干。哈佛把这些核心课程分为七大领域：文化传统与变迁，道德生活，美国，世界中的（各种）社会，理性与信仰，生命科学，自然科学。同时，所有本科生还必须修一门写作课并掌握一门外语。

与现有的核心课程相比，这一新核心课程给学生提供了更广泛的知识领域，而淡化在某一具体题目上的深度。换句话说，就是求广不求深。这里的一个重要理由是，大学要为学生面对现实生活作实际的准备，而不仅仅是提供专业知识。根据统计，哈佛只有4%的新生把当大学教授当作自己的事业目标，只有5%的毕业班学生准备读文理学院的博士。哈佛显然不是为培养学究而存在的。

这个方案中最可注意的是两项：宗教与美国历史。方案的起草人，英国文学教授Louis Menand指出："宗教将在这个世界上扮演重要的角色。这是三四十年前我们预料不到的。"据统计，94%的哈佛新生讨论宗教问题，71%参与宗教仪式。于是，理性和信仰就顺理成章地成了学生必修的领域。学生无论是修"为什么美国人热爱上帝而欧洲人不热爱"，还是修"达尔文讨论班：进化论和宗教"，都能满足这一要求。同时，美国史也被大力强调。诚如Menand所说，时代不同，世界不一样了，但基本的理念并没有变。核心课程就是要向学生传授美国的基本价值。

这一改革方案能否实行，还必须看在教授会议上是否能被投票通过。在投票之前，通过广泛征求意见进行修改的可能性也相当大。不过，从这个方案，我们还是能够看出美国高等教育的几个动向，值得中国的高等教育界注意。

第一，随着科技的发达，大学教育不是变得越来越专，而是越来越博。教育的核心不在于让学生掌握什么具体的深度知识，而是让他们具有适应变化的能力。

第二，向学生传授道德和价值观念，是教育的核心内容。在七大核心领域中，理性与信仰，道德生活都是直接讨论价值观念的。文化传统与变迁等领域，也与此相关。美国大学中的知识分子很清楚地意识到，任何社会都需要一种核心的价值系统和道德规范作为粘合剂。

第三，我一向强调大学要尊文史。哈佛的教改方案也证明了这一点。核心的七大领域，只有两个是科学范围的，其他都可归于文史类。可见文史是大学教育的核心。在人家看来，学生面临的最大挑战，是如何变成一个良好的公民，而不是成为一个什么专家，掌握什么具体的谋生技能。这也是大学和社会对学生的最大责任。这种责任，必须通过文史类教育才能完成。

相比之下，中国的大学，特别是一流大学，课程过于实用化。名校纷纷设立管理学院，吸引最好的学生，形同工匠作坊。教育的目标，是培养市场上走俏的专才，而不是未来社会的领袖。在大学教师和其他知识分子中，非道德化的倾向十分严重，甚至许多人干脆把道德看成是对人性的压抑，不懂得道德是一个人对他人的基本责任。这样的教育，很难培养未来良好的公民。我们一天到晚喊着建设世界一流大学，但是，几乎没有人讨论大学的核心使命：基础课程的设置。现在，是把我们的精力转移到具体的教学内容上来的时候了。

管理泡沫：MBA 的社会史

MBA 的训练，从人际沟通的“软”技巧到专业科技的“硬”知识都有些两头不靠岸。经过改革，MBA 还会在新时代发挥其作用。但是，管理万能的神话已经无法维持。用中国人的老观念说，人要学点真本事，不要老“玩虚的”。在管理普及的时代，学管理的人，要多想想自己还有什么别人没有的东西。

MBA（企业管理硕士）现在在中国依然热得烫手，但西方发达社会却开始面临 MBA 泡沫的危机。

据《金融时报》报道，最近几年，在美国申请 MBA 的人数直线下降。这首先和人口因素有关。在 20 世纪 90 年代末期，美国二十四五岁的人口有 2400 万，如今已经跌到 1900 万。而这个年龄层的人，是 MBA 的主要生源。不过，更重要的是，越来越多野心勃勃的年轻人，对是否要投资 10 万美元左右、拿出一生中 20 个月的时间、在顶尖的商学院拿一个 MBA 学位产生了疑惑。越来越多的老板，对 MBA 学生的实际能力也缺乏信心。MBA 的价值，正在面临着全面的挑战。

了解 MBA 的危机，就必须了解其历史，了解 MBA 为什么一度热得烫手。简单地说，MBA 是个“管理时代”进身的敲门砖。当前 MBA 面临的危机，多少可以归结为以美国为代表的西方社会正在从“管理时代”向“创造时代”转型。

美国于 19 世纪末期崛起为世界第一工业大国，企业界的领袖常常是卡内基这样从十几岁就开始打工的实干家。大学的教育不仅不培养企业领袖，反而不时在商业界被耻笑。“二战”期间，大企业受益于大量的战时政府订单，急剧扩张。1939 年，13% 的美国劳工在有一万雇员以上的大企业就职；到了 1944 年，这个比例就变成了 30%，为美国战后大企业主导的工业结构确定了基本格局。1956 年，米尔斯（Wright Mills）在其名著《权力精英》中观察到：过去的企业，不论是劳工还是客户，都是以企业所在的地域为基础；如今拥有全国市场的大企业开始成为主导。过去的企业，被业主阶层控制，企业的拥有者管理着自己的家产；

如今企业整合扩张，早已突破了家族规模，其运营的复杂程度也远非一个夫妻店可比。因此，一个人不再仅仅因为继承遗产而成为自家企业的总裁。只有那些能够驾驭庞大的企业、不断创造利润的人，才能领导企业。这样渐渐形成了一个职业管理阶层。

20 世纪 50 年代以后，管理阶层的变化更大。在 20 世纪 50 年代，所谓公司白领，一般都是一生与自己服务的公司相始终。他们包括会计师、推销员、工程师，等等。因为一生不跳槽，不换职业，他们都是定型的人才。但是，到了 20 世纪 70 年代以后，企业更新换代频繁，人才流动迅速。那些掌握高超的经营技巧、能够在任何行业都“玩得转”的职业管理人才，就开始走红。管理精英集团由此诞生。

这一管理时代的来临，自然呼唤训练有素的领袖。MBA 则成为进入这一管理阶层的“会员证”。1955 年，美国产生了 3000 个 MBA。到了 20 世纪 90 年代末期，每年拿 MBA 的人达到 10 万人之多。20 世纪 50 年代，被美国的高级商学院协会（Association to Advance Collegiate Schools of Business）承认的 MBA 课程（能够授予 MBA 的学校）大致不到 100 个；1990 年这个数字上升到 259 个；如今则多达 500 多个，其中包括 75 个国外的商学院。“管理万能”成了 MBA 的神话。布什成为第一个拿了 MBA 的美国总统，乃至人们一度相信白宫可以“经营”而不是治理，联邦政府可以变成个董事会，甚至教皇也被称为“企业总裁”。记得 1995 年，笔者刚刚到美国，住在非常便宜的房子里。邻居是一个同样省吃俭用的中国女孩，正在读耶鲁商学院。一天她突然惊喜得不能自制：她在毕业前夜，拿到一个十几万美元年薪的工作。当时笔者的一位在公司供职多年的亲戚听了后连连摇头：现在大家对 MBA 迷信到了疯狂的程度。这些大学刚刚毕业的女孩子，没有工作经验，没有见过世面，出来就是十几万的起薪。她们真那么管用吗？

果然，到了 2001 年，一些顶尖学校的 MBA 也找不到工作。记得那年作为毕业送别，笔者请一位朋友到中餐馆吃饭。她把她刚刚从耶鲁毕业的 MBA 男友也带来。饭局结束，这位“崭新”的 MBA 顺手摸起一个幸运饼干，打开看里面字条对自己命运的预测。想不到，这种一般只会拣好话说的条子上竟写着：“抱着最好的期望，做好最坏的准备。”他看罢一脸阴沉，大家不欢而散。原来，毕业了已经有一个多月，他的工作还没有影子。

这还不算完。紧接着而来的，是“安然”在丑闻中倒闭，引起华尔街的金融大地震。一大群 MBA，包括哈佛商学院的 MBA、“安然”前总裁斯基林（Jeffrey

Skilling)，被送上了公众的审判台，成为过街老鼠。

那些管理学院都在干什么？它们没有教给学生有用的技能，更没有帮助学生建立正确的价值观念和道德标准。人们纷纷兴师问罪。在公众的质疑之下，MBA开始了改革。哈佛商学院要求学生在传统的课程之外，必须修一门“领袖、管理与责任”的企业伦理课程。耶鲁商学院则在“安然”丑闻之前，就打起“在社会责任感中做生意”的大旗，注重“社会经营”而非狭隘的企业经营，鼓励学生服务于非营利机构。事实上，一些企业总裁也越来越注重经营一个更好的社会而非仅仅是管理更好的企业。比如安德森（Ray Anderson），美国最大的地毯公司 Interface，Inc. 的总裁，在读了《商业生态学》一书后成为环保主义者。他领导的公司投资 2500 万美元进行废物回收和利用，而且帮助其他公司做同样的事情。Rocky Mountain Institute 则进行节能车的开发，把自己的知识产权免费送给任何希望利用自己的技术的汽车制造商。更不用说许多企业大力支持社会公益，许多 MBA 致力于非营利组织的社会服务事业。

然而，MBA 毕竟不是一个道德学位。道德是要从小培养的。家庭、社区、中小学乃至大学教育是培养一个人的道德品性的关键。商学院应该指导学生理解企业行为的社会后果。但其面临的最大的挑战，还是如何传授企业所需要的技能。

在这方面，MBA 的危机实际上是企业和大学传统上价值冲突的再现。在 19 世纪末，美国的经济开始领先于世，高等教育界也野心勃勃地要建造“世界一流大学”。“实干家”（practical man）与“无用的书”（useless books）之间的对立日益突出。当时美国的大学，集中于希腊、拉丁的古典教育，目标是培养上流社会的品位和德行。但在实际生活中，工业化、城市化突飞猛进，需求大学里不教的实用技能。新兴产业给年轻人提供了绕开哈佛、耶鲁的进身之阶，美国版的“读书无用论”大为盛行，大学开始招不上人来。1889 年，一个银行家公开宣布，他绝不录用任何大学生。这颇令人想起最近国内用人单位拒绝考虑北大、清华毕业生的事件。不过最著名的，还是工业家卡内基对大学的抨击：“大学生学了一点在遥远的过去发生的野蛮和琐碎的争吵，或者试图掌握一些已经死去的语言。他们的知识仿佛是用来适应另外一个星球上的生活，而不是这个星球的实业。未来的工业领袖应该得到良好的学校教育，学到对他们未来成功必须的知识。”

卡内基并非宣扬“读书无用”。相反，他认为大学教育至关重要，并大力捐助教育事业。他抨击的是当时脱离现实的大学。美国的大学，在这样的挑战下闻风而动，迅速改革，逐渐赢得了企业界的信赖。

“二战”后，MBA课程纷纷上马。企业对大学不仅信赖而且依赖。但是，大学的逻辑毕竟不同于企业。一旦大学赢得了社会的尊重、站住脚跟，就开始照自己的规矩走。比如，在商学院教书的教授们，并不一定有经营的经验。他们提升、成名，靠的是自己的著作，不是靠管理业绩。他们和自己大学中其他系的教授更为接近，很难与外面那些企业总裁互称同事。也正是因为如此，他们的学术兴趣压倒了对应用技能的关注，使MBA的教育过于理论化。一些批评者说，许多商学院衡量自己不是看培养的学生的质量和对企业管理的真正贡献，而是看论文发表的数目。

但是，许多人同时指出，理论性、研究性的MBA教育，已经彻底转化了美国的企业管理。没有这样的教育，如今的华尔街就不可能照常运行。事实上，美国现在的商学院系统，是在1959年福特和卡内基基金会的两个划时代的报告的刺激下诞生的。那两个报告，对于当时训练企业管理阶层的所谓“贸易学校”系统的质量提出严重的质疑。那些学校的教育，很少以研究作为基础，没有理论，完全靠经验，这些学校等于是让大家集中当学徒，小的向老的讨教，陈陈相因，适应不了瞬息万变的管理时代的要求。如今科技和产业更新日新月异，回到“贸易学校”的经验教育时代，放弃理论研究，无疑将使MBA的训练更缺乏前瞻性。事实上，许多雇主反映：现在的MBA学生有良好的分析能力，这反映了MBA教育的优势。但问题是，仅仅有这样的经营分析能力，已经无法应付现代企业的运行。MBA需要自我革新。

现在的MBA所缺乏的技能，主要集中在两个方面。第一，领导一个团队的沟通、人际交往和励志技巧；第二，对具体的专业科技的掌握。

这两项技能，过去对于一个MBA来说无关紧要，现在则成为成功之必须。这里的缘由，在于美国社会已经从“管理时代”转化为“创造时代”。

所谓“管理时代”，建筑于企业庞大的规模和复杂的运营上。上万甚至几万的员工，众多的部门、瞬息万变的市场、产品不停地更新换代，再加上企业之间的兼并、海外的竞争、资金的流动等，对管理提出了严峻的挑战。那时并不是说不“创造”，但就大多数员工而言，工作是按部就班的。职工一辈子常常为一个企止效力。管理、设计（包括技术开发）和生产部门是分开的。管理者和被管理者的界线一清二楚。

但20世纪90年代以来，经济和社会都发生了实质性的变化，进入了“创造时代”。这个时代的一大特性，就是所谓“创造阶层”（Creative class）的产生。据地域经济学家理查德·佛罗里达（Richard Florida）的研究，这个阶层人数高达 3800 万人，占美国劳动人口的 30% 以上。社会学家保罗·雷（Paul Ray）和心理学家安德森（Sherry Ruth Anderson）的研究则称，自 1960 年以来，已经有 26% 的美国成年人，即 5000 万人口，改变了他们的世界观，成为“文化原创者”(Cultural creative)。虽然这两项研究标准不同，界定的对象却大体是同一群人。这些人的一大特点，是其对企业的独立性。他们受了高水平的教育，充满了创造力，自信自己能够创造自己的职业，而不是在别人创造的职业中就职。大到 Google 的创建者，小到一般的教师、医生、律师、设计师、工程师，都属于这个阶层。他们不会被一个企业终身雇用，流动性非常大，到处寻找适合自己的生活方式的地区安家，在能够发挥自己创造力的单位就职。他们还特别强调工作中的“卷入”和“亲验”，即自己提出创意，自己操作实施，使这个创意最终实现为具体的产品，对生活产生影响。他们要自始至终地亲身卷入一个理念变成现实的过程。

这样的人，很难用管理者或被管理者来界定。他们肯定不甘于被人管理，而要做一个创造世界的人。这样的人一旦充斥于现代企业，就对管理阶层提出了挑战，因为他们不是传统的劳动大军，不会等着被你管理。你不能制定一个规矩，就指望他们会跟着走。这些人掌握的技能，足以使他们有独立创业的能力，不断面临着许多新选择。他们和企业的合作，很可能是建立在短期的战略伙伴关系之上。因此，和他们每个人打交道，都是一种个人外交，需要高超的人际沟通的技巧。在这种高度个性化的企业环境中，不仅仅是经营管理知识，文化趣味、价值取向、道德品性、对人性的洞察等等，都成了企业领袖之必须。传统的 MBA 一时难以适应。

另一方面，科技的高速发展，使专业知识变得格外重要。一般的 MBA，没有相应的专业训练，就变成了看似无所不能、实际上什么也不懂的万能膏药。比如经营一个高科技产业，有生意眼的科学家和工程师就比 MBA 更为胜任。你很难说创建 Google 的人不懂管理。但一个 MBA 创造不出 Google。另外，如现在越来越庞大的医疗产业，需要大量管理人才。但是，教一个医生学会管理，比教一个 MBA 精通医术要容易得多。所以大家也就不雇 MBA 了。

更糟的是，MBA 成为自己所创造的“管理时代”的受害者。在这种“管理时代”生存，不论干什么，都得有些管理才能。不久前一个外科医生在《纽约客》上抱怨，自己这个行当在经济上的成败，往往不是取决自己的手术做得多么漂亮，而是取决于经营。比如，一周做那么多手术，你必须事先知道病人有没有医疗保险、有什么样的医疗保险。如果手术费用的单子有 30% 被保险公司拒付，你就赔了。如果这个百分比降到 15% 以下，你就开始赚钱。所以，一个医生就是自己诊所的半个 CEO、半个律师（知道如何防止和对付医疗诉讼）。有这些经验，再学本专业的管理技巧，比 MBA 的优势就更大了。

也正是因为如此，一些传统的 MBA 的雇主，开始从法学院、医学院、工学院，甚至传统的文理学院的博士课程中录用人才。与此同时，MBA 的课程也开始改进，大力发展与其他专科合作的联合课程。比如，笔者一位朋友，辛辛苦苦上完医学院，当了几年住院医生，再熬几年，就成了正式医生。但是，他却突然决定重新当学生，就读耶鲁的商学院的管理和医学联合学位。这样的训练，就是为在大医院当院长铺路，要医商兼通。

如今 MBA 还硬的，全美只有哈佛、斯坦福、芝加哥、宾夕法尼亚、哥伦比亚、达特茅斯、耶鲁等前 10 到 20 名顶尖的商学院。跨国公司招募的 MBA，在世界范围内主要也不过集中在 30 个一流商学院之中。根据《金融时报》的调查，美国前 10 所商学院 2001 年的毕业生，在毕业三年后挣的平均年薪接近 15 万美元。在 1999 到 2004 年期间，经济虽然不景气，但这些商学院的 MBA 平均年薪还是上涨了 138%。他们仍然是天之骄子。

但是，全美排名第 50 到 100 的商学院的 MBA，就不那么运气了。他们毕业三年后的平均年薪低于 9 万美元。这虽然是不错的收入，但看看读 MBA 的投资、毕业后留下的债务，就不能简单地说“书中自有黄金屋”了。最糟的是四流的商学院。那里的 MBA，毕业找到个管理的饭碗就算不错了，因为如今蒸蒸日上的网上大学提供的 MBA 毕业证书，都可以和这些四流的 MBA 竞争。一份 2002 年发表的研究甚至认为，没有证据表明 MBA 教育和事业成功有直接关系。

不过，MBA 并非全面看跌。除了那些名校的 MBA 外，亚洲市场对 MBA 需要甚大。大量美国的 MBA 谋求到亚洲就职。据《华尔街日报》报道，在 2005 年 2 月由美国 7 所名校举办的一次招聘会中，7 个亚洲的职位吸引了 337 位申请者，竞争十分激烈。哈佛商学院的“亚洲商业俱乐部”拥有 160 名成员，是该学院规模最大的俱乐部。宾夕法尼亚的 Wharton 商学院，2004 年有 6.3% 的毕业生到亚洲供职，2005 年则预计提高到 7.5%。只可惜，美国学生语言训练不足，到亚洲求职，常常在第一道关上就被语言卡住。这是目前的 MBA 课程没有解决的问题。另外，随着全球化的进展，海外 MBA 吃香，希望到欧洲修 MBA 的美国学生越来越多。以伦敦商学院（London Business Sehool）为例，那里的美国学生，比任何其他国家的学生都多，甚至多过了英国学生。美国的跨国公司要征服世界，就需要这些全球型的 MBA。

MBA 如今走进了“创造时代”。这本身并不意味着 MBA 的出局，而是 MBA 的泡沫的破灭。MBA 的训练，从人际沟通的“软”技巧到专业科技的“硬”知识都有些两头不靠岸。经过改革，MBA 还会在新时代发挥其作用。但是，管理万能的神话已经无法维持。用中国人的老观念说，人要学点真本事，不要老“玩虚的”。在管理普及的时代，学管理的人，要多想想自己还有什么别人没有的东西。

世界一流商学院

《华尔街日报》把雇主对商学院毕业生的素质期望进行排列，结果“沟通与人际关系”的能力最为重要，达到88%（88%的雇主认为这项素质“非常重要”）；合作能力占第二，为87%；个人的道德和品性居第三，为85%；分析和解决问题的能力占第四，为83%；过去受雇时的成就占第五，为74%；适应企业文化的能力为第六，为73%；领袖的潜力居第七，为72%；战略性思维居第八，为67%。

2005年9月21日，《华尔街日报》（*The Wall Street Journal*）一年一度的商学院排名揭晓。这个排名，比起《美国新闻与世界报道》的排名来，似乎不太为国人所知，但在美国商界和教育界影响甚大，颇能反映国际商学院的发展趋势。

众所周知，《华尔街日报》是在企业界影响最大的媒体。其商学院的排名，也是建立在商学院在企业界的影响之上。《美国新闻与世界报道》也有商学院的排名。不过，那个排名，就和其著名的本科大学排名一样，主要是建立在对各校的硬件的调查之上。《华尔街日报》的排名，则更像是“产品验收”。其基本的评定方法是建立在企业界也就是“用人单位”对各商学院毕业生的评价上。比如2005年排名的基础，是该报在2004年12月6日至2005年3月9日期间对3267个雇主进行调查，让后者对4938个商学院进行评价和打分的结果。换句话说，这个排名主要是说明雇人的老板喜欢谁。所以，对那些商学院毕业后要找工作的学生来说，《华尔街日报》的排名要更“实际”一些。另外，《华尔街日报》的排名并非全美排名，而是把各校分成“全国”、“地方”、“国际”三类。其中第二类包括北美，第三类涵盖欧洲，范围都超出美国，是以美国为中心的全球性商学院排名，并且三类中彼此还有所重复，显示了全球化经济对商学院教育评估的影响。

也正因为如此，《华尔街日报》和《美国新闻与世界报道》的商学院排名结果大异其趣。比如，在全国性商学院的排名中，《华尔街日报》的顶尖商学院为达特茅斯（Dartmouth College）、密歇根、卡内基－梅隆大学（Carnegie Mellon University）。这三个学校在《美国新闻与世界报道》上仅排第六、十、十七位。而《美国新闻与世界报道》上前四名的商学院：哈佛、斯坦福、宾夕法尼亚、麻省理工，在《华尔街日报》上分别只排第十四、十五、六、十二位。《华尔街日报》国际商学院的排名，则是以跨国公司招募全球化人才时的评价为准。结果瑞士的管理发展国际学院（International Institute for Management and Development，简写 IMD）排名第一，西班牙的 ESADE（Escuela Superior de Administracion y Direccion de Empresas）排名第二，美国的卡内基－梅隆大学排名第三，墨西哥的 IPADE（The Instituto Panamericano de Ita Direccion de Empresa）排名第四，素有盛名的伦敦大学（伦敦商学院）排名第五。美国的商学院教育，在培养全球化企业人才中并非处于垄断地位。

这样的结果，鲜明地反映了雇主的用人标准。《华尔街日报》把雇主对商学院毕业生的素质期望进行排列，结果“沟通与人际关系”的能力最为重要，达到 88%（88%的雇主认为这项素质“非常重要”）；合作能力占第二，为 87%；个人的道德和品性居第三，为 85%；分析和解决问题的能力占第四，为 83%；过去受雇时的成就占第五，为 74%；适应企业文化的能力为第六，为 73%；领袖的潜力居第七，为 72%；战略性思维居第八，为 67%。

可见，最重要的素质，是与人打交道的能力和道德水准。我们传统上推崇的那种纯技术性的“个人能力”只居其次。也难怪，排在前面的学校，基本都是小学校。因为小学校是个面对面的小社区，师生、同学之间的关系密切，容易培养沟通能力和合作精神。当然，学生道德标准高，为人谦和，也是老板喜欢的重要原因。

小学校占优，多少体现了 20 世纪 90 年代商学院泡沫破灭后各校在缩小规模上的竞争。现在申请商学院的学生逐年减少，如果商学院不压低录取人数，录取率就上升，学生的竞争性就减低。比如 2005 年排名第三（2004 年排名第二）的卡内基－梅隆大学商学院，毕业生人数从两年前的将近 500 下降到大约 350，2005 年在校的 MBA 全日制学生人数仅 387，业余学生人数为 274。排头名的达特茅斯，MBA 的学生人数仅 503，全为全日制学生。耶鲁商学院排名第五，是另一个为数甚少的只招全日制学生的学校，在学 MBA 学生人数仅 468。这些学校的毕业生少了，学生的身价也高了。雇主们常常苦于找不到自己想要的人。而一些低档学校，放着剩余的师资和设施，舍不得放弃送上门来的学费，结果滥竽充数，排名大跌。比如得克萨斯基督教大学（Texas Christian University）的商学院，在地方商学院的排名中从 2004 年的第六跌至 2005 年的第十八。雇主抱怨，那里的一流学生可以和一流商学院的毕业生竞争，但中下等级的学生素质太差，学校明显选人不精。

对哈佛等具帝国气派的商学院的毕业生，老板们也颇有微词。比如芝加哥的排名，从 2004 年的第五跌到 2005 年的第十三。雇主抱怨其学生量化管理技术非常好，但缺乏一般性经营的经验和能力，华而不实。斯坦福的排名从 2004 年的第十跌到 2005 年的第十五，其学生不愿意随着企业迁居，颇让人头痛。最重要的是，这些学校的学生，学术能力、分析能力很高，但是为人太傲慢，自以为出身名门、有资格，自负过高，一见面就给人一种"你欠着他什么"的感觉。他们能谈的，不过就是自己在哈佛这种名校的经验，让人敬而远之，难以合作。不过，这种不可一世的劲头，也有些现实的基础。许多公司跑到这些学校招兵买马，往往空手而归。原因是那里的学生已经另有高就了。

所谓全国性商学院，一般是大企业招兵买马的地方，绝大多数是私立，而且大部分设在东部。6 个有商学院的常青藤盟校，都进入了顶尖商学院的排名。到这些学校招人的企业，有 25% 愿意支付 10 万美元以上的起薪。可以说，在美国的商学院教育中，这类学校是精英集团，身价最高。

地方性商学院，主要给地方企业提供人才。雇主往往只到一个学校去招聘人才，工资也较低，只有 8% 的雇主愿意出 10 万美元以上的起薪。这样的雇主，更强调合作和人际交流能力、道德品格。一句话，人要老实厚道、靠得住。不过，地方商学院的弱点是过于狭隘，不太能适应未来的全球经济。比如在地方商学院中排名第一的珀杜大学（Purdue University）的克兰纳特（Krannert）商学院，在《华尔街日报》的评比中在"学生的国际经验"这一项上得分非常低。为此，该校准备向中国发展，和浙江大学、清华大学结成伙伴关系，改变自己乡巴佬的形象。排名第二的密歇根州立大学的布罗德（Broad）商学院，有 1/3 的学生从事生产的经营管理，颇有些"车间主任"的味道。这种单一的训练，使学生非常专业化，但常常"只拉车不看路"，环球经验不足。排名第四的雷鸟（Thunderbird）则集中培养国际经营管理人才，在国际性商学院排名中，居第七位. 比麻省理工、哈佛等名校都高。特别是最近创立了特别课程，让阿富汗妇女来接受训练，帮助国家的重建，非常有开创性。可惜在美国的国内人才市场上表现欠佳。许多外国学生的口语表达有问题，影响了他们的事业。

对已经处于全球经济核心的中国来说，最值得注意的，恐怕还是那些国际性商学院。这些学校，主要为跨国公司输送能够适应各种国际环境的人才。所以，国际经验和外语能力就特别重要。排名第一的瑞士的管理发展国际学院，其MBA课程仅一年，但强度极高。学生从早晨8点到下午5点半都在上课，星期六也要上课到中午。学生根本没有工夫欣赏当地的湖光山色。这所设在瑞士的学校，每年只招90个学生，是精英的精英，但只有2%的学生（一到两个）来自瑞士本土。其他学生来自40个国家。这里的每个学生平均能够讲4种语言，几乎所有人都在海外居住或工作过。学生经历丰富，年龄也偏大，平均年龄达31岁。每年都有50家左右的跨国公司到这里求贤。他们普遍盛赞这里的学生成熟、有全球的视野。排名第二的西班牙的ESADE，学生也都是能讲西班牙语和英语。排名第四的伦敦商学院，86%的全日制学生来自英国之外，教授来自23个国家，已经完全是个全球化的大学。相比之下，几个美国名校的商学院，比如麻省理工、哥伦比亚、芝加哥、哈佛、斯坦福在国际性商学院的排名中仅居第八、十三、十六、十七、十八。达特茅斯等则榜上无名。可见能吸引美国大企业的学校，未必有国际感召力。

另外，这次的排名显示了传统的全日制MBA教育的优势。目前除了全日制MBA课程外，有许多非传统的、更为灵活的MBA教育，比如高级经理培训班、半工半读的业余课程及网上课程。但雇主对这些非传统课程普遍表示不满。高级经理培训班，是这三个非传统课程中声誉最好的。因为学生都是高层经营人员，有丰富的实际经验。但问题是，这一课程价格昂贵，是学校的摇钱树。大部分学校不愿意给这些企业领袖打低分，怕得罪了企业，以后人家不来了。这样教学质量和学校的品牌都难以维持。许多学生毕业后可能马上要当CEO了，回学校不过是镀层金，浅尝辄止，不像全日制的学生，每天在课程中泡12～16个小时。所以，有30%的雇主认为高层经理培训班的学生远不如全日制的学生受的训练有效。而34%的雇主，认为半日制的学生明显不如全日制学生，因为那些半工半读的会用心更加不专。至于网上教育，则属于垃圾教育，价值非常有限，有80%的雇主认为其明显低于全日制教育，另有40%的雇主认为其完全无效。因为MBA学生的最主要的素质是与人合作。只有不停地和同学泡、和老师交流，才会懂得如何在工作场所和同事协调。排名第一的达特茅斯，一直坚持单一的全日制MBA教育。该校并非没有打过高级经理培训班的主意。可惜自己所在的地方偏远，如同世外桃源，没有纽约、波士顿的地利之便。但是断了此念，反而使该校教学更加专一。2004年排名第三，2005年第一，也是名副其实。

这一排名的出炉，正好是在MBA教育江河日下之际。2005年美国的全日制MBA的申请人数下降了72%，半日制的申请人数下降了43%，高层经理培训班的申请人数下降了 32%。从雇主对毕业生素质的期待上看，与人相处、道德品性这类“非专业”素质，压倒了理财技术这类“专业”素质。另外一个有趣的插曲是，《华尔街日报》曾有报道，跨国公司在中国招兵买马时，比较冷落那些在美国镀过金的“海龟”，反而更看中那些土生土长的人才。有的老板甚至说，越土越能干，最好找那些连英语也不会说的人。他们认为，那些削尖了脑袋往美国跑的人，对中国社会的理解力太差，不懂得本土对产品的需求。而一些 50 多岁的老知青，经历了种种患难，对社会有深刻的理解。所以，“海龟”挣不过这些地头蛇。这也说明，对 MBA 的教育，不可不相信，也不可太迷信。

哈佛、宾夕法尼亚大学挑战商学院排名

> 教育质量不能以教育者的话为准，必须有第三方的客观意见。同时，教育的消费者，大都是并不太理解教育的人。他们必须有个简单方便的工具，决定如何选校。在这方面大学除了拼命把自己说得天花乱坠外，并不能给教育的消费者提供更可靠的信息。况且，各家排名，角度不一。只要把自己制造排名的方法和标准交代清楚，就对未来的学生有参考价值。

2005 年几家大媒体的国际商学院的排名出炉，一些传统的著名商学院的排名引起了争议。比如大名鼎鼎的哈佛和宾夕法尼亚的商学院，在最有影响的《美国新闻与世界报道》的排名中分列第一和第三，在英国《金融时报》(*Financial Times*)的排名中分列第二和第一，在《福布斯》(*Forbes*)的排名中列第六和第二，是商界公认的最高学府。但在 2005 年《华尔街日报》的排名中，仅分列第十四和第六。《经济学人》旗下的智库 Economist In telligence Unit（EIU）在其 2005 年 10 月公布的排名（以下简称《经济学人》排名）中，因为 2004 年排名第四和第八的哈佛和宾夕法尼亚大学拒绝提供有关材料，把两校从正式排名中拿下来，引起不小震动。

我曾经介绍过，关于大学的排名，一直受到教育界的批评，认为这是那些不懂教育的人在进行商业炒作，误导学生。但是，因为大学招生又是一场有商业色彩的竞争，媒体排名影响相关学校的生源，所以各校对排名又非常注意。商学院的教育最为市场化，排名的种类也最多，比如除了《美国新闻与世界报道》的排名外，《华尔街日报》、《金融时报》、《经济学人》、《福布斯》、《商业周刊》(Business Week)都推出自己的排名，让人眼花缭乱。对此，教育界的态度是既严厉批评，又不具体得罪。也就是说，嘴上声讨，但实际上不管哪家制造排名的媒体来要学校的材料和数据，各大学都投入资金和人力帮助收集，生怕不配合会使自己在排名上受到惩罚，破坏了学校的广告效应，最终影响到生源。

不过，媒体也有自己的声誉问题，不敢随便乱排。特别是排名这么多，哪一

家最有可信度、最权威，就有个竞争问题。哈佛和宾夕法尼亚这两张在商学院教育中最硬的牌子，也就看准了这一点，开始拒绝和媒体合作。媒体也不敢有强硬的反应。《金融时报》、《华尔街日报》、《美国新闻与世界报道》、《商业周刊》等都在没有获得两校合作的情况下，继续将两校列入排名。《经济学人》2004 年就没有获得两校的合作，但照样将它们列入排名。2005 年则在前十名商学院之下，将两校不计名次地列出。

这两个学校表示，由学校出面向学生收集媒体所需要的信息，太昂贵，太费人力，而且有侵犯学生的隐私之嫌。哈佛大学商学院的发言人更进一步指出，这种排名像是选美，对未来的学生只提供了很少有价值的信息。《经济学人》负责排名的人士则反唇相讥："学生来哈佛读商学院，要花 7 万美元。他们当然有权利要求第三方的评估，了解这么多钱花得值不值。"

这场争议，可谓"公说公有理，婆说婆有理"。底下的权力较量，却是最实际的。这两家顶尖商学院，有自己的本钱：不管你是哪家媒体，有如何的声望，排名里没有我，就不成其为排名，没有人会信。但是，小学校要同样这么做，媒体只要把该校从排名中拿掉，该校就从未来的学生的视野中消失，以后再也招不到什么学生了。所以，这场争议，只能是王侯之间的抗衡。

那么，各媒体的排名究竟有多大合理性？为什么哈佛和宾夕法尼亚拒绝提供排名的数据和信息后，各媒体在回应时处理方式不一？这就必须对排名本身有个分析。我虽然在大学教书，按理应该鄙视行外人的商业化炒作，但实际上则一直是排名的爱好者。我认为教育质量不能以教育者的话为准，必须有第三方的客观意见。同时，教育的消费者，大都是并不太理解教育的人。他们必须有个简单方便的工具，决定如何选校。在这方面大学除了拼命把自己说得天花乱坠外，并不能给教育的消费者提供更可靠的信息。况且，各家排名，角度不一。只要把自己制造排名的方法和标准交代清楚，就对未来的学生有参考价值。举个例子，《美国新闻与世界报道》的排名，评价的是学校的综合实力，注重硬件，比如设施、财力、师资，等等。在这个排名中靠前的，大多是财大气粗、师资力量雄厚的学校。《华尔街日报》的排名以雇用商学院毕业生的老板的意见为准。在这个排名上靠前的学校的学生，一般雇主都比较喜欢，在为人谦和、善于与人合作、有良好的伦理标准等方面，得分非常高。哈佛大学的学生太不可一世，自然大家敬而远之，在这个排名中的名次也就下来了。

《经济学人》的排名则另有特点。这个排名主要不是立足于学校的设施和实力，也不侧重雇主的意见，而是以学生的感受为衡量标准。为了制定这个排名，主办者调查了世界各地在最近20年毕业的10万名以上的学生，工作量之大可谓惊人。学生评价商学院，自然和雇主不同。举个简单的例子，雇主喜欢为人谦和、在工资上要求不高、勤勤恳恳的雇员。但花了几万美元上商学院，谁不想多挣点？所以，从学生的角度看，自己毕业后的起薪就是评价学校的最重要的因素。用这把尺子一量，结果就大不一样。在众多的排名中，《华尔街日报》、《金融时报》、《经济学人》的排名都属于国际性排名。在这些排名中，顶尖商学院几乎是美国的学校一手遮天。但《经济学人》2005年的排名与众不同，在前十名中挤进两所欧洲学院。其中第一名还是西班牙纳瓦拉大学（University of Navarre）的商学院，该校在《华尔街日报》的全球排名中仅排第十九。第五名是瑞士的管理发展国际学院。该校在《华尔街日报》的综合排名中也排第五，但在全球排名中列第一。

你说这样的排名违反常识吗？人家手里有硬的标准：毕业生的起薪。纳瓦拉大学毕业生的平均起薪是14万多美元，高过任何美国商学院毕业生的平均起薪。学生能不满意吗？

但是，哈佛商学院刚刚离任的前院长金·克拉克（Kim Clark）指出，这样通过调查毕业生来排名的评价标准不准确，最多是个滞后的评估。因为毕业生并不说明在校生的质量。你怎么能根据哈佛商学院30年前的毕业生来评价现在的哈佛商学院呢？

这话说得貌似有理。但不免有些酸葡萄的感觉。人家采访的是最近20年的毕业生，有20年前的毕业生，也有一两年前的。一个学校的教育质量都有稳定的水准，不可能短时间有本质的改变。更何况，14万多美元的起薪，一看就是这一两年的工资标准，怎么能把人家丑化为考古性评估呢？也难怪有些人说，像哈佛、宾夕法尼亚这样的顶尖商学院，一看自己不排在第一第二，就觉得上排名不值，所以会拒绝合作。

这样的学校拒绝合作，对别的排名影响不很致命。比如《华尔街日报》调查雇主意见，并不依靠学校的合作。但是，《经济学人》调查学生，需要学生的通信信息。学校不给，事情就难办了。看来名牌大学与媒体的斗法，还有的好瞧。要么媒体另外发现渠道找到资料，维持自己的信誉，要么名校谋求妥协，否则完整的排名怕是不容易维持。更重要的是，自从20世纪90年代斯坦福大学校长发表给《美国新闻与世界报道》的编辑的公开信、抨击大学排名后，各大学对媒体的大学排名的攻击一直是雷声大雨点小，嘴上骂、底下配合。如今，哈佛和宾夕法尼亚在商学院这一项上给媒体的排名戳了一个洞。以后是否有更多的名校效法？这种抵抗，会不会蔓延到大学本科这种影响更大的排名上来？大戏似乎还在后面呢。

看看哈佛商学院的6个亿

我们的大学，拿到钱常常用来盖大楼。也不算算一栋大楼是多少学子的奖学金。学校算得很明白：学生来来去去，最终不是学校的资产。大楼是要永远留在那里的。更有甚者，对学生乱收费。学生还没有毕业，就觉得自己被剥了一层皮。你能指望这样的学生成功后会回来孝敬学校吗？而看看人家，各个名校，永远把学生看做自己最宝贵的资产。也只有这样的大学，才是真正的一流大学。

最近哈佛校园被校长萨默斯的辞职闹得不得安宁。但是，哈佛商学院却志得意满。根据2006年2月6日公布的数据，该院2003年正式发动了一场声势浩大的募捐运动，目标是募集5亿美元。如今成果出来，大大超过了原来的目标，达到6亿美元。这是世界商学院中所募集到的最大的金额。

哈佛有钱，这并不是什么新闻。若仅凭一个钱字，也不值得我们在这里费笔墨。但是，这笔钱背后的理念，却值得我们在自己的教育改革中深思。

我一直批评北大、清华这种名校展开的“建设世界一流大学”的运动。这并不是因为操办者口口声声要模仿美国模式，而是他们在模仿时偷工减料，放弃最关键的环节，学最皮毛的东西。像哈佛、耶鲁这种世界一流大学，和我们最大的不同是什么？人家是私立，是自己在市场中竞争出来的，我们则是在吃皇粮，而且越是学人家，就皇粮吃得越多。再看美国顶尖的大学，基本全是私立。其中绝无仅有的几所州立大学，如密歇根大学等，也越来越依靠民间的财源而非州政府的经费。乃至有人说现在的名牌州立大学也开始私立化。

那么，一流的私立大学怎么经营？人家不是靠办班、收学费过日子。要知道，这些私立大学学费虽然高得吓人，奖学金也高得出奇，特别是对穷孩子，不仅免掉学费，而且给生活费，花钱请人家来读书。美国精英教育的一个基本理念，就是让每一个才能卓著的孩子有机会接受一流的教育，绝不能让经济条件挡住堵住他们的路。这样的理念，不仅是在这些名牌大学，就是在一些私立的“贵族”高中、小学，也得到贯彻。所以，如果你把一个名校收的学费和给出去的奖学金相抵，学校就剩不下几个钱了。要单靠学费，我敢说美国所有的名牌大学都会迅速破产。

不领皇粮，又不靠学费，学校靠什么吃饭？靠捐助！名校都有一笔巨额的捐赠基金，这是学校实力的基础。那么谁来捐呢？过去的毕业生，即校友，便是一大主力。为什么校友们会这么慷慨？主要有两个原因：第一，校友们事业成功，挣了大钱，有实力捐款。第二，这些校友当年在学校读书时，度过了一生最美好的时光，对校园流连忘返，对学校感恩戴德，以后成功，就像孝敬父母一样孝敬自己的学校。

按这个逻辑一看，你就明白美国的一流大学彼此在竞争什么了。他们的竞争，实际上是产品的竞争，不是教育硬件的竞争。他们要比的是：谁培养的毕业生日后更成功？谁的教育，给学生的心灵留下了永久的印迹、奠定了他们一生的事业和生活的基础？你到各名校看看就知道，学校对学生，就像家长对自己的孩子一样体贴备至。这样培养出来的学生，以后能没有出息吗？人家有出息后，能不回来“孝敬”学校吗？

商学院不同于一般的本科生学院和研究院，是职业学院，还属于比较依靠学费收入的。而且，美国学生毕业后最认同的是自己读本科的大学，那是唯一的母校、自己受教育的“老家”。日后的职业学院，和自己的关系一般淡得多。可是这次募捐，商学院 22000 多校友，即 1/3 的硕士班前毕业生慷慨解囊。人家要不是在这里度过了一生难忘的时刻，对母校充满感激，能这么掏钱吗？

再看看这 6 亿美元到手后怎么花：

11400 万将花在学生的奖学金上，超过预定的 1 亿的目标；10020 万花在雇用教授上，也超过预定的 1 亿的目标；12530 万用于技术基础设施的建设，超过 12000 万的目标；12750 万用于全球性研究和国际交流，超过预定的 1 亿的目标；校园整修募集了 8570 万，超出 8000 万的目标。另有 6000 多万的机动基金。给学生的奖学金，占了总金额的将近 1/5。

按我们一般的看法，所谓私立学校，就是从学生身上赚钱。错了。人家一流的私立学校，是向学生身上投资！一个一流大学，就是一个超级的人才投资组织，能够通过这种投资，把一个一文不名的人造就成百万富翁。所以，当你看到美国各大名校争夺优异的穷学生时，就不会奇怪了。

北大、清华这些中国的一流大学怎么样呢？它们的钱是国家给的，是纳税人让他们用来培养学生的。我们能否查查他们的账，看看他们是否把 1/5，或者哪怕是 1/10 的经费通过奖学金的形式分到学生手里？我们大学之间的竞争，是否体现在给学生提供的奖学金上？

我们的大学，拿到钱常常用来盖大楼。也不算算一栋大楼是多少学子的奖学金。学校算得很明白：学生来来去去，最终不是学校的资产。大楼是要永远留在那里的。更有甚者，对学生乱收费。学生还没有毕业，就觉得自己被剥了一层皮。你能指望这样的学生成功后会回来孝敬学校吗？而看看人家，各个名校，永远把学生看做自己最宝贵的资产。也只有这样的大学，才是真正的一流大学。

异军突起的耶鲁商学院

SOM 秉承这一精英精神，严格控制规模，每年录取 200 个学生，而哈佛商学院一年要收 900 人。由于人数少，一堂课的平均规模只有 25 人，大课不超过 80 人，小课可以只有 8 个人，同学之间关系密切。学校在这种小巧温馨的气氛中，强调同学之间的合作和团队精神，而不是竞争意识。这也更适合 SOM 所寻求的为社会服务而非为个人利益争斗的教育目标。

如果你在阿富汗的山洞里过了几年，出来后突然听到有人称耶鲁商学院是全美商学院中的“五大名校”之一，你也许会吃惊得从椅子上摔下来。就是在几年前，耶鲁商学院还被视为一个不伦不类、去向不明而只会靠着耶鲁大学这块牌子撑门面的二流学院。如今，在美国商业界和教育界，已没有人可以不正视耶鲁商学院的崛起。

耶鲁商学院（School of Management）简称 SOM，创建于 1976 年，校龄不及有 300 年历史的耶鲁大学的十分之一，在强手如林的美国各大商学院中，也不过是个刚学走路的孩子。作为一个后进要与传统悠久的学校竞争，首先要解决两个问题：一是如何办出特色，而不是简单地在众多的商学院中再加一个；一是如何建立传统，使本校能在同行中形成一股势力。

不幸的是，在开始阶段，这两个问题解决得都不好。为了办出特色，创建者别出心裁，立意要为公共事业和私人企业两方面培养人才。这样，一方面可以与只顾为私营企业培养人才的传统商学院划清界限，另一方面也少一点铜臭气，与一向强调人文学科的耶鲁大学显得更和谐一些。当时的校名是组织与管理学院（School of Organization and Management，这也是 SOM 这一简称的来源。在耶鲁提起商学院，没人会说 Business School，大家只说 SOM），授予的学位是 Master in PubLic and Private Management（简称 MPPM），目的是强调对非营利性机构和公共部门的服务。

然而，这一独树一帜之举实在有些立意太高，不切实际，使 SOM 独特到了怪异的地步。SOM 培养出来的学生到了商界，被视为缺乏必要的商业训练，难以应付激烈无情的市场竞争；到了非营利部门，则被视为铜臭气太浓。在 20 世纪 80 年代，有人干脆把 SOM 戏称为 School of Disorganization and Mismanagement (乱组织胡经营学院)。1994 年，校名中的 Organization 不得不被去掉，成为现在的 School of Management。

特点创不出来，建立传统就更是无米之炊了。传统是靠年头堆出来的，刚刚建立的学校怎么可能有传统呢？但传统对于一个学校的成败又至关重要。传统长的学校毕业生多，校友的捐助就多。更重要的是，校友们在生意场上形成势力和网络后，会提携后进，使日后的毕业生好找工作。几年前，一位在华尔街拿到工作的耶鲁学生对笔者诉苦，说耶鲁在美国政界、司法界权力赫赫，唯独在生意场上关系不多。先不说商学院办得太晚，目前没有什么校友得势，大学本科的相关专业，也只有经济学这么一门，太宽泛，太理论化，不像有些学校有金融、管理等许多具体专业，结果自然影响耶鲁学生在生意场上的运气。总之，学校没有特色和传统，学生打不出去，这么一个弱学院在耶鲁这一精英大学中的合法性就会动摇。1996 年，耶鲁校长 Richard Levin 明确了他的最后通牒："SOM 要么成为一流的学校，要么就不要这样苟延残喘。"

所幸的是，1995 年 Jeffrey E. Garten 成为 SOM 的第 8 任院长，这一任命改变了 SOM 的命运。此公在克林顿政府中曾出任负责国际贸易的商业部副部长，并且是一位在华尔街从事国际投资的银行家。他首先把 SOM 的学位从古怪的 MPPM 改成传统的商学院学位 MBA。他强调："我们是响当当、硬碰硬的商学院，97%的毕业生都要进入商业界。不过我们依旧与众不同。有相当一部分学生，将来会在某个时期服务于公共与非营利机构。我们会为他们向这方面发展提供必要的技能训练。我们要为未来的企业界和社会两方面培养领袖。"换句话说，要先加强基本的商业技能的训练，然后在此基础上发展自己的特点。

本着这一精神，他主持了对课程的全面修整，重点加强会计、市场、金融、战略、管理等几个传统基础课程，同时招兵买马，加强师资力量。几年内，SOM 的师资力量扩大了 42%，实力大增。有 9 位资深教授最近离开哈佛、康奈尔、加州大学洛杉矶分校、Carnegie Mellon 这样的一流商学院而加盟 SOM。后来从哈佛挖来的大名鼎鼎的 Florencio Lopez - de - Silanes 说，他之所以决定离开哈佛拒绝其他名校许诺的教职而来到耶鲁，主要是 SOM 已经是美国商学院中的五大顶尖学校之一，而 SOM 的师资已足以和哈佛与斯坦福抗衡。General George Rogers

Clark 讲座教授 Dick Wittink 在康奈尔干了 17 年后也加盟 SOM，理由是耶鲁的综合优势和 SOM 对研究的重视。

在耶鲁校方的大力支持下，SOM 于 1998 年创建“领袖论坛”（Leaders Forum），把企业界的领袖人物请到校园里来；1999 年再创“国际金融中心”（International Center for Finance），从事环球金融业务的研究，并建立经济与市场的数据库；2001 年又成立了一个有 150 万美元资金的由学生经营的风险投资公司，可以在当地进行投资；同时还成立了一个 Chief Executive Leadership Institute，集思想库和教育中心为一体，使世界企业界领袖可以交流心得。2002 年，世界银行的总裁 Jim Wolfensohn 参与创办了 International Institute for Corporate Governance，隶属于“国际金融中心”。这一机构将与耶鲁法学院和由墨西哥前总统 Zedillo（耶鲁毕业生）领衔的耶鲁“全球化研究中心”合作，研究世界范围内的企业规制（Corporate Governance）。目前，这样的机构只有很少几个商学院才有。

耶鲁位于康州的小城纽黑文，距纽约要开车两个多小时，读文学、历史是个世外桃源，学经营管理，未免离生意场太远，妨碍学生和世界金融中心、企业界领袖的接触。然而有了上述的项目，SOM 一下成了企业界的一个思想中心，企业界领袖出入频繁，使学生眼界大开。然而，Garten 并不满足于此。他首创了 SOM 巡游团（SOM on the Road），亲自带领学生走出校园，利用自己的关系网络，不仅让学生开开眼，同时也把学生推荐给外部世界。1998 年，即他上任的第三年，他带领一小组学生访问华尔街的纽约证券交易所，以向学生展示华尔街的幕后运行。在交易所转了一上午后，他们得以和证券交易所的主席 Richard Grasso 共进午餐。以惜时如金著称的 Grasso 与这些学生聊得过于高兴，以至让一位外国的财政部长等了他半个小时。最后，所有的学生都从 Grasso 那里拿到一份工作。

这一午餐，被视为 SOM 历史上的转折点。没有传统、没有显赫校友提携的 SOM 毕业生，终于引起了企业界的重视。SOM 在美国商学院中的排名也扶摇直上。比如在 2001 年 4 月《华尔街日报》的排名中，SOM 名列第三，竟超过了显赫的哈佛商学院好几位。《华尔街日报》的排名主要体现毕业生雇主的意见，这种“老板意见”可以说与学生的前途最为相关。在 2001 年 Forbes 的排名中，SOM 排第 6 名。Forbes 的排名反映的是受雇者的意见，即那些商学院的毕业生工作以后，对自己上商学院的教育投资回报的评价。《美国新闻与世界报道》的排名则是综合性的，从考试成绩、师资力量、学校声誉到课堂规模等无不算分，牵制因素甚多，因而一般学校进了这个排名后，位置很难大幅度移动。但 SOM 在 1996 年作为第 19 名的学校，2001 年跳到第 12 名，从 2000 年到 2001 年间竟一下子上升 4 位，虽然后来降至第 13 位，但仍是上升的势头最为强劲的商学院。盛名之下，进 SOM 变得越来越难了。1995 年，申请 SOM 硕士学位课程的人只有 1400，32%的申请者被录取；到 2000 年，申请者多达 2446，录取率降至 17%。在同期内，来 SOM 招募雇员的企业增加了 60%。2000 年，21%的 SOM 毕业生就职于咨询公司，39%就职于金融机构，25%投身于 IT 产业，13%进入制造业，2%服务于非营利机构或公共领域。

在传统的商业领域站稳了脚跟。SOM 也进而能够保持和发扬自己的特色。SOM 建校的哲学是不仅要让学生学会做生意，还要教他们如何服务于社会。这一理想在刚起步的小学校会显得大而无当，但如今 SOM 已经是个一流名校，自然有权威在商学院的教育上发出不同的声音。SOM 由于其强调社会公益高于企业赢利的哲学，曾被称为“反商业学院”（Anti－Business School）。但在当今的后安然时代，这种强调企业运营中社会公益的信条正可谓生逢其时。

用管理学与经济学讲座教授 Sharon Oster 的话来说，“社会企业观”或“社会经营观”（Social Entrepreneurship）是 SOM 的立足之本。根据 SOM 的哲学，所谓公共、私营、非营利机构之间的界限是人为的虚假概念，而 SOM 的教育就是要打破这些传统的界限。Garten 院长强调：SOM 的长处是在于训练学生理解“企业经营的人性的一面”，即“如何领导，如何与人打交道，如何组织自己的班子和团队，以及如何评估结果”。一句话，企业的领袖同时也是社会的领袖。因而学生不仅要理解企业，更要理解社会。像 SOM 的 International Institute for Corporate Governance，就是致力于研究企业在社会中的地位与企业运行的基本游戏规则，以及如何规制在发展中国家的投资。为了达到这样的教育目标，SOM 利用耶鲁大学固有的人文学科优势，借花献佛，突出多学科的训练。领导“国际金融中心”的金融与管理讲座教授 WiLLiam Goetzmann 指出，他的中心的成员许多来自耶鲁法学院、经济系、历史系、心理系和人类学系。而上述院系都具有美国超一流的水平。SOM 为鼓励学生利用耶鲁的这些优势，容许学生在 SOM 之外的耶鲁各院系选四分之一的课程，并和耶鲁医学院、法学院、护士学院、神学院、戏剧学院、林学院（包括环境科学）等建立了一系列联合学位课程。比如最近 SOM 的管理与环境联合学位，被 Aspen Institute 和 the World Resource Institute 出版的 Beyond Crey Prinstripes 2001：Preparing MBAs for Social and Environment Stewardship 评为最优秀的课程之一。

这种“社会经营”的理念，使 SOM 把经营意识扩散到一些人们意想不到的领域，站在了开拓经营思想的前沿。比如，最近耶鲁的一位应届毕业生刚接到伦敦的大学学院（University College）艺术史系博士课程的录取通知，但她突然改变计划，明年将到SOM就读，同时不放弃自己艺术史的博士梦。她在读第一年商学院的同时，将继续艺术史博士课程的研究。这位学生的志趣是当一位博物馆馆长。目前的博物馆产业，正急需既有经营管理背景又有艺术史训练的人才。于是她破天荒地在两个大学同时攻读学位。

除了利用耶鲁的人文优势外，SOM还严守耶鲁的另一传统：小而精。在美国精英教育界，有一句老话："耶鲁的教育，哈佛的文凭。"其底蕴是：哈佛规模庞大，名声在外，但教育还是耶鲁的好。由于规模小，师生、同学之间容易接近，有一种社区精神。一些耶鲁师生提起哈佛就耸耸肩说：那里有许多诺贝尔奖得主，但和学生有何关系？你反正永远见不到他们。而在耶鲁，你多了不起也得给本科生上课。这些虽是门户之见，却多少反映了耶鲁的特点。据说哈佛法学院因常年被耶鲁法学院压一头，后来花钱请人评估，如何才能取耶鲁而代之。结果评估的结论是：缩小规模！哈佛法学院的学生总数几乎是耶鲁法学院的三倍。有人称一旦跨进耶鲁法学院的门，就一辈子不用愁，但进了哈佛法学院，只有名次进了前三分之一，才敢说这话。既然如此，为什么要多招那三分之二愁眉苦脸的人呢？

SOM秉承这一精英精神，严格控制规模，每年录取200个学生，而哈佛商学院一年要收900人。由于人数少，一堂课的平均规模只有25人，大课不超过80人，小课可以只有8个人，同学之间关系密切。学校在这种小巧温馨的气氛中，强调同学之间的合作和团队精神，而不是竞争意识。这也更适合SOM所寻求的为社会服务而非为个人利益争斗的教育目标。

除此之外，SOM还领导着全球化的大潮，从人员到训练越来越国际化。其学生中，三分之一是外国人，其中亚洲学生占学生总数的17%。在过去4年中，从中国（包括大陆、香港、台湾等）招收的学生，每年有15人左右。而SOM和耶鲁的全球化研究中心、国际关系中心合作密切。

"9·11"后，美国意识到不能无视第三世界的苦难，加大了对外援助的规模。而如何经营对第三世界的援助，远远不能用营利与非营利、"私营"和"公共"这类传统的概念所界定。SOM则正好在打破这些框框、培养综合性人才方面领先于世。

不过说到底，"社会经营"的理念最终还是使SOM在"非营利组织"的管理方面独领风骚。即使《美国新闻与世界报道》仅把SOM排在全美第13位，也不得不承认在"非营利组织"这一项中，SOM的教育品质为全美第一。过去有两个传统的观念：一个是“非营利组织”与生意无关，但正如 Garten 所指出的，“目前许多非营利组织希望通过投资企业来获得资金，补充慈善事业的经费，但苦于缺乏必要的经营才能而功败垂成”。SOM 则是将经营观念推进到“非营利组织”的旗舰。今年 SOM 又从 Goldman Sachs Foundation 和 Pew Charitable Trusts 得到 450 万美元的重金，以资助其“非营利组织”的课程，可谓如虎添翼。另一个传统观念是读商学院两年的花费可以轻易达到 8 万美元之巨。为了偿还这笔债务，毕业后只能去高薪的金融业中拼杀。SOM 则试图改变这一偏见。60% 的学生目前接受各种各样的财政资助，SOM 试图说服未来的学生：你可以在非营利机构工作，同时有体面的收入，并能够在 10 年之内还清上学的债务。同时，SOM 还设置偿还贷款的免除计划，为那些毕业后从事公共事业和就职于非营利部门的学生在财政上“保底”。

在社会责任感中做生意！这是 SOM 的基本信条。这一信条在后安然时代已变得越来越有感召力。SOM 的影响力，也因此会与日俱增。

附：关于耶鲁商学院的关键数字（以 2002 级学生为准）：

GMAT 平均分数：696
大学平均分数：3.5

TOEFL 平均分数
纸卷：646
计算机卷：277

平均年龄：28
平均工作经验年限：5

入校前工作经验
企业：70%
政府：15%
非营利及公共机构：15%

学生构成
男：72%
女：28%
美国少数种族：18%
国际学生：33%

毕业就职去向
咨询：21%
金融：39%
IT产业：25%
制造业及其他：13%
非营利及公共部门：2%

中等年收入
咨询：＄146000
金融：＄120000
IT：＄105000
制造业及其他：＄99000
非营利及公共部门：＄66000
学费（2001—2002）：＄28930

主要雇主
金融业：
Charles Schwab & Co.
Citigroup
Credit SuiSSe First Boston
CSFBdirect
Deutsche Bank
FleetBoston
GE Capital
Goldman, Sachs & Co.
ING Aetna Financial Services

J. P. Morgan Chase & Co.
Lehman Brothers
Merrill Lynch
Morgan Stanley
Saiomon Smith Barney

咨询业：
Booz Allen & Hamilton
Boston Consulting Group
Braun Consulting
McKirisey & Co.

IT 业：
Compaq Computer Corp.
IBM
Intel

市场、制造及消费产品产业：
American Express
Bristol－Myers Squibb
Proter $ Gamble
United Technologies Corp.

体育是培养精英的重要手段

薛　涌　XUEYONG

用橄榄球来塑造精英

专制王朝对体现个人主义的勇武一直惧怕，担心更多的不是军队不能打仗，而是军队要造反。所以尚文轻武，军人缺乏训练，甚至到了扛不动自己的口粮的地步。教育精英们也都是手无缚鸡之力的无用文人，遇到危机只会坐而论道，毫无行动能力。最后，中国作为世界最富有、人口最多的国家，常常被人口只有我们百分之几的小民族征服。这也难怪西方人称中国是“东亚病夫”了。这一传统，在我们今天的教育制度中仍然根深蒂固。这样的教育不改变，中国就还是一个硕大的病夫，中国永远不可能有一个大国气象。

橄榄球如今已经是美国最商业化的体育项目之一，运动员常常是些大学也没有上完的大老粗。然而，橄榄球在美国的流行，最初还要归功于培养统治精英的需要。19世纪末20世纪初，美国的大学橄榄球联赛开始成型。特别是哈佛、耶鲁、普林斯顿这三巨头的联赛，逐渐奠定了橄榄球在美国社会生活中的地位。这一粗野的比赛，其核心的教育目的就是把盎格鲁－撒克逊民族的精英培养成世界的征服者和统治者。

用体育来培养精英，来源于古希腊的教育观念。古希腊人认为，刻苦的体育训练，可以培养公民坚韧不拔的品格和忍受巨大痛苦的能力，同时也锻造了强健的身体。这样培养出来的公民，在战场上就是最好的战士。特别是在斯巴达，立国之本是少数斯巴达公民对数倍于己的被征服人口的奴役，每个人必须有以一当十的能力才能生存。所以斯巴达对公民的训练，严格得近于残酷。而在几百年不停的战争中，斯巴达和雅典是希腊世界中最有生命力的城邦，并最后在伯罗奔尼撒战争中击败了雅典。斯巴达的教育，对后来的西方世界影响至大至深。

19世纪大英帝国崛起，使盎格鲁－撒克逊民族成为世界的统治者，也使这个民族不得不面对斯巴达人曾经面临的困境：这么一个小小的民族，如何维持对全球众多人口的统治？这对英国的教育提出了严峻的挑战。培养“雄赳赳的基督徒品格”，也就成了教育的目标。剑桥大学的教授查尔斯·金斯利（Charles Kingsley）为此强调严酷的体育训练在精英教育中的意义。他认为体育能够给英国的特权阶层提供痛苦的经验和耐久力，塑造坚强的人格和体魄，使他们有能力和意志完成上帝的使命。我们中国人大概都以为，19 世纪的英国教育培养的是儒雅的“英国绅士”，但忽视了这种教育更重视培养所谓“雄健的基督徒”。

这套教育，对当时在剑桥读书的美国上流社会子弟恩迪科特·皮博迪产生了深刻的影响。毕业回国后，他于 1884 年在马萨诸塞州首府波士顿郊外 40 多英里的地方建立了著名的格罗顿寄宿学校，彻底贯彻英国式的教育哲学。此校的毕业生，很快就成为哈佛的中坚，也成为美国统治精英集团的核心。比如富兰克林·罗斯福和他的阁僚、后来成为国务卿的迪安·艾奇逊全是格罗顿出身。美国政治、经济界的精英，也大多把自己的孩子往格罗顿送。皮博迪和当时的哈佛校长查尔斯·艾略特成为美国教育界最有影响的两位人物。富兰克林·罗斯福毕生都把皮博迪视为自己的恩师，甚至安排皮博迪为自己的葬礼致辞，根本没有考虑到皮博迪比他大 20 多岁，很难熬到他死的那天。

以英国公学的范本来经营格罗顿的皮博迪，自然把竞技体育视为教育的一大核心。他认为，竞技体育培养学生的忠诚、勇气、合作精神和男子汉气概，能够教他们无论在任何艰难困苦的条件下都尽自己最大的努力、拼到最后一口气，同时懂得自我控制、遵守规则、保持荣誉和尊严、公平竞争。而他最大的热情就在橄榄球上。他认为，橄榄球对学生的道德发育来说，超出了对他们的身体成长的意义。橄榄球场上的拼杀，能够培养出好的战士。他信奉的是社会达尔文主义的道德哲学：在善与恶的竞争中，有时需要用暴力来维持道德秩序。所以，在他的学校，无论学生体格如何，都必须进行橄榄球训练。

这么被训练出来的富兰克林·罗斯福到了哈佛，想的当然不是读书，而是进橄榄球队。当时的哈佛和耶鲁、普林斯顿一样，学生的首务是竞争进入精英秘密会社，再就是进入橄榄球队，读书的重要性远远排在后面。运动场是证明自己的领袖才能的地方。竞技体育要求献身精神，要求参与者为自己的队作出牺牲，是进入公共生活的准备。读书则是私人的事情，是为自己。读书好常常会给人一种与世隔绝、自私自利的印象。当时读书刻苦、功课甚好的犹太人，就是这样的典型，让许多人不屑于与之为伍。所以，罗斯福和其他 1/4 的新生一到哈佛就先到橄榄球队试身手。他身高 6 英尺 1 英寸，是个高个，但体重仅 146 磅，并无特别天分，最后落选。其实在格罗顿时，他体育上就不突出，也许这是他成不了皮博迪的得意门生的原因之一。皮博迪后来在总统大选时竟投了罗斯福的对手胡佛的票，让罗斯福大为伤心。因为他把皮博迪视为自己一生的精神导师。

橄榄球早在殖民地时代就传入美国，并且很快在大学校园中流行。不过，一直到 19 世纪末期，还章法混乱，不同的队有不同的规则，常常主场按主队规则打，客场入境随俗、按人家的规则打。在 19 世纪 70 年代，以常青藤为主的东部大学渐渐完成了对规则的整合，大学橄榄球渐热。1893 年，耶鲁与普林斯顿在纽约的一战，竟吸引了 4 万观众。10 年后，哈佛建立了世界上第一个钢筋混凝土结构的橄榄球体育场，有3.5万个座位，后来很快扩张到 5.8 万个座位。耶鲁则在 1914 年建立了全美国最大的橄榄球场，有 7 万个座位。虽然现在的常青藤橄榄球联盟是美国大学橄榄球的低段位，但当时哈佛、耶鲁和普林斯顿这三巨头却是超霸。特别是耶鲁，在传奇般的教练沃尔特·坎普（Walter Camp）的带领下，从 1872 年到 1909 年，赢了 324 场，输 17 场，平 18 场，垄断大学橄榄球冠军，是美国橄榄球的王中之王。

但是，随着橄榄球竞争的白热化，比赛从激烈变得粗野残酷，使许多人开始反对这一运动。其中最主要的人物，就是哈佛校长查尔斯·艾略特。其实，查尔斯·艾略特校长并非不看重体育。1881 年，他还称赞日益盛行的大学校际体育比赛把那些驼背、软弱、病病歪歪的学生转化成了强健、精力充沛、体格完美的理想型精英。他自己当年作为哈佛划船队的一员，还和队友一起破了哈佛的纪录。那时的大学校长中，运动健将可以说是层出不穷。比如查尔斯·艾略特的继任者 A. 劳伦斯·洛厄尔，就曾是大学顶尖的中长跑选手，赢过半英里、一英里、两英里等许多项目。

查尔斯·艾略特开始反对橄榄球，不仅在于其野蛮，而且和他个人的教育观念、他的“男子汉”的观念有关。当时的总统西奥多·罗斯福和格罗顿的校长恩迪科特·皮博迪，都感觉到美国势将崛起为一个世界帝国，教育要为盎格鲁-撒克逊民族统治世界培养精英，学生要成为无所畏惧、坚韧不拔、敢于牺牲、能够吃其他人无法吃的苦的战士，以胜任统治世界的使命。所以他们对近乎残酷的橄榄球，一直持鼓励态度。艾略特则反对美国的扩张，反对以强凌弱。他坚信美国的价值是民主，绅士的品质是“体贴周到、慷慨宽容、工作努力、保护弱者”。橄榄球比赛一旦发展到野蛮程度，他就要叫停。早在 1895 年，他就要罢掉橄榄球，称之为是比斗鸡、斗牛还残酷的运动，并且他注意到运动员的学业一般都不佳。橄榄球和他要提高哈佛学术质量的目标也不一致。

1905 年，艾略特几乎得手。在 1904 年，21 人在橄榄球赛中丧生。当时美国大学很少，比赛也少，这样的死亡率，把橄榄球场变得比现在的伊拉克战场还危险。那时精英大学的学生踊跃报名进橄榄球队，确实得有些敢于牺牲的勇气。1905 年，媒体刊登了斯沃斯莫尔学院一位运动员死亡的照片：他的脸被打得血肉模糊、无法辨认。这张照片让全国震惊。1905 年后，哥伦比亚、斯坦福、西北大学、加州大学等校退出橄榄球比赛。如果在这个节骨眼上艾略特把哈佛的橄榄球也给封杀，其他剩下的几所学校就会效法。

这可急坏了支持橄榄球的总统西奥多·罗斯福和格罗顿的校长恩迪科特·皮博迪。早在 1896 年，罗斯福的盟友、参议员亨利·卡伯特·洛奇（Henry Cabot Lodge）针对艾略特要废除橄榄球的主张就指出："体育比赛所消耗的时间，比赛中的伤痛，是英语民族征服世界所必须付出的代价。"罗斯福自己也认为艾略特废除橄榄球的做法是"孩子的行为"，是娇纵溺爱，相信艾略特的教育哲学早晚会蚕食"我们种族的战斗精神"。在 1907 年对哈佛学生的演讲中他明确指出：我们不能坐视大学里培养出来的学生成为畏惧身体的痛苦、从肉搏中退缩的人。因为我们的国家需要那些有勇气进行艰苦卓绝的奋斗、对抗心灵和身体的敌人的男子汉！

也正是出于这样的考虑，罗斯福竭尽全力挽救大学橄榄球。在他的密友皮博迪的建议下，他于 1905 年 10 月在白宫召开改革橄榄球的会议。受邀请的只有哈佛、耶鲁、普林斯顿这三巨头。他深信，这三巨头是大学的领头羊，说服了他们，其他学校就会效法。当时参加的哈佛橄榄球教练小威廉·里德（William Reid Jr.）是罗斯福的重要盟友，年薪 7000 美元，比任何哈佛教授的工资都高。改革也是由他来主持。会议结束后发表文件，要求严格规则，限制野蛮行为，使橄榄球变得温和一些、让人更好接受一些。结果，虽然艾略特坚持要废除橄榄球，但哈佛校董事会被改革所打动，投票保留橄榄球。

橄榄球逃过这一危机，以后就蒸蒸日上。"二战"后，美国的大学教育虽然越来越注重知识训练，但体育仍然是教育之本，大学申请的竞争中，体育还是一个重要的筹码。这大概也构成了中美教育的重要分途。

西方传统上是个尚武的社会，当今的美国也继承了这一传统。体育由此成为教育的一个核心。看看美国的统治阶层，从政治家、将军、企业领袖，到媒体大腕、大学教授，运动健将到处都是。不喜欢体育的反而成了怪人。盎格鲁－撒克逊民族人数虽然很少，但统治世界已经两百多年。这样的成就至今还没有人能比。其从古希腊传承下来的以体育为核心的教育，自然功不可没。中国则很早就没有了军事传统。"好铁不打钉，好男不当兵"，当兵不是特权，而是服劳役，能躲就躲。而且专制王朝对体现个人主义的勇武一直惧怕，担心更多的不是军队不能打仗，而是军队要造反。所以尚文轻武，军人缺乏训练，甚至到了扛不动自己的口粮的地步。教育精英们也都是手无缚鸡之力的无用文人，遇到危机只会坐而论道，毫无行动能力。最后，中国作为世界最富有、人口最多的国家，常常被人口只有我们百分之几的小民族所征服。这也难怪西方人称中国是“东亚病夫”了。这一传统，在我们今天的教育制度中仍然根深蒂固。这样的教育不改变，中国就还是一个硕大的病夫，中国永远不可能有一个大国气象。

体育：精英教育的主课

中国的教育，注重学生的知识训练。美国的教育，则注重学生的人格发展；而体育由于是培养人格的重要手段，常常被抬得比知识训练还高。这个传统，严格地说不仅是美国的传统，而且是西方文明的一部分。追根溯源，还是要从奥林匹克的故乡古希腊讲起。

美国精英教育的主课之一，就是体育。在“二战”前的常青藤，体育甚至比知识训练还重要。冷战开始后，苏美展开激烈的科技竞争，逼得美国的学校不得不重视学术。但是，体育仍然占据着举足轻重的地位。大学运动队的教练，一般比教授挣得高得多，有时会高出数倍之多，超过校长的工资。美国的大学一般有两张面目，一是在学术上的排名，一是在各级大学橄榄球、篮球等联赛中的成绩。比如康州大学，本是一个一般的州立学校，但由于其女篮连拿全美大学联赛冠军，名声大噪，校友纷纷慷慨解囊，州政府也拨款，一时间财源滚滚，又盖实验大楼，又招募学术精英，百业俱兴。该大学即使有两个教授拿了诺贝尔奖，也顶不过这支球队的厉害。这种对运动的崇拜，又远非仅限于大学。美国的学校，从小就训练孩子从事体育运动，除了学校的体育活动外，这个班那个班没完没了地上。美国职业体育的运动员和观众，都是被这样的教育塑造的。而打开报纸，看一些新闻人物的介绍，比如被提名的大法官、刚刚露头角的重要政治人物、企业领袖等，在涉及他们学生时代时，常常有他们在球队里的照片。

言必称希腊

为什么会如此？这还和基本的教育观念有关。中国的教育，注重学生的知识训练。美国的教育，则注重学生的人格发展；而体育由于是培养人格的重要手段，常常被抬得比知识训练还高。这个传统，严格地说不仅是美国的传统，而且是西方文明的一部分。追根溯源，还是要从奥林匹克的故乡古希腊讲起。

古希腊由众多独立的城邦组成，彼此战争不断。一个公民，必须是个战士。出于实际的考虑，古希腊城邦的公民必须有强壮的体魄。古希腊人打仗，并不像我们武侠小说描写的那么浪漫，其军事组织非常理性化。比如，古希腊人对盔甲十分讲究。这是他们能够在实力悬殊的情况下打败波斯帝国的庞大军队的关键。有历史学家指出，在希腊与波斯决定性的马拉松战役中，雅典士兵身着60磅重的盔甲。读者们大概还记得，《三国演义》中的关羽，号称使用着82斤的青龙偃月刀。这已经算是文学中的夸张了，而且描写的是一个所向无敌的超人。希腊士兵在战场上盔甲就60磅，合现在的50多斤。扛着这样重的负担终日厮杀，不是学几招儿武功就行的。不经过特别训练，没有人能受得了。现在的人谈起马拉松来，只知道传说中的那个希腊战士费迪皮迪兹（Pheidippides）。他在打败了波斯人后，从战场跑回雅典（距离根据现代的测量大概是22.5英里），到达后喊了一句“我们赢了！”就精疲力竭而死。于是有了现代的马拉松比赛。但人们忘了的是，那些穿着一身重甲的1万希腊公民战士，在马拉松打败1.5万到2万人的波斯军队，杀了对方6400人，自己仅损失192人，随后马不停蹄地火速赶回雅典，以阻止波斯舰队的攻击，吓得刚刚到达的波斯舰队根本不敢登陆。可以毫不夸张地说，这些雅典的战士，个个都有着十项全能运动员的体能。

不仅如此，古希腊社会最尊重士兵。希腊的士兵，实际上是城邦的中上层阶级。当兵是一种特权，一种荣誉，而不是负担。打仗是保卫自己的财产、生活方式和价值观念，不是为主子效力。比如，这60磅的盔甲，要公民自己置办，没有一定的财富，是不可能承担得起的。一个人能否加入军队，是他社会的阶层以及对城邦的贡献的一种标志。为此他不仅要投资置办盔甲武器，还要不停地训练。结果，体育在人家那里成了上等人的运动，代表着公共的美德。而在古代的中国，传统的精英是手无缚鸡之力的士大夫。大家信奉的是“劳心者治人，劳力者治于人”。打仗是为君主而非为自己的信仰。俗话说：“好铁不打钉，好男不当兵。”当兵的就是干粗活的，是被逼得没有办法。这样的文化，在教育中当然会表现出对体育根深蒂固的蔑视。

更重要的是，希腊军队打仗的基本阵法是方阵：由许多步兵（hoplite）肩并肩地组成长方形的队形，共同进退。前排的步兵用宽大的盾牌组成坚实的防护屏障，后排士兵运用的超长的长矛从盾牌后伸出，攻击敌人。这样的阵法，需要大家严格配合，而不是几个武功好的人独立逞能。所以，希腊的步兵之间讲究严格的平等和忠于职守的精神。当时的一位诗人曾经这样形容一个理想的步兵：“短粗的身体结结实实地放在两条强壮的腿上，内心充满了勇气。那两条腿一旦扎根在地上，就谁也别想把它们拔出来!”亚里士多德称这些步兵要求自己的政治权利，逼得找人打仗的城邦统治阶层让步，结果有了希腊的城邦民主。此话虽然有夸大之处，但许多历史学家们认为，这种步兵之间的平等和忠诚，是塑造希腊城邦民主的核心力量。柏拉图也曾经讲过，希腊的体育，是建筑在平等和自由的基础之上。波斯帝国统治的地区，因为专制权力笼罩一切，弘扬平等与个人自由精神的体育就受到压制。在古希腊的雕塑和浮雕作品中可以明显地看出，希腊人赤身裸体疯狂地锻炼，波斯人穿着长袍、留着长胡子在那里奴才般地拜见君主。其中传达的信息无非是：我们希腊人是骄傲、刚强的自由人，以自己的身体为荣耀。而那些东方的人是软弱、卑微的奴隶，以自己的身体为耻辱，要用长袍掩盖任何可以彰显个性的东西。

也就是这样，体育成为古希腊主流意识形态的一部分，体现着平等的人追求荣耀的最理想的规则：不管你是谁，什么出身，脱了衣物，大家都是一样的公民。只有在这种平等的条件下竞争，最后的胜利才是最令人信服的。所以，从梭伦，到苏格拉底、柏拉图，希腊人把奥林匹克的冠军视为最幸福的人。竞技场上的英雄，因此也最有品格、最有领袖魅力。这也怪不得，在《理想国》中，柏拉图把当城邦的统治者所获得的精神快乐和奥林匹克冠军的心理满足相提并论。

美国的建国，实际上是基于这种古典精神。美国的建国之父，如亚当斯、杰斐逊等，都是受希腊、罗马文化的训练长大。直到 19 世纪中期，美国的大学主要还是教希腊文和拉丁文。也难怪，虽然美国主要是英国移民建立的，但那些建国之父认为自己离古希腊、罗马更近。这不仅反应在从最高法院到国会大厦等一系列公共建筑上，也反映在教育和体育上。

分数竞争与体育竞争

直到 20 世纪初期，美国的精英教育还非常强调体育，甚至因此看不起学术。比如在富兰克林·罗斯福上哈佛的时候，哈佛学生根本不注重学术，注重的是体育等课外活动。当时的上流社会认为，运动场就像战场一样，是培养人格、塑造领袖的地方。常青藤的责任是培养未来社会的领袖，自然把体育摆在学术之上。到了 20 世纪中期，精英主义崛起，大学里越来越重学术表现。但许多人仍然认为，学术只反映了人的一个侧面，人格、领袖才能等，还要仰仗体育来培养。所以，现在美国的大学录取，表面是 SAT 等分数的竞争，但体育的竞争其实也同样如火如荼。

全美大学体育联合会（National Collegiate Athletic Association）把美国大学的体育联赛分为三级。第一级是最为精英、最为商业化的比赛，比如全美大学橄榄球、篮球联赛，基本上和全美橄榄球、篮球职业联赛分庭抗礼。参与的一般是一些规模大的州立大学，如马里兰大学、维吉尼亚大学、密歇根大学，等等。有的大学学术水平一般，但在这个联赛中却出尽风头。所谓的一流名校，很少到这里来凑热闹。几个例外之一是斯坦福大学，居然是大学橄榄球联赛的一级队。这些一级联赛中的学校，为了招募顶尖的运动员会对“特长生”授予体育奖学金。但全美大学体育联合会对授予的数额有限制。一般男队有 12.6 个全奖，女队有 12 个。不过，除了这些奖学金外，学校和教练总能想出许多其他的招数来吸引运动员。

第二级联赛是最小的联赛，虽然也按全美大学体育联合会的规定授予体育奖学金，但球队的水平无法和一级相比。第三级联赛，则是我所谓的草根联赛。在这个联赛中的大学，有些属于一流名校，不愿意在招生中为了招运动员在学术质量上妥协，有的则是规模太小，根本没有资源，所以都不授予体育奖学金。运动员无法靠打球来完成学业。大部分美国一流的大学，比如常青藤盟校和最精英的本科文理学院，大多在这一级联赛中。

显而易见，在这样的格局中，一级联赛的队大多是“四肢发达、大脑简单”的学生，黑人非常多，许多人常常读不完大学，或半途放弃学业，到了职业队。三级联赛的队，则是些运动水平比较业余，但功课不错的学生。不过，万事不能一概而论。一级队中常出一些政治、社会领袖。最典型的例子就是美国前总统福特。他父母没有钱供他上大学，他只能靠体育奖学金进了密歇根大学打橄榄球。1932 年和 1933 年，他所在的队在全国联赛中保持不败，是响当当的冠军。1934 年，他成了队里“最有价值的队员”，1935 年，他作为全美大学全明星队的一员，出战美国职业橄榄球俱乐部芝加哥熊队。同时，他维持 B 的平均成绩，一路靠打工读完大学。1935 年毕业后，被选为职业选手，但他放弃了这个赚钱的机会，跑到耶鲁法学院读书，业余当教练，最后当了美国总统。

在第三级的联赛中，自然充斥着业余水平的“菜队”。我曾经多次看耶鲁篮球队比赛，水平和中国的大学生联赛也差不多。不过，即使在三级队中，偶然也出一些职业运动员。比如 2005 年耶鲁橄榄球队的一名队员就被选入职业俱乐部。

三级联赛的队伍不给体育奖学金，并不意味着竞争不大。有时竞争反而更凶。为什么？因为三级队的学校，许多是名校，录取率非常低。比如哈佛、耶鲁、普林斯顿几个学校，录取率常常在 10% 以下，所有申请的学生分数都高得吓人，其他背景也异常出色。在这种情况下，许多学生就希望能靠自己的体育才能，打动教练的心。比如，一个学生进哈佛正好卡在门槛上，到运动队一比试，被哈佛的教练看中，教练会去游说学校，最终靠这点小本钱挤进精英之门。所以，每年各大学要对付两批学生。一批是来看学校的，一批是除了看学校，还要到运动队来试练的。而试练的场面非常紧张微妙。学生要想办法打动教练，教练则不仅要看中队员，而且能有把握这个队员会来，才会发出一些积极的信息。因为教练向学校推荐的人有限。推荐了后，这个学生跑到别的学校高就，自己就白丢了一张牌。为此，有时双方不得不达成君子协议，互相锁定，很像是一种“提前录取”。结果，这种运动队里，白人占压倒优势。因为有精力、金钱和知识在大学申请战中搞这种体育外交的，一般都是父母上过大学的中上层阶级的白人家庭。比如著名的本科生学院哈佛福德学院，是个典型的参加三级联赛的学校，没有橄榄球队，但有21个其他项目的运动队。有色人种在学生总数中占30%，但在运动队里则仅占17%。体育，是富裕家庭把孩子塞进理想大学的另一个有效渠道。

冷门体育的走红

进大学三级联赛的运动队，当然是醉翁之意不在酒：打球是手段，读书才是目的。这样，一些冷门项目最会意外地在大学被捧红。20世纪80年代的女子足球就是一例。当时美国男子足球都不普及，怎么突然想到了女足呢？原因是大学必须遵守男女平等的有关法律，男生有多少运动队，女生就得大致有多少。男生热衷运动，任何队都门庭若市，女生的队则冷冷清清。女生组织不起运动队来，男生也就别想玩了。于是大家想到让女孩子踢足球，因为这个项目人数多，一个队可以有许多人充数，女子运动队人数多了，男孩子的指标也就增加了。这样女足在美国就越来越盛。

如今足球大为普及，美国女足成了世界第一强国。于是又该轮到其他冷门项目热了。根据美国高中协会的调查，美国目前有100万高中生打橄榄球，66万高中生踢足球。但大学的橄榄球队和足球队是有定数的，不会因为从事这些项目的人多，就一个学校设两个橄榄球或足球队。在这些热门项目上竞争，自然越来越难。于是，大家就开始打冷门项目的主意。这几年最“热”的一个冷门项目，就是lacrosse。

Lacrosse中文被译为“长曲棍球”或“兜网球”，据说是起源于美洲印第安人，形式与曲棍球类似，不同的是球棍的顶端有一个小网兜，队员用这个带网兜的球棍传球、接球、射门。所以，在场上，你会看到拿球队员用球棍上的网兜把球老远摔给队友，队友则必须用同样的小网兜准确地把球接住。20 世纪初，这项运动曾经被列入奥林匹克项目，后来降格为表演项目。由于人气不够，1948 年后逐渐从奥运会中销声匿迹。但在美国的高中和大学，还一直小有市场。比如，目前美国足球的国家队教练布鲁斯·阿里纳（Bruce Arena）在当足球教练前时就是个什么都教的杂牌教练，曾经教过兜网球。

2002 年，美国高中生中从事兜网球的人数不过 3 万，到 2005 年几乎翻了 3 倍，达到 96000 人。同时，大学的兜网球队从 316 个增加到 493 个。兜网球和足球一样，是多人数的集体项目，女队场上 12 个人，男队 10 个人，但换人规定不像足球那么严，比赛一暂停就可以换人。所以，对替补队员的要求比足球要多。正选加上替补，一个队最少也要有 20 多个队员。全国 493 个大学队，就需要至少 1 万名队员。高中的兜网球队员 9 万多，就算全申请大学，也到不了十里挑一，比打篮球、橄榄球或踢足球要容易多了。自然而然，兜网球被家长和学生视为上大学的敲门砖。这一原来仅限于新英格兰和东部部分地区的运动，正迅速向全国蔓延。

兜网球的走红，迅速带动起一个小产业：私人球队、私人教练、比赛、夏令营等，名目繁多。比如一些民间的俱乐部联赛，除了春天外几乎是全年制的，加入这样的俱乐部一年的费用可以高达 2000 美元。有人估算，进行兜网球训练，把参加比赛、旅行、训练营等费用加在一起，从孩子上小学起到进大学为止，一个孩子要花大概 25000 美元。有的孩子，一个夏天就参加 4 个夏令营。大学兜网球三级联赛的教练向一些入门心切的孩子透露，被教练选中，进这个大学就多了许多资本，大概顶得上 SAT 上的几百分。SAT 是美国大学申请的智能测验，总分也就 1600 分。进好大学常常需要 1300 分上下。几百分的优势当然对录取具有决定性的意义。

有这样的诱惑，一些有钱的家长自然就不惜工本。比如，住在新罕布什尔的一位律师埃德·奥布赖恩（Ed O'Brien）就让儿子从事兜网球运动，以求上好大学。但新罕布什尔的兜网球不像马里兰等州那样热门，要提高水平，只有多旅行参加比赛和夏令营。2004 年夏天，他为儿子的夏令营花了 2000 美元，同时又花了 2000 美元进行大学队的选秀咨询，但咨询费很快涨到 5000 美元，因为他还需要人家帮助儿子包装申请材料、物色合适的大学，等等。

夏季由大学队的教练举行的夏令营是高中生们赢得教练的承认的最关键的表演场，其实就是选秀夏令营。不过，由于兜网球在女生中比在男生中更普及，女子兜网球就更引人注目一些。比如2005年的夏令营，即一年一度的“全明星特快”(All Star Express)，主要是大学女子兜网球的选秀大赛，比赛共4天，共55个高中队参赛。学生和热心的家长蜂拥而至，观众竟达到12000人之多。

兜网球如此之热，看势头很可能步女子足球之后尘，甚至出口到其他国家。也许下次美国的一个城市获得奥运会主办权时，兜网球可能会重新被列入奥运会项目。

为了进大学而在体育中拼杀的孩子

参加“全明星特快”兜网球夏令营的有4500名女孩。她们大部分来自俱乐部而非学校代表队。许多已经事先给各大学的有关负责人写信，请他们来看自己在场上的表现。在这些女孩子中，只有非常小的一部分可能拿到体育奖学金，即进入一级或二级联赛。其中能进一级联赛的，大概只有5%。所以，夏令营的结果，是许多女孩子会失望地空手而归。

但是，总有少数人会好梦成真。17岁的雷切尔·格雷拉（Rachel Guerrera）就是一个例子。她代表长岛精英黄背心俱乐部出战，是当地高中毕业班的学生。如今，她成了布朗大学、康奈尔大学（Cornell University)、乔治城大学、波士顿大学和圣母大学的招募对象。她在场上的使命，是阻止对手得分。虽然在女子兜网球中不容许身体冲撞，但她可以用自己的身体“堵枪眼”：挡住对方的射门线路或挡住其球杆。她的对手称她是一头“牲口”。

雷切尔·格雷拉实际上身材苗条，根本不属于五大三粗、没有脑子型的“牲口”。她是典型的优等生。她在高中里当了4年的班主席，平均分数达到97分，SAT达到1360分，已经达到上常青藤的标准。但是，因为家里不富裕，她需要体育奖学金来完成大学学业。她为了这次选秀，已经投资1500美元包装自己。为了达到自己的目标，她付出了昂贵的代价：几千个小时的训练、比赛、熬夜读书，乃至冰袋、止痛药。

在这次的“全明星特快”中，她一个星期要拼下7场比赛。在第六场比赛中，杜克大学的教练在观战，但她腿已经直不起来了，胸部异常沉重。她让教练换她下场休息，用冷毛巾提神，几分钟后又冲到场上。她的队友特拉奇因为比赛训练过度，已经有疲劳性骨折，需要拄拐杖。医生警告，如果不立即卧床休息，可能导致完全的骨折。但是，波士顿大学的教练来看比赛。怎么办？她从六年级就开始练，难道就此前功尽弃？她决定一赌，强行上场。结果，她拿到了波士顿大学的奖学金。

球场上竞争之残酷，已经有些像是沙场。耶鲁大学兜网球男队主教练安迪·谢伊（Andy Shay）说："每年我们观察 5000 个左右的学生，其中只有 9 或 10 个最终会来耶鲁读书。在耶鲁，一个学术上表现优异的兜网球队员，要比其他学生在申请上占优。"

当然，来自家长的压力是巨大的。这种压力常常要教练来承受。一些家长不停地给教练打电话，要求让自己的孩子进常青藤。甚至在一场比赛中，一个家长因为裁判的判决而暴跳如雷，冲到场上质疑。

宾夕法尼亚大学兜网球队的前防守队员、青少年教练和裁判戴夫·普罗斯纳(Dave Prossner) 为了这些焦虑的家长写了一本书：《高中运动员选秀指南》(*High School Athlete Recruiting Guide*)。按他的建议，孩子的运动才能在中学时开始显现，需要请本校教练进行评估。到了高中阶段，孩子要不停地到由大学教练参与组织的训练营地展示自己的才能，争取给人家留下印象。美国的高中有 4 年。到了二年级，就要选择 20 个左右的大学，给那里的教练写信，表达个人对到那里上学、打球的强烈兴趣，并寄上自己的体育履历。这一履历，要随着自己的升学不停地更新。到了高中三年级，就得不停地参加选秀夏令营。同时，要最后选择 8 所左右的大学，去进行非正式的访问，和教练及录取办公室人员接触，并且准备一盒记录自己比赛精彩镜头的录像。不过，他警告，不管你去哪里探路，教练总要问你的学习成绩。兜网球可能帮你进大学，但是，你必须符合大学的要求，要证明自己的脑子。

总而言之，体育竞争是大学竞争的一部分。那些刚刚达到分数线的学生，可以通过自己优异的体育才能作为"特长生"进入常青藤。用 1999 年普林斯顿的毕业生克里斯塔·萨马拉斯（Crista Samaras）的话来说："我不过是勉强合格而已，但我是个运动员。这是我到了普林斯顿的原因。兜网球是我的敲门砖。"

美国研究精英大学录取的社会学家杰罗姆·卡拉贝尔（Jerome Karabel）总结了申请大学的一个常识：推荐信、面试、课外活动、SAT 成绩、运动员背景、校友背景等，是录取的几大基本因素。你很难向法国人、德国人、日本人或中国人解释明白：为什么抱着球奔跑的能力和进全国最顶尖的大学有关系？然而，我们不理解这一点，也就不理解美国的大学教育。

运动员统治美国

你到美国的学校看看就知道，最出风头的，不是功课好的书呆子，而是那些体育明星。父母从小不惜工本，带着孩子这个班那个班地上个没完。体育明星从小是孩子王，是同龄人中的领袖，长大了自然也是。所以不仅是在政界，在商界体育人才也到处都是。

查一下美国政治领袖的运动生涯，你会吓一跳：运动员几乎统治了美国！

先看总统布什。最近他刚刚通过体检，医生说他具有超强的体格。晚间喜剧节目的笑星也不放过这条新闻，昂然宣布："医生说我们有了一个体格最健壮的总统，只是没有提他的脑子有无问题。"

布什体格好，和他是个体育迷有关。你隔不久就会读到他从山地车上摔下来的新闻，可见人家玩得够猛的。他卧推能够推起 185 磅，连续推 5 个。他喜欢跑步。早年在得州政治上刚刚出道，选议员放自己跑步的录像，结果被不喜欢跑步的得州人笑话，大败。但他跑步还是坚持下来。当了总统后，长跑成绩还在提高。最近膝盖受伤。没有伤前，能用每英里 6 分 45 秒的速度跑 3 英里。想想看，我们大学时测 1500 米，许多人 6 分半都跑不下来，而 1 英里有 1609 米。一个 60 岁的人，以这样的速度跑将近 5000 米（4827 米），没有严格的训练是很难做到的。

在得州时，布什常常去得州大学的健身房，颇有规律。"9·11"后，他的日程成为国家安全的秘密，你不知道他什么时候锻炼。不过，一出事你就会发现，当时他常常是在锻炼。比如 2005 年年初，一架飞机侵入华盛顿领空，白宫紧急撤离。布什当时正在骑山地车。2001 年时，有个精神病人向白宫射击，布什正在健身房。"9·11"那天早晨，布什和一位记者一起跑步，那个记者曾是美国的长跑冠军。更不用说，布什从政前，唯一成功的生意，就是经营得州的棒球队：得州骑警（Texas Rangers）。

他不仅自己锻炼，也赶着左右下属锻炼。2002 年，他发起全国健身运动，

400 多名随从、下属，竟不得不跟着他跑 3 英里，叫苦不迭。他的内阁中，也有不少运动健将。比如国务卿赖斯，本是中年妇女，但身材放在 20 多岁的人中也出类拔萃。人家年轻时曾是花样滑冰运动员，现在一大早起来还在跑步机上锻炼。她也常常和布什一起锻炼，看球。并且称自己最梦想得到的工作是美国职业橄榄球联盟的总干事。国防部长拉姆斯菲尔德是布什的爱将。别看他老，人家过去曾经是摔跤教练。新的女教育部长玛格丽特・斯佩林斯（Margaret Spellings），竟也是个练举重的。司法部长阿尔贝托・冈萨雷斯（Alberto Gonzales），个子很小，但却擅长高尔夫球和壁球。这次布什挑选大法官，面试了几个人。据说他问一个 60 岁候选人两个问题：你一生最困难的决定是什么？你喜欢什么运动？对方说他一天跑 3 个半英里。布什则说：你要加强力量练习。后来约翰・罗伯茨（John Robers）被选中。布什介绍他时，特别强调他在高中时是橄榄球队的队长！布什第一任的经济顾问是大胖子拉里・林赛（Larry Linsey），后来因经济不振而辞职。布什私下曾经抱怨：此公太缺乏锻炼！看看这些，你觉得布什仿佛不是在当总统，而是在当教练。

再看看国会。2004 年民主党的总统候选人、参议员克里，比布什运动更在行：冰球、足球、自行车、帆板、滑雪，无所不玩。共和党众议院领袖丹尼斯・哈斯特德（Dennis Hastert），是个摔跤教练。共和党的参议员领袖比尔・弗里斯特（Bill Frist）是外科医生，也是个马拉松爱好者。另一位有总统野心的参议员乔治・艾伦（George Allen）在大学时也是运动明星。这样数下去，可以没完没了。

更不用说现在加州的州长施瓦辛格是前世界健美冠军。阿姆斯特朗赢得 7 次"环法"，马上有人推动他选得州的州长。在美国，运动员是名副其实的统治阶层。

其实这也不奇怪。你到美国的学校看看就知道，最出风头的，不是功课好的书呆子，而是那些体育明星。父母从小不惜工本，带着孩子这个班那个班地上个没完。体育明星从小是孩子王，是同龄人中的领袖，长大了自然也是。所以不仅是在政界，在商界体育人才也到处都是。人家没有体委，不过当完运动员，还有许多官运财运。这当然要求运动员要有当领袖的素质了。我们这里打球动不动就打架。美国天天比赛，球类的对抗性比我们高多了，但打架的比率实在很低。大家自我控制相当好。你看姚明，去那里没有几年，马上成为公共关系专家，有些政治家的素质。这是我们的运动员该学的。

球星的智商

> 既然橄榄球对智商要求这么高，打橄榄球对提高智商大概也大有好处了。事实上，在美国的文化中，高等教育阶层从来对体育有敬意。各级学校，学生都打橄榄球。2005 年耶鲁一位学生进了NFL，校报还非常自豪地介绍了一通，视为一大成就。斯坦福大学则是大学橄榄球联盟 A 组的队伍，旺德利克人事测试平均成绩为28.8，高居大学橄榄球联盟 A 组第一。教育和体育，在人家那里完全融为一体。这样的体育文化，或者说教育文化，实在值得我们好好学习。

运动员素有“四肢发达、头脑简单”的名声。但是，对许多球星而言，智商却非常重要。

姚明成了 NBA 选秀的“首挑”后，中国的公众对美国职业球类联盟一年一度的选秀越来越熟悉。姚明当年能够先声夺人，和他的身体条件自然密不可分。四肢发达是成为超级球星的首要条件，这似乎已经成为常识。

但人们不太知道的是，选秀不仅要看身体，还有看智商。比起篮球来，美国的职业橄榄球更有对抗性，身强力壮似乎更重要。但是，每年美国职业橄榄球联盟（National Football League，简称 NFL）选秀时，对那些前来应征的大学生选手，都要进行 12 分钟的智能测验。其结果对他们是否被选中颇有影响。

这个测验，叫旺德利克人事测验（Wonderlic Personnel Test），在 1937 年被发明后，被各个领域的雇主普遍采用，目前已经测试了 1.2 亿人，权威性非常高。20 世纪 60 年代末期，辛辛那提孟加拉虎（Cincinnati Bengals）俱乐部的老板保罗·布朗（Paul Brown）把测验介绍到 NFL 中来，供各俱乐部在选拔队员时采用。开始时，这个测验在 NFL 的主要用途，是帮助各俱乐部及时发现一些智能有问题的队员，是一种防范措施。但随着橄榄球比赛越来越复杂，许多教练认为队员的高智商可能成为球队制胜之关键。

美国这些职业橄榄球运动员，常常被称之为“大猩猩”，也就是说他们有的是超人的力气，但缺乏人类的头脑，除了四分位这种全场的核心指挥队员外，很难看出哪个位置需要智商。场上大部分时间需要的是饿虎扑食般地把对方的四分位按倒在地，把对方的攻击队员撞个人仰马翻，或者抱着球狂奔猛撞，要像牲口、老虎一样没头没脑地野蛮，这样对手才会一看就怕。除此之外，最多知道怎么给自己系鞋带就够了。谁会相信智商还会派上用场?

再有，真正知道这些职业橄榄球选手的智商非常难。因为测验结果是严格保密的。不过，纸总包不住火。时间一长，一些内线人士就可能把秘密外泄。《华尔街日报》经过长期努力，从各种渠道收集信息，终于拿到了 1021 名队员的成绩。这些人在 32 个队的职业橄榄球联盟中，占运动员总数的 60%。有了这么大的一个样本，估计职业橄榄球选手的智商就非常精确了。也怪不得拥有旺德利克人事测验的公司对分数外泄非常恼火，觉得自己被出卖了，正请专门人员进行调查。

旺德利克人事测验为十几个行业的雇主测试过一亿多人，受试者的平均成绩是 21 分，这大概算是一般人口的平均智商吧。在 NFL 的 32 个队中，有 19 个队超过了这条平均线，11 个队在这条线之下。可见橄榄球队员的平均智商高于一般人口。智商最高的队为圣路易斯公羊队（St. Louis Rams)，得分为 24.6，其进攻队员的平均成绩是 27 分，这已经达到了一些化学家和工程师的智商了。底特律雄狮队（Detroit Lions) 2005 年首挑的 5 名队员，平均成绩为 28 分。坦帕湾海盗队(Tampa Bay Buccaneers)，其进攻队员平均成绩为 30 分，前锋的平均成绩为 34 分。而美国的大学里，最聪明的学生争着进法学院，所以律师的智商非常之高。但是，美国律师在这个测验上的成绩，平均分仅为 30 分。所以，该队教练自豪地说:“我最相信的是我的队员，而不是我的律师。”不过他的队员未必是顶尖。达拉斯牛仔队（Dallas Cowboys）的 3 名四分位，平均成绩竟高达 39 分，这已经是知识精英的智商了。

智商和球队的成绩有什么关系呢? 旺德利克人事测验平均成绩最高的 4 个队:圣路易斯公羊，奥克兰袭击者（Oakland Raiders)，田纳西巨神（Tennessee Titans) 和坦帕湾海盗在过去的 5 个赛季中，都进入了最后的决赛超级碗。在过去 12 届超级碗的参赛队伍中，有 1/3 来自旺德利克人事测验的成绩排名顶尖的几个队。

当然，旺德利克人事测验并非完美。比如，有的大学生运动员为了被选中，特别雇用老师进行辅导、复习，反复训练之后，成绩就如同中国学生的 GRE 和托福成绩一样，高得有灌水之嫌。另外，有些队员，一直凭卖力气吃饭，对这种测验从来不相信，在测验过程中满不在乎、精神不集中，分数自然过低。不过，总的来说，这个测验说明了运动员的整体智商水平。这也是橄榄球联盟 30 多年来一直将之作为选秀的工具的道理。

那么，旺德利克人事测验测的是什么？为什么打橄榄球智商这么重要？这就要看看旺德利克人事测验的具体内容，以及橄榄球比赛的一些特点。

智能测验在美国非常流行。从考大学的 SAT、考研究生的 GRE，到考商学院的 GMAT、考法学院的 LSAT，都属于智能测验的范畴。留学热中的中国学生，对此都相当熟悉。用来测试橄榄球运动员的旺德利克人事测验，和上述考大学、研究院用的智能测验非常接近。旺德利克公司的发言人称，这个测验的目标是检测一个人对他所面临的问题的领悟能力（类似我们所谓的“发现问题的能力”），以及他解决这个问题的速度。所以，每道题平均只有 15 秒钟来回答。下面是两个典型的题目：

1. 一条绳子卖 10 美分 1 英尺。你用 40 美分可以买多少？

2. RESENT（怨恨），RESERVE（保留）这两个字的关系是下面的哪一种：

A. 有相似的意思；B. 有相反的意思；C. 意思既不相似，也不相反。

类似的题目看似简单，但要在 15 秒内迅速作出判断、做到准确无误，就不是件容易的事情。在 GRE 等考试中，这样的题目其实非常典型。

为什么要用类似考大学和研究生的题目来考橄榄球运动员呢？看看美国的橄榄球运动就明白了。橄榄球和足球非常接近。但是，除了身体接触多外，橄榄球的一个最大特点就是比足球更有“研究性”。足球半场 45 分钟，教练最多在场边喊喊，喊得太多还可能被罚出场地，所以运动员基本上是凭感觉踢球。橄榄球则不同，不停地中断，每打一次配合，教练、四分位都要向队员布置战术，可以说每一步都是设计出来的。

另外，橄榄球的指挥权比任何球类运动都集中，四分位是绝对的统帅，必须根据场上的变化，迅速制定战略，向队员布置。一旦开球，又常常是“计划赶不上变化”，全队都要即时作出形势判断、决定自己该怎么办。所以，四分位的智商是最高的。比如上面提到的圣路易斯公羊，候补的四分位竟是哈佛出身，四分位之下最需要随机应变的殿后自由后卫，是斯坦福出身，接应边锋凯文·柯蒂斯（Kevin Curtis）则在旺德利克人事测验拿了 48 的高分。哈佛、耶鲁那些顶尖教授的智商，也不过如此。

在这样的竞争环境中，考分高的队员会随机应变，根据队友的位置调整自己的线路；考分低的队员，容易变成重复型的选手。比如，每次进攻，都是那么几条线路，没有变化，再强、再壮、再快，程咬金的三板斧砍完，就会被对方看透，容易防守。在防守时，对方突然变阵，自己不知所措，有力气又有什么用？田纳田巨神在智能上排名第三。其教练弗洛伊德·里斯（Floyd Reese）一语中的地说："考试分数高的队员更容易贯彻教练意图、领悟阵形的组合变化。打橄榄球几年下来，各种阵形组合、配合线路、位置的图式就会积累厚厚一大本，我自己都未必记得住。这套东西你大学毕业后再想学，门也没有。"可以想象，高水平的橄榄球运动员的头脑就像个小电脑，这些战术图式都存在里面，上场后根据形势变化，在几分之几秒的时间作出判断：用哪个战术，或者自己临时创造一个书上没有的战术。

也正是如此，弗洛伊德·里斯宁愿要一个在一时的身体接触中吃亏，但聪明的队员，也不愿意用那种体能超常无敌，却会犯愚蠢的错误的运动"天才"。他手下有位防守队员，既不够高大，又没有速度，身体条件平平，选秀时第七轮才被选上。我过去曾介绍过，橄榄球选秀，第七轮是最后一轮。这一轮被选上的，叫"七轮候补"，实际上是职业橄榄球的临时工，挣的钱比一般老百姓还低，不打工就养不活家。只有上场，才可能赚一大笔。但是这位"七轮候补"，在旺德利克人事测试上竟拿了 48 分，属于智商最高的。结果 2005 年比赛，头三场全部出场，是队里出场率最稳定的队员，一下子成了正选。

NFL 的制度，也对提高球星的智商有帮助。如今的 NFL 生意正火，NFL 的"准入权"，即参加 NFL 的资格，市场价值高达 10 亿美元。同时，由于没有升降级，为了保持各队实力，各队给运动员的工资总额必须完全一致。你花大钱雇几个超级球星，就没有钱雇其他队员了。所以，NFL 的队，已经不可能制定围绕几个明星打的战术，必须保持各个位置实力平均。这样，核心点多，比起围绕很少几个核心点的明星战术来，阵形的变化系数就大，战术就复杂。简单地说，橄榄球的阵形，更像古希腊的方阵，不是依靠某个将领的勇猛，而是靠每个士兵彼此的配合和纪律，谁也不能独来独往。

既然橄榄球对智商要求这么高，打橄榄球对提高智商大概也大有好处了。事实上，在美国的文化中，高等教育阶层从来对体育有敬意。各级学校，学生都打橄榄球。2005 年耶鲁一位学生进了 NFL，校报还非常自豪地介绍了一通，视为一大成就。斯坦福大学则是大学橄榄球联盟 A 组的队伍，旺德利克人事测试平均成绩为 28.8，高居大学橄榄球联盟 A 组第一。教育和体育，在人家那里完全融为一体。这样的体育文化，或者说教育文化，实在值得我们好好学习。

大学要“酷”

美国许多高中毕业生，上大学并非仅仅图名牌，还要找个“酷”地方度过自己一生最好的时光。毕竟这是他们离开父母独立生活后最年轻的日子呀！体育则是把学校变得“酷”起来的最有效的手段。其实不仅是一般不甚喜欢读书的学生，许多精英学生也有这种心态。所以，一些名校，如斯坦福大学、杜克大学、密歇根大学、宾夕法尼亚大学等，也不惜工本塑造全国闻名的球队。体育也正因此和教育水乳交融。

我大学里的一位同事，谈起他的儿子时常常叹气。他本是波士顿地区的名校布兰达斯大学（Brandeis University）本科毕业，后来进了波士顿大学法学院，和2004年民主党总统候选人克里同班，后来还一度在哈佛教过书。和他这个阶层的大部分家长一样，他非常注重对孩子的教育。他的女儿从缅因州的鲍登学院毕业，该校在《美国新闻与世界报道》的本科学院排名中列第六，和常青藤的质量差不多，让他非常骄傲。如今儿子快高中毕业，在班里名列前茅，而且游泳、篮球、橄榄球，样样在行，是学校里的明星，完全有进常青藤的实力。但是，这孩子对精英主义的名校竞争非常厌倦，表示上大学时要放松一下，首选佛罗里达大学，因为那里气候宜人，生活节奏舒缓，而且体育出色，篮球、橄榄球都是全美大学顶尖的队。一句话：那里才是他的天堂。2006年春节时见到这位同事，他还愁眉苦脸着寻思怎么说服儿子回心转意。2006年4月初美国大学篮球赛打得如火如荼。佛罗里达大学队一路杀进四强，并在半决赛中大胜黑马乔治·梅森大学(George Mason University)，最后击败加州大学洛杉矶分校，首次夺得全国冠军。看到这里，我暗暗为我的同事叹气：他儿子上佛罗里达是铁定的了。

其实，上佛罗里达并不算太差。毕竟该校如今在《美国新闻与世界报道》中的全美研究性大学的排名中列第五十名，至少离老爹读的布兰达斯大学（排第三十四名）相去不远。但如果他选择去了乔治·梅森大学怎么办呢？乔治·梅森的质量远比不上佛罗里达，但在这次比赛中最出风头。该校也一直计划借篮球来招揽学生。

为什么说乔治·梅森大学出了最大的风头？因为在四强中，加州大学洛杉矶分校是第二号种子，佛罗里达大学是第三号种子，路易斯安那大学队是第四号种子。这3个队谁拿冠军都在情理之中。乔治·梅森大学则是第十一号种子，而且是第一次进入二十五强，闯入四强是历史上最大的冷门。再看各校在篮球上的投资，佛罗里达是470万美元，加州大学洛杉矶分校是370万美元，路易斯安那是220万美元，乔治·梅森大学则仅百万美元出头，根本没有钱招揽最顶尖的选手。所以，乔治·梅森大学是这次比赛的灰姑娘，她一路斩杀了密歇根州立大学、北卡罗来纳大学和康州大学等几个超霸，创造了连自己也不敢相信的奇迹，深受媒体青睐。

乔治·梅森大学本是个首都华盛顿郊区的走读大学，1957年才建立，当时也不过是作为维吉尼亚大学的一个小校园而已。到了1972年才独立出来，正式的校龄仅34年，毕业的校友平均年龄才35岁，大都还没有在社会上发达起来，很难通过捐款来回馈母校。要和那些有百年甚至两三百年历史的学校竞争，自然很难。不过，从20世纪80年代中期以来，该校规模急剧扩张。如今有26700多个学生，已经属于大型大学。学校规模大，生源就成了生存之本。学校必须挖空心思招揽学生。2002年，该校的教授弗农·史密斯（Vernon Smith）获得诺贝尔经济学奖，名声大震。另外，该校的法学院也被《美国新闻与世界报道》评为全美最顶尖的40所法学院之一。于是，学校大兴土木建造校舍，试图一举改变走读大学的形象。

但是，美国的大学强手如云，想爬上优异的阶梯并非一朝一夕就能做到的事情。乔治·梅森大学虽然不断聘请名牌教授，渐渐建立了声望，特别是在教学上打出自己的特色，向法学教育倾斜，有法学院预科之称，但还是无法建立全国性的声誉，其80%的学生是来自维吉尼亚本州。为突破地域的限制，成为全国名校，该校负责招生的院长安德鲁·弗拉热尔（Andrew Flagel）在2002年本校出了一个诺贝尔奖得主后，起草了一个招生计划，目标是利用下一次媒体中的大事件，提高该校在全国的知名度。这个梦寐以求的预想中的大事件，就是该校在大学篮球赛中打入十六强。想不到，后来该校男篮竟打进四强，创造了奇迹。与佛罗里达大学的那场半决赛虽然失败，但媒体的曝光率远远高于另一场半决赛。到处都有人在谈论乔治·梅森。一夜之间，该校俨然成了一所全国名校。

这就是我曾经谈到过的“弗吕蒂效应”。1984年波士顿学院在全美大学橄榄球决赛中，四分位道格·弗吕蒂（Doug Flutie）一记妙传，让队友触地得分，获得冠军，一时间申请该校的人数大涨，捐款大增。如今学者们对这种“弗吕蒂效应”已经进行了比较细致的研究，虽然还无法得出一致的结论，但初步的结果显示：一个大学在体育上的成功，至少在短时间内会大大刺激报名学生人数的增长，捐款数额也会猛涨，只是这种捐款，一般是针对体育的特别捐款，而不是覆盖学校所有部门的一般性捐款。

不过，会经营的学校，能利用这个机会，把短期的优势变为长期的优势。这方面一个经典的例子就是贡萨加大学（Gonzaga University）。这所大学本来没有名气，仅4000多个学生。其篮球比赛，在学校仅3000个座位的体育馆中进行，从来没有被电视转播过。但1999年该校男篮一鸣惊人，进入区域决赛，于是捐款滚滚而来，最后得以用2500万美元新建了体育中心，篮球场有6000个座位。斯坦福、维吉尼亚大学等著名的队伍不时前来参加比赛，而且常常被实况转播。大学季后赛一场收入就过百万，由参加的学校和全美大学体育联合会分享，油水十分肥厚。贡萨加大学利用这一机会，稳稳地坐牢了美国大学男篮二十五强的位置。其比赛的联票变得如此难求，乃至要买就得买5年，未来3年的票已经全部售光。带有学校标志的服装、礼品，销售额自1999年以来上涨了12倍。球队有名，学校就有名，报名来该校读书的学生就多。该校的学生人数，从2000年的4765名，增长到如今的6100名。

这也难怪，作为新崛起的学校，乔治·梅森大学迫不及待地要把握住眼下的机会。几场球赛的胜利，使媒体把注意力集中在这所大学。人们突然知道，这所学校有诺贝尔奖得主，法学院是全美四十强之一，甚至乔治·梅森这个成为该校校名的历史人物，也引起人们的注意。《华尔街日报》指出，这位乔治·梅森本应被列为美国的建国之父，因为他为当时最大的北美殖民地维吉尼亚起草了宪法。美国开国的几位总统，除了亚当斯外，华盛顿、杰斐逊、麦迪逊等都是维吉尼亚出身，可见该州的历史地位。更重要的是，在维吉尼亚宪法中，乔治·梅森第一次写下了“人生而平等”的句子，是对人类的伟大贡献。后来这个句子被杰斐逊用在《独立宣言》的开篇，万古流芳。可惜乔治·梅森因为反对建立强大的联邦政府，拒绝在《独立宣言》上签字，成了被遗忘的建国之父，等等。还有哪个学校能指望这么被媒体关照？难怪乔治·梅森大学的校长艾伦·G.梅尔滕（Alan G. Merten）说：“机会已经被创造出来了，下面就看我们有多聪明、能有多充分地利用这样的机会。”该校从大学委员会（College Board）买下了5万名SAT高分学生的名单，以求有针对性地主动出击、招揽精英学生。同时，该校雇用一家专业公司，向 25 万潜在的申请者发出电子邮件，并且为被录取的学生设立专门网站，招生办公室也拿到了 75000 美元的追加经费。显然，乔治·梅森大学的目标就是建立全国声誉，脱离地域学校的状态。

要知道，美国许多高中毕业生，上大学并非仅仅图名牌，还要找个“酷”地方度过自己一生最好的时光。毕竟这是他们离开父母独立生活后最年轻的日子呀！体育则是把学校变得“酷”起来的最有效的手段。其实不仅是一般不甚喜欢读书的学生，许多精英学生也有这种心态。所以，一些名校，如斯坦福大学、杜克大学、密歇根大学、宾夕法尼亚大学等，也不惜工本塑造全国闻名的球队。体育也正因此和教育水乳交融。

美国大学球队教练的工资

> 指的是在1984年全美大学橄榄球决赛中，波士顿学院队的四分位弗吕蒂在关键时刻一记美妙的传球，使波士顿学院战胜了迈阿密大学，成为全美冠军。一时间，申请该校的学生增多，校友捐款也踊跃。一系列研究证明，大学运动队在全国大赛中告捷，直接影响到其学生报名申请的人数和校友捐款的数量。球打得好，学校的声誉也会提高。

美国大学里哪个阶层工资最高？虽然目前已经有5位校长年薪（加福利）超过百万，但他们的工资绝不是最高的。从学校拿走最大的工资单的，恐怕就是我们中国大学里最不起眼的“体育老师”，也就是说球队的教练。

不妨举个例子。佛罗里达大学校长，2005年挣不到48万美元。该校的篮球教练则挣170万美元，比校长高3倍半。密歇根州立大学校长挣34万美元，该校篮球教练挣160万美元，比校长高快4倍了。杜克大学有南部耶鲁之称，校长年薪55万多美元，但同校的篮球教练年薪140万美元。康州大学校长年薪48万多美元，但同校篮球教练年薪150万美元。肯塔基大学校长年薪50万美元多一点，同校篮球教练竟挣190万美元！如今都说大学校长薪水越来越高。但是人们忘记了，在一所规模大的大学聘一个教练的钱，够聘几个校长的了。大家还不要忘记，这些大规模的大学，并非仅有篮球队，常常还有橄榄球队和其他许多运动队。虽然其他教练不可能薪水太高，但是篮球和橄榄球这两个队，百万以上年薪的教练可谓司空见惯。

为什么会如此？因为大学体育已经是一个巨大的市场。大学篮球、橄榄球一级联赛的上座率、电视转播收入、广告收入，仅次于NBA、NFL。但是，一个大学生运动员的花费，不过是一笔上学的奖学金而已，和NBA、NFL的一个职业选手几百万，甚至上千万的年薪比，成本低得几乎可以忽略不计。

这也是为什么大学纷纷投资这些项目的原因。比如密歇根州立大学，投在篮球上的钱一年高达600多万。杜克大学年投资达到740万。篮球不比橄榄球，虽然两个都赚钱，但橄榄球规模大，上场队员多，传统强队优势大。要塑造一支优秀的队伍，需要多年的经营。篮球简单，场上仅5个队员，弱队找到个好教练，招几个优秀队员，一下子就翻身。所以，篮球是挣快钱的地方。在美国大学篮球中，效益最好的是亚利桑纳大学，每年投资篮球410万，收入1660万。在美国大学篮球一级联赛中，70%的队是赚钱的。这一水平从1993年以来维持至今，非常稳定。

当然，各校球队的效益不一。美国人经营体育，算钱钉是钉铆是铆。他们一定要算到花多少钱才能赢一场这种细节上。贡萨加大学2005年仅投资篮球160万美元，不到同级队平均水平的2/3，但如今排在第四的位置上，效益奇高。波士顿学院投入篮球250万美元，仅排第十一，逊色不少。但是，人家一算账，平均赢一场球的投资为不到10万美元。相比之下，另一所大学马凯特（Marquette）要花30多万美元才能赢一场，成本比波士顿学院的赢球成本高3倍多。但是，即使这所学校，篮球还是在赚钱。难怪体育经济专家指出，大学篮球是一个运转良好的买卖（走笔至此，不禁想给中国足球界提个建议：算算我们的国家队、职业队，每赢一场要投资多少，并以此作为衡量投资效益的指标）。

这些篮球投资，有40%是花在教练身上。如今年薪过百万的大学篮球教练已经有十几位了。其次的开支是旅行经费。这个数字也常常接近百万。特别是一个队要乘包机出去比赛，花销甚大。当然，有些省钱的学校，用个大轿车让球队“拉练”，省下一大笔开支。

目前让人忧虑的是，大学体育经济虽好，但开支的增长有超过收入的势头。最近几年，大学体育投资的增长率比大学预算的增长率高3到4倍。比如康州大学，自1999年赢得全美大学男女篮球双料冠军后，篮球收入增长了44%，2005年达到770万美元。但是，投入在同期翻了一番，2005年达到550万美元。虽然还是赚钱，但投入总是超出收入的增长率，过不了几年，就可能出现赤字。

为什么会有这样的趋势？一是因为竞争太激烈，油水太大，大家都要争相一赌。特别是在季后赛的淘汰战中，每多活下来一场，电视转播收入就滚滚而至。这对一些小学校而言，是非常重要的财政收入。但是，更重要的恐怕还是在一些非直接的收入上，即所谓的“弗吕蒂效应”。

所谓“弗吕蒂效应”，指的是在1984年全美大学橄榄球决赛中，波士顿学院队的四分位弗吕蒂在关键时刻一记美妙的传球，使波士顿学院战胜了迈阿密大学，成为全美冠军。一时间，申请该校的学生增多，校友捐款也踊跃。一系列研究证明，大学运动队在全国大赛中告捷，直接影响到其学生报名申请的人数和校友捐款的数量。球打得好，学校的声誉也会提高。一流大学，如哈佛、耶鲁，可以不在乎这些。因为进那里读书的学生知道上学是为什么。所以一流名校中，在一级联赛中逞威风的，也只有杜克大学、斯坦福大学、密歇根大学等少数几个学校。但是，一般的州立大学，教育对象常常就是一些喜欢赶时髦的年轻人。他们常常一看这个学校赢了球，或者有超一流的健身房，就觉得那里酷，马上决定报那个学校。报名的人一多，学校自然有竞争力。

这一点在康州大学表现得格外明显，也许我们可以称之为“康州效应”。康州大学篮球是传统强队，特别是女篮，简直就是梦之队。任何学校偶尔击败康州女篮，都可能成为全国报纸的头版新闻。1999 年该校男女篮成为全美双料冠军，当地老百姓倾城出动，游行庆贺。这所普通的州立大学，顿时名声大噪，校友们慷慨解囊，州政府也加大对学校的拨款，财大气粗后，学校又盖实验大楼，又聘明星教授，野心勃勃地要升级。在这种情况下，谁还敢亏待球队？

不过，有一利必有一弊。学校拿篮球当摇钱树，忽视了队员的教育。甚至在录取运动员时网开一面，把几乎目不识丁的队员录取到大学中来。这方面的问题，如同我在另文讨论的橄榄球队的问题一样严重。2006 年 2 月 25 日，《纽约时报》又发表长篇调查，题目为《只教篮球的学校》(*Schools Where the Only Real Test Is Basketball*)，揭露了许多假高中，只雇篮球教练，上课就是打球，考试就是比赛，一堂文化课也没有。最后这些学生都还拿到高中毕业文凭，进了大学。体育沾教育的光赚钱，商业化冲击大学教育质量，已经成为媒体讨论的重要话题。全美大学体育联合会面对压力，几经讨论，反复许诺要采取措施。但是，措施常常变成一纸空文。面对这么肥的财政收入，面对球场上如此激烈的竞争，让谁撤手也不容易。

体育本来是美国人培养精英的一个重要手段。可惜，如今许多大学，把体育“外包”给弱势阶层，一般大学生反而成了看客。与此同时，体育明星天文数字般的收入，给穷孩子一种幻觉，觉得自己只要打球，早晚也有那一天。这种不现实的梦想，如同毒品一样，把许多穷孩子推向运动场。但是，美国职业体育的水平越高，选拔人才的竞争就越激烈，当职业明星的梦就离这些穷孩子越远。特别是在黑人中，体育就是让大多数黑人青年，把自己的钱全交给了科比（Kobe Bryant）等几个明星。几百万人的赤贫，创造了几个百万富翁。

大学篮球场上的贵族席

一个大学队，不仅要靠水平吃饭，还要倚仗学生和校友对母校的认同。特别是校友，是捐款的主力。出了钱，学校给个贵族席坐在大学篮球比赛的前面，在全校师生和校友面前，多么风光！这是一种社会的承认。

美国大学篮球季后赛正进入白热化阶段。表现良好的波士顿学院队终于再一次被击败，与本区的冠军无缘。然而，600位持有波士顿学院主场比赛联票的人接到通知：每张票价2007年将涨到1000美元！

一张大学比赛的篮球票卖出这个价，实在让人目瞪口呆。不过，这不是一般的票价。波士顿学院主场是美国大学篮球一级联赛大西洋海岸赛区倒数第二小的，只有8606个座位。一张上排的普通座位，票价15美元。但是，围绕球场的低排600个座位，是专门给那些为波士顿学院体育项目捐款的人准备的。这1000美元，实际是捐款，是占有这种座位的最低价格。有许多人捐的比这个数要多得多。

波士顿学院在《美国新闻与世界报道》的研究型大学排名中一直居第四十位上下，至少算是个二流名校了，而其体育上的声望恐怕要超出其学术的声望。这个有9000个本科生的大学，竟有31个项目的运动队，平均290人就有一个运动队，其中12个男队和15个女队，都是一级联赛的队伍，体育奖学金的总额达1100万美元，体育经费在大西洋海岸地区的大学中是第一位。除此之外，学校还资助42个项目的运动，5400个学生每年参加竞技，占学生总数的60%。该校又能把高学术水平和高运动水平结合起来，运动员学生的毕业率，在全美一级联赛的大学中排名第六。其中橄榄球队的毕业率在全美一级联赛的大学中排名第一。波士顿学院的男女篮，都是劲旅，也是重要的营利体育项目。所以，这600个座位，几十场比赛，一年下来就是一笔巨款，可以保证该校在体育奖学金上的优势。而一般而言，拿着这种捐助性年度联票的人都非常忠诚。过去波士顿学院曾把这种票的价格从220美元涨到470美元，翻了一倍还多，但是没有一个人退票。因为有钱的人有的是。你一退票，别人就抢了这个贵族席，再想要回来可没有那么容易。

美国东部大学十六强中，除了两所学校外，都采取了这样的制度。其中杜克大学的主场有9191个座位，那里的联票大概是最贵的。想买联票，先捐1万美元，座位也不过是在篮板后面的上排。要买真正的贵族席，4万美元捐款是底线。

这种天价联票，反映了美国大学体育已经热到什么地步。说实在的，即使顶尖的大学队比赛，比起NBA的水平还是差一截。最近更有不少篮球天才干脆绕开大学，高中毕业或者没有毕业就直接进了NBA，表现比从大学选来的秀并不差。也怪不得人们说，大学联赛是占大学教育的便宜。一个大学队，不仅要靠水平吃饭，还要倚仗学生和校友对母校的认同。特别是校友，是捐款的主力。出了钱，学校给个贵族席坐在大学篮球比赛的前面，在全校师生和校友面前，多么风光！这是一种社会的承认。想想看，9000个本科生的大学，主场8606个座位，600个贵族席，占了其中的将近7%。无论是来看比赛的学生，还是给体育捐款的人，都不是个小数。我说美国的许多大学是半个体校，恐怕此言不虚。

体育不能从教育中独立

大学本来以体育作为教育手段，于是有了运动队。但运动队的广告效应、经济效益，在短期内比教育明显。结果大学体育渐渐从大学教育中独立。于是进大学只需 400 美元买张高中文凭。所以，教育界人士开始发难，要求大学体育回到教育本位，要刹刹这种无法无天的运动队。否则，有些大学就将沦为体育公司了。

我过去写过不少文章，说体育是美国精英教育的一部分，美国的大学是美国体育的大本营。两者结合得好，就会相得益彰。但结合得不好，就会两败俱伤。结合得比较好的，是一些拒绝为运动员特长生降低标准、运动水平相对较低的学校。这些学校，常常是一流的精英院校，参加的大学联赛也基本上是水平最低的三级联赛，但教育质量有保障，学生运动员功课常常非常优异。结合得不好的，一般是我们在电视上看到的那些最风光的大学橄榄球、篮球队。这些队一般来自二流、三流的大学，靠体育奖学金招收有近乎职业水平的运动员特长生。这些学生不会读书只会打球，极少数幸运儿最后进了职业队，大多数则在上学期间拼命打球，打到没有资格再打的时候为止，最终既不能靠打球谋生，又没有接受大学教育，一无所成。

体育比教育更有广告效力。两者在大学里联手，本来教育是目的，体育是手段，但体育总能喧宾夺主，误导年轻一代。你看看美国的职业橄榄球、篮球明星，许多是黑人贫民窟出身的穷孩子，如今全是千万富翁。于是穷孩子要出头，就要学他们。体育是脱贫之道，已经在穷人社区里成了一种神话。许多孩子几乎把自己的每一分钟都用在练球上，想的就是靠体育奖学金进大学，参加大学联赛，最后被职业队看中。这也是美国草根体育的基本动力之一。

这样的孩子太多，运动人才当然多。人才多，成功的比例就小。毕竟职业队的位置是有限的。不用说成为职业明星的概率如同买彩票一样低，就是进职业队的预备队——大学队，也非常之难。那些拼命用奖学金招特长生的大学，虽然不断降低录取的文化课标准，但大学毕竟是大学，想进大学首先要高中毕业。结果在这些不读书的运动员中，高中文凭变得日益抢手。我们中国人对诸如《围城》中的“克莱登大学”之类留洋的假文凭非常熟悉。但美国竟有“克莱登中学”，专门以出售高中假文凭为业。

根据《纽约时报》2005 年 11 月的报道，佛罗里达有一所名叫“大学高中”(University High School) 的学校，以 399 美元的价格，销售高中文凭。其广告公然宣传自己提供“最容易、最快的”办法帮你获得高中文凭。美国如今大学基本普及了，高中文凭几乎是废纸一张，但是在运动员学生中却炙手可热，乃至此校在这群人中成为一所“名校”。在最近两年，这所“学校”为全美大学体育联合会输送了几十名运动员，其中至少有 14 位在水平最高的一级橄榄球联赛中打球!

这所“高中”，坐落在一家动物医院和一家星巴克咖啡店之间一栋办公楼的三层，一共两间小房间，里面有 3 张桌子、3 位雇员，这基本就是这所“名校”的规模。在给佛罗里达州政府申报的文件上，该校说有 6 位教师。但是，在《纽约时报》采访的毕业生中，没有人上过任何课，更没有见过老师，只和一个人打过交道，那就是这所学校的主人迈克尔·金尼 (Michael Kinney)。这位迈克尔·金尼在 2004 年刚从斯坦利·西蒙斯 (Stanley Simmons，也就是学校的创建人) 手里买下了这所学校。西蒙斯本人是办学老手。他在 1989—1990 年间，就因为在亚利桑那州卷入出售假大学文凭的案件蹲了 10 个月联邦监狱。年仅 27 岁的金尼在 2003 年也曾经因为持有毒品而被警察逮捕。唯一有资格的人，是这个学校的校长、在当地一所社区学院教书的约翰·M. 麦克劳德 (John M. McLeod)。他曾以校长名义写信欢迎新生。不过，这位“校长”被记者一问，才大吃一惊，说他和西蒙斯在 20 世纪 70 年代见过一面，不知道有这回事，那封信他从来没有见过，签名也是伪造的。

如今在这所学校注册的有 400 名学生，平均年龄高达 36 岁。附近穷社区的橄榄球运动员从 2004 年开始在这里注册，几乎一夜之间，这所学校成了给美国大学最高水平的橄榄球联赛输送人才的基地。那些不认字但能打球的运动员，买到文凭后，由此可以“立身出世”。

这一丑闻给全美大学体育联合会带来莫大的羞辱。该联合会正在努力提高对运动员的学业要求。但此举受到许多教练的抵制，行动十分缓慢。大学本来以体育作为教育手段，于是有了运动队。但运动队的广告效应、经济效益，在短期内比教育明显。结果大学体育渐渐从大学教育中独立。于是进大学只需 400 美元买张高中文凭。所以，教育界人士开始发难，要求大学体育回到教育本位，要刹刹这种无法无天的运动队。否则，有些大学就将沦为体育公司了。

美国精英大学中的体育特长生

哈弗福德学院的兜网球教练，在2006年新生录取过程中提出了20个运动员候选人，平均SAT成绩为1320分，比该校往年新生的平均分1380分只低60分。不过，这些学生仅是候选人，并不保证一定被录取。再以更精英一点的阿默斯特学院为例，新生的SAT平均成绩是1442分。体育特长生的平均成绩，比这个水平低60到75分，打折仅4%～5%，也就是接近1400分。这个成绩，根据《美国新闻与世界报道》提供的数据，已经达到上一流大学新生的平均成绩。

我已经讲过，在美国，体育和教育融为一体。结合得不好，就会培养一群大字不识几个、也进不了职业队的球星。这在大学橄榄球、篮球的一级联赛中特别常见。其主要原因，是高度商业化的体育，腐蚀了体育的教育价值。但是，体育和教育结合得好的时候，两者相得益彰。学生通过体育塑造了自己的人格、品性，体育也把大学作为最重要的人才基地。这样的成功例子，主要在不给体育奖学金的精英大学，而且多集中在缺乏商业价值的项目上。比如冬奥会，除了若干顶尖的热门项目选手外，其他人不打工几乎都无法维生，差不多所有项目都没有商业价值。可是，美国顶尖的（也是纬度最高的）常青藤名校达特茅斯，竟有13位校友和学生参与2006年冬奥会竞争。若再追溯历史，美国最优秀的马拉松选手、1972年的奥运会金牌得主弗兰克·肖特（Frank Shorte），就是耶鲁出身。后来马拉松运动商业化，美国大学选手在这方面就丧失了优势。

美国的大学体育，和奥运会原初的精神一脉相承，都反映了西方文明的人文传统。体育是塑造人格的重要手段，但本身并不是目的。所以，奥运会本以业余相号召。大学也不会特别为体育特长生大开方便之门。反正体育是精英教育的核心。上大学的人，许多人身手不凡。其中才能特异、走火入魔者，就去奥运会玩玩。拿了奖牌后，该干什么还干什么，在各自的事业中继续成长。谁也不会靠体育吃饭。

如今世道变了。商业化的体育，如篮球、橄榄球，把体育的业余精神冲得无影无踪。而由于近年来大学录取的竞争日益激烈，本来那些冷门体育，并不具有商业化的油水，可是为了进名校，莘莘学子都将之当成了敲门砖，竞争的激烈程度，比起职业体育来也不相上下，形成了冷门体育热的局面。

要知道，美国精英的大学，一般不设体育奖学金。也就是说，你即使有奥运会冠军的水平，也得和一般的学生一起竞争，大家比考分，比履历，比作文。但是，完全一视同仁是不可能的。毕竟体育是教育的核心，精英院校的运动队也多如牛毛，需要些运动上出色的学生来挑大梁。另一方面，由于入学竞争愈演愈烈，学生的分数、履历等条件都半斤八两。在这种不相上下的局面下，一旦有项体育专长，被学校的教练看中，就会脱颖而出。

以哈弗福德学院为例，一般新生的平均 SAT 成绩为 1380 分，被录取的学生(包括那些最后没有来而去了其他学校“高就”的）平均成绩为 1420 分。一个运动特长生要想挤进来，成绩也要差不多是这个水平。比如一个女足队员莫妮卡·斯特格曼（Monica Stegman），SAT 成绩为 1380 分，其中数学还得了满分，在其高中毕业班里排名前 5%。约翰-保罗·卡什奥拉（John-Paul Cashiola）是男子兜网球的守门员，SAT 成绩为 1200 分，离平均线差不少。不过是少数民族，而且父母都没有上过大学，苦出身受到优待。他花 5000 美元投入录取竞争，最终挤了进来。光靠体育，有 180 分的 SAT 劣势，怕是无法成功。特长生实际上是靠自己的体育才能吸引教练的眼球，让教练帮自己到学校游说。所以有人说特长生的优势是在校内有个游说团。不过，即使被教练选中，在 13 个中还有 5 个不被录取。一位长跑队教练还说，如果运动员 SAT 成绩低于 1400 分，他不会特别为之卖力。

哈弗福德学院是一所精英的袖珍型本科生学院，仅 1100 个学生。30 年前取消了橄榄球。如今保持有 21 个体育项目。除了男女长跑队外，全是大学最低等级的三级联赛的队伍。15% 的新生是运动队的队员，40% 的学生参加各种体育比赛。大学在体育上一年的预算为 180 万美元。可见体育在这所大学教育中的地位。

不过，给体育特长生一点录取上的小照顾，在校园里引起了激烈辩论。社会学教授马克·古尔德（Mark Gould）直言不讳地说：“我们这所学校追求的是学术优异，体育当然重要，但体育在录取中不应该成为一个因素。现在体育在录取中占的份量太大了。”另一位二年级的学生说：“学校花 3000 万美元建一个运动中心，而不建艺术中心。那些运动员一天到晚聚集在一起。但体育给我们的学术环境带来了什么？这完全是笔糊涂账。”

不过大多数学生对运动员特长生的存在不以为意。各种调查表明，在学习成绩、专业的选择等学术指标上，运动员和非运动员学生几乎没有区别。这一点让支持运动队的校长感到骄傲。因为普林斯顿大学出版社出版的两本书，调查了常青藤院校和精英大学的运动员的学术表现，发现运动员的成绩偏低，而且选择专业倾向于集中在几个容易的专业上。

那么，上精英大学，体育特长生是否得到照顾？如果得到了照顾，又是什么样的照顾？要回答这个问题，就得看看具体的数据。而最好的切入点，就是全美大学体育的三级联赛。

我已经介绍过，三级联赛是全美大学主要体育联赛中最低的一级，也是规模最大、最多元化的。其成员包括400多个院校。三级联赛最重要的规矩，就是不许给体育奖学金。不过，即使不给体育奖学金，录取的程序也非常神秘。各大学常常守口如瓶。因为许多三级联赛的院校，都是美国顶尖的大学。靠体育进去不是为了把学校当成进入职业队的跳板，而是以体育的特长，在进名牌大学时受到一些照顾，鲤鱼跳龙门，用最好的教育把自己塑造成社会精英，所以竞争非常激烈。大家眼睛都睁得雪亮：在这场入学拼杀中，谁抢跑了，谁犯规了，谁在进行不公平竞争？

在这样的压力下，体育特长生难免成为众矢之的，让人觉得他们来路不正。所以有些参与体育特长生录取的大学官员认为，应该把体育特长生的录取过程透明化。因为体育特长生确实受到一些照顾，装糊涂是不行的，掩盖真相只能使学校失去公信。事实上，精英院校对体育特长生的照顾非常有限，也有严格的规定。大家看到真相后，就会明白：原来事情并非像他们想象得那么坏！

一般而言，三级联赛的体育特长生录取有两个系统。一个是有指标的系统，一个是无指标的系统。有指标的系统是各学校严格规定特长生在新生中的比例，按定额招生。无指标的系统则比较灵活，看情况决定招收多少。

“新英格兰小大学协会”用的是指标系统。读者不要望文生意，一看“小大学”就以为这是些不重要的大学。其实，美国本科生教育，一大阵地就是精英的小大学。这些小大学的水平、学生素质和竞争力，和常青藤不相上下。所不同的是，这些小大学走的不是研究大学的模式，以教学为主，规模袖珍，推行寄宿制，学生和教授关系密切，质量非常高。比如这个“新英格兰小大学协会”的成员，包括威廉斯学院、阿默斯特学院、卫斯理大学（Wes-leyan University）、米德尔伯里学院等顶尖级的名校。这些学校确定特长生的指标，有特定的公式。首先要确定运动队的数量，然后乘 2。如果有橄榄球队，就加 14（因为橄榄球队的人数多），这样得出的平均数额大概是 70 名。其中威廉斯学院、阿默斯特学院和卫斯理大学三个学校同意把每年招收的特长生的数量限制在 66 名以内。不过阿默斯特学院曾经在 20 世纪 90 年代末招到 96 名。米德尔伯里学院在过去 10 年中赢得了 7 项体育赛事的 24 次三级联赛全国冠军，年体育投资 400 万美元，是小大学中的体育大户，其特长生的名额高一些，在 74 个左右。

以中国的标准看，这样的人数看起来小，其实则大得不得了。这些小大学，学生人数常常不足两千，有的才一千出头。体育特长生在学生中的比例达 15% 到 30%！这简直就是半个体校了。也怪不得大家对体育特长生盯得紧。因为他们抢了太多功课比他们好的学生的位置。这也反映了美国大学对体育重视的程度。不过，话说回来，这些仅是运动水平最低的学校。这些学校要参加体育比赛，只能当低层院校。它们更在乎的是维持自己的学术水平和精英的位置。因此不可能对 20% 上下的学生网开一面，否则还怎么竞争呢？所以，体育特长生的功课，都必须达到一定的标准才有可能。

前面提到的哈弗福德学院的兜网球教练，在 2006 年新生录取过程中提出了 20 个运动员候选人，平均 SAT 成绩为 1320 分，比该校往年新生的平均分 1380 分只低 60 分。不过，这些学生仅是候选人，并不保证一定被录取。再以更精英一点的阿默斯特学院为例，新生的 SAT 平均成绩是 1442 分。体育特长生的平均成绩，比这个水平低 60 到 75 分，打折仅 4%～5%，也就是接近 1400 分。这个成绩，根据《美国新闻与世界报道》提供的数据，已经达到上一流大学新生的平均成绩。这样录取的学生有 66 名。另外，有 50 到 60 名的运动员，由于成绩和一般的学生完全没有区别，没有作为特长生而是正常被录取。两者相加，有 120 名上下的运动员学生。在该校 425 名新生中，占了将近 30% 的比例。这大概反映了美国一个精英大学教育中的体育含量。

大款玩命

——硅谷的新企业文化

这些企业精英，挑战的不仅是高科技的极限，而且是身体的极限。他们希望做一个全方位的超人。实际上，成功白领的中高产阶层，都在体育运动上显示了类似的倾向。他们不愿意坐在职业球赛的观众席上当被动的看客，而要自己主动参与：自行车、长跑、划船……并把体育变成他们的一个社交中心。可以毫不夸张地说，硅谷的大款玩命，不过是在白领时代的参与型体育中所形成的一种新型的上流企业文化。

人所共知，大款的主要体育活动是高尔夫球，但美国的新大款却与众不同。20 世纪 90 年代崛起的硅谷“风险资本家”（venture capitalist），正在重新塑造大款的体育文化。

这些人对传统的高尔夫球并不青睐。他们玩儿什么？玩命！比如一家软件公司的 44 岁的总裁扎卡里·A. 纳尔逊（Zachary A. Nelson），最喜欢的是抓鲍鱼。这项运动，要求他不携带任何潜水呼吸器，在充满锋利的礁石的海底，冒着被鲨鱼攻击的危险进行潜水。他的同伴，则是一个互联网公司的副总裁迈克尔·瓦拉赫（Michael Wallach）。他们最近的斩获是：纳尔逊从海底巨藻床上摘下一个直径达 10 英寸的罕见软体动物，两人同时决定将两家公司的软件产品合并开发。

这种风险体育，或称极端运动，已经代替了高尔夫球，成为硅谷上流社会的重要社交手段。许多生意是在这个圈子里谈成。至关重要的人际网络也是靠参与这样的体育来建立。就像你开的车、住的房子是你的社会地位的标志一样，参与什么样的风险运动，也常常反映了你在硅谷的阶层。低层的白领们，纷纷效法老板们玩命，在企业中向上爬。上面那位潜水专家纳尔逊不无得意地说：“硅谷的企业常常是被一些极端的人格所驱动，我的销售副总裁，潜水的瘾永远也过不完。”

当然，纳尔逊的风险潜水，并非硅谷唯一的潮流。最流行的恐怕是长距离自行车和长距离游泳。不过，这两个看起来普通的项目绝非平淡无奇。比如51岁的风险资本家兰迪·科米萨尔（Randy Komisar），周末时一天的自行车训练达70英里，超过两个半马拉松的距离；一年则骑一万多英里。但是，当他和生意伙伴会面时，发现另外5位企业领袖在那里竞相夸耀自己每周的自行车训练里程。他自己不过是个平平之辈。这位科米萨尔先生20世纪80年代在生意上起步时是波士顿的一位律师。当时流行的是单打式墙网球。现在到了硅谷，则非自行车莫属。他不无感慨地说："在硅谷，周末公路上骑车的人中许多是非常有影响的人物。而且他们之间在自行车上有许多真刀真枪的竞争，并不是随便闹着玩玩。加入他们的行列能让你认识许多决策人物，甚至达成交易。一句话，自行车就是新式的高尔夫。"由于自行车的流行，一家自行车赛俱乐部 Webcor/Alto Velo 的会员人数近年增长了20%，达到400多人。大家周末一起进行50英里之遥的沿海长途奔袭。大部分人来自硅谷的高技术公司。用一家高科技公司的研究部主任保罗·萨福（Paul Saffo）的话来说："你要不是这些自行车队里的一员，你就成不了一个生意伙伴。"

另一个项目则是户外长距离室外游泳。据一位爱好者——思科（Cisco）系统的产品经营专家、35岁的布赖恩·伯格曼（Brian Boeggeman）估计，这项运动的参与者最近5年增长了4倍。他们的冒险包括横渡塔霍湖（Tahoe Lake）冰冷的水面，或从圣弗朗西斯科湾游到海中的一个岛，然后再游回，其间需要穿过几个危险的急流。用伯格曼的话说，硅谷的人大多是工作狂。这样有冒险性的长距离游泳，能让你回到自然，感受到自己的身体，觉得自己在燃烧。同时，你会认识许多在其他场合不可能认识的人。大家一起冒险，有一种生死与共的感觉，彼此结成牢固的纽带，在生意场上当然也容易相互信任。

当然，这样的运动，并非周末玩玩就行，平时还要进行严格、刻苦的训练。伯格曼大学时是个水球运动员，如今为了长距离游泳运动常常一天在游泳池训练4500英尺。利萨·黑曾（Lisa Hazen）是一位41岁的生物工程公司的信息技术经理。她每周有3天要早晨4点起床，在游泳池进行两个半小时的训练。她还常常利用午餐时间去健身房进行力量训练。这样的训练使那些习惯于超时工作的高技术精英们的日子变得像是场没有一刻停歇的战争。大家必须过严格的军事化生活，早睡早起，否则就赶不上凌晨的训练课。而女性的大量参与，也改变了硅谷人的爱情生活。一位31岁的企业总裁奥朗·霍夫曼（Auren Hoffman）感叹："在圣弗朗西斯科的高技术圈子里，你要找一个没有参加过3次铁人三项的女人约会简直太难了！"

这样的企业文化，到底是如何形成的呢？从本质上说，这还是盎格鲁－撒克逊精英传统的发扬光大。十八九世纪英国崛起于世，以极少的人口统治“日不落”的帝国，必须有好战、冒险、以一当十的精英帝国战士才能胜任。为了培养这种精英，英国的公学继承了斯巴达的传统，特别强调体育训练。这种训练的目标，是培养孩子坚强的意志、忍受痛苦的能力、与队友同甘共苦的纽带、对集体的忠诚、荣誉感和牺牲精神。这套方法，很快被介绍到美国的精英寄宿学校，并进入大学，影响到常青藤的教育。比如在1869年到1933年间统治哈佛的两位影响最大的校长查尔斯·艾略特和劳伦斯·洛厄尔，都是拿过冠军的竞技型运动员。从罗斯福到福特、里根，乃至布什、克里，美国的政治精英许多也都是运动狂。硅谷这些风险资本家，大都被这样的教育制度训练出来，自然不会例外。

在另一方面，硅谷的这些学校出身的高技术新贵和传统的企业精英有所不同。传统的企业精英常常出身草莽或世袭豪门，比较有等级。他们只要爬上精英阶梯的顶端，就可以俯视众小，在老百姓进不去的高尔夫球俱乐部和一群身体发胖的同僚慢条斯理地周旋。硅谷则大为不同。只要有能力，财富几乎一夜之间就可以创造出来。你见了一个穷兮兮的研究生也不敢怠慢，谁知道他明天会不会创建一个Google呢？相反，以万贯家财守成却不易：你很快会被别人超过，变得无足轻重。所以，硅谷的企业文化非常平等。人无高低贵贱，但竞争非常激烈，一切决定于你是否是一个超人，具有极端性冲动的人格，敢不敢干别人不敢想的事情。这种突破极限、创造奇迹的风险资本家精神，自然塑造了他们所从事的运动。

我们还必须看到，高科技实际上是碗年轻饭，大家必须为“年轻”这一本钱保值。黑曾女士在讲起她早晨4点起床训练两个半小时的习惯时说：“这也许是因为我们拒绝接受自己正在变老这一事实。”这种心态在硅谷特别典型。高技术日新月异，现有的东西转眼就过时。而每年有几千位野心勃勃、才能卓著的大学毕业生“入侵”硅谷。这些小比尔·盖茨们充满了新思想和冒险精神，很可能转瞬之间就征服硅谷的“原住民”。老一代要想在这个领地站住，就得要在这些年轻气盛的“征服者”面前证明自己能玩年轻人玩的东西。这大概也可以解释为什么风筝冲浪（kitesurfing）这样的高惊险体育近三年风靡硅谷。这一项目的参加者要双脚绑在一块冲浪板上，然后借助风力用一个类似降落伞的大风筝把身体从海面上拉起，时速最高可达50多公里。这时人就如同鸟一样在天上飞翔。尽管这项运动自2000年以来已经导致将近20人的死亡，但依然阻止不了那些IT老总们。像一个网络公司的副总裁皮埃尔·沃尔夫（Pierre Wolff），已经41岁，依然豪情万丈，可以一天玩 6 次风筝冲浪。他常常在海滨成交自己的生意。在这些人看来，没有类似 20 岁小伙子那样的玩儿命精神，在硅谷的风险高科技领域就别混了。

比起打高尔夫球的企业精英来，这一代玩命的新精英领导着后现代的上流社会体育。打高尔夫球的老板们统治的，是一个以制造业为基础的蓝领世界。在这个世界中，“劳心者治人，劳力者治于人。”许多老板是白手起家，什么粗活都干过，卖够了力气，成功后自然不愿再卖力气。于是高尔夫球就在他们之间成为时尚。如今这些从事极端体育的老板们，则很少和制造业有什么关系。他们统治的是一个白领的高科技世界。即使在艰苦创业的时刻，他们也不是在那里扛大包、挖土方，而是一天十几个小时在计算机前“熬脑子”。所以，他们即使是为了维持自己的工作效率，也要活动一下肢体。构成这些新企业精英的社会基础的，是经济学家理查德·佛罗里达（Richard Florida）所谓的白领“创造阶层”。这个阶层在业余生活中与蓝领有鲜明的不同。比如，在美国的一些湖泊、河流上，开汽艇的大多是劳动阶层，而满头大汗地在那里划船的，大多是白领。在前者眼里，后者简直就是在“干活”，而不是休闲。所以，在所谓创造阶层聚居的地方，人口的健康指数最高。根据佛罗里达的统计和评估，旧金山的“创造指数”在全美排第一，其健康指数排第五，仅次于圣地亚哥、西雅图、华盛顿等其他几个充满高科技精英和统治阶层的城市。

总之，这些企业精英，挑战的不仅是高科技的极限，而且是身体的极限。他们希望做一个全方位的超人。实际上，成功白领的中高产阶层，都在体育运动上显示了类似的倾向。他们不愿意坐在职业球赛的观众席上当被动的看客，而要自己主动参与：自行车、长跑、划船……并把体育变成他们的一个社交中心。可以毫不夸张地说，硅谷的大款玩命，不过是在白领时代的参与型体育中所形成的一种新型的上流企业文化。

教皇的体育与王子的体育

教皇和王子，都属于旧时代的权威，与现代社会都有些格格不入。不过，衰老的教皇却像个摇滚歌星一样地有人气，盛年的查尔斯王子却像个不合时宜的恐龙。为什么会如此？起决定作用的当然主要是两个人的政治才能。但是两个人所喜欢的体育，与他们的人气并非没有关系。

可怜的查尔斯王子，等了30多年才有机会迎娶自己真心爱着的卡米拉，可是罗马教廷仿佛是有意报复当年英格兰王室与自己决裂，保罗二世偏偏赶在这个节骨眼上去世，冲了英国的“王喜”。查尔斯被迫推迟了婚礼，但大婚还是和保罗二世的葬礼赶了个前后脚。结果，教皇的葬礼充满了国家元首，吸引着世界的注意；查尔斯的大婚，则成了小小的花边新闻。有新闻标题称“荣耀的教皇，可怜的王子”。

其实，教皇和王子，都属于旧时代的权威，与现代社会都有些格格不入。不过，衰老的教皇却像个摇滚歌星一样地有人气，盛年的查尔斯王子却像个不合时宜的恐龙。为什么会如此？起决定作用的当然主要是两个人的政治才能。但是两个人所喜欢的体育，与他们的人气并非没有关系。

根据专栏作家西蒙·库珀（Simon Kuper）的记述，教皇喜欢的体育，是平民体育。这首先要属足球。他年轻时是个足球守门员，大概是因为球技不高，这是他唯一能够得到的位置，而且经常守不住门。他曾经入选过学校的足球队，并且至少有一次代表犹太人的队出战。许多纳粹大屠杀的幸存者回忆他，讲的最多的一件事情就是足球。保罗二世，被认为是历史上第一个和犹太人化仇为友的教皇，甚至为教廷在纳粹时代的拙劣表现向犹太人致歉。促成这种和解的一个个人原因，就是因为他从小有许多犹太人朋友。他当教皇后也充分利用了这一点，公布了自己在体育上的所有“业绩”，而且经常和运动员见面。爱尔兰足球队曾经访问过他，其教练事后说：“他不如我想象得那么高大。”这也是教皇的目的：他要把自己包装成普通人。2005 年 1 月，他童年时代支持的一个地方球队还来访问他。

最感人的场面，发生在他死时波兰的一场足球比赛中。比赛进行到一半，观众突然大喊："停止比赛！"但场上队员没有听见，照踢不误。其实那时他还没有死，是心急的记者抢了不实的新闻。但听信假新闻的观众走到场地上，宣布教皇去世的消息。队员们马上彼此拥抱安慰，一起祈祷，和观众一起唱起波兰的国歌来，完全忘记了比赛。

再看看可怜的查尔斯，他喜欢什么运动？马球。这是世界上最贵族的一项运动。美国在 20 世纪初，像西奥多·罗斯福总统这样的上流人物还玩马球。现在想竞选总统的人早就躲着这个运动远远的。但查尔斯的马球瘾奇大，乃至戴安娜生孩子，也要想方设法安排产期不和他的马球比赛冲突。他 30 多年前第一次遇见卡米拉，就是在马球比赛上。他的弟弟安德鲁（Andrew）也是通过马球认识了自己后来的妻子。查尔斯另外喜欢的一项运动，是打猎。这项运动，在英国是最遭人恨的。早就有作家用英国王家的打猎，来证明人不如动物。因为肉食动物捕杀自己的猎物，是为了吃饱肚子，维持基本的生存，吃饱了就不再杀生。可恨的王室，酒足饭饱，专门以杀生为乐。英国人恨打猎恨得太厉害，乃至最近通过法案，禁止打猎。

也怪不得查尔斯王子不讨人喜欢，他和老百姓没有任何共同之处。其实从他这次婚姻看，娶个奇丑的半老徐娘，说明他还是个有感情的人，心地还算厚道。不过即使是这一点，也被人们看成怪癖：年轻的美女想嫁他的有的是，怎么看上这么一个老太婆？有病吗？结果他怎么做都里外不是人。谁会喜欢一个如此不通人情的人呢？

也正是如此，王室的体育要改革。马球不能再打了。他的儿子威廉王子在谈自己的体育爱好时，提到水球、足球和英式橄榄球，全是集体项目，证明自己是个合群的人。特别有意思的是，他有意不提马球这个英国王室的第一运动。另一个儿子哈里王子则在英式橄榄球联盟当志愿者，这还是王室的第一次。你看看英式橄榄球那些五大三粗的运动员就知道，这绝不是一个高雅的运动。也怪不得西蒙·库珀说，等再下一代，16 岁的英国王子可能会加盟英格兰的低级足球俱乐部，从给人家扫厕所干起。哈哈，世界已经进入一个小民百姓的时代。教廷的文化也好，王室的文化也好，都要适者生存，不变不行了。

运动员要读书

> 精英大学在大学体育中，只是个配角。常青藤的联赛，不管是篮球还是橄榄球，都属于低水平的，因为像哈佛、耶鲁这样的名校，几乎从来不招体育特长生。不过，即使在这样的学校，一些运动员还是把自己当特殊公民，期望教授判分时法外开恩。而在一般的州立大学，这样的运动员就是白马王子。一些教授，特别是那些在小学校混没有什么学术前途的教授，甚至以教过著名的运动员为自豪。

美国的大学体育，一直是美国体育的基石。以篮球为例，大学的甲级队（Division 1），竟有326个之多。美国将近4000所大学，没有篮球队的学校恐怕找不出来。几千支大学篮球队，保障了NBA的人才供应。橄榄球、棒球、冰球，也都大同小异。

不过，最近全美大学体育协会，开始拿这些大学生运动员开刀，下了死命令：再不读书，就别想打球！具体的措施是，如果一个大学队的运动员的毕业率达不到50%，就禁止该队参加季后赛。大学生联赛，不管是从荣誉来讲还是从金钱来讲，争的就是季后赛。没有季后赛，就没有什么值得玩的了。

这一招可以说非常残酷，特别是对高水平的运动队更是如此。还以篮球为例，326个甲级队中，有20%的队的运动员毕业率达不到50%。在顶尖的46个队中，则有21个队，也就是接近一半的队，队员毕业率达不到50%。俄克拉荷马州立大学男篮全国联赛打到第八，队员的毕业率仅11%。肯塔基大学男篮是全国第三，队员毕业率仅为8%，其中黑人队员毕业率是零。

为什么水平越高的队学习越差呢？第一，水平高的队训练严格，运动员读书的时间和精力必定少。第二，水平高的队，队员心里惦记着早一点参加NBA的选秀，许多人刚刚上了两年大学就被选走了，谁还在乎毕业不毕业。特别是黑人运动员，本来就文化水平低，而选入NBA的大学生运动员，95%是黑人，他们当然不会去读书了。全国顶尖的46支男篮中，有9支队里的黑人运动员毕业率是零。用一位教练的话来说，那里的运动员，这只耳朵灌满了几百万美元的NBA收入，那只耳朵则是早晨8点钟起来上课的教训。你能指望他一大早起来上课吗?

但是，大学联赛如果被一些大学也毕不了业的人给霸盘，还叫大学联赛吗?这是全美大学体育协会的理由。不管怎么说，大学联赛，至少有一半大学生在打才说得过去。大学体育，如今日益商业化。比如篮球一项，转播费、服装专利、广告、赌博的年收入加起来，就达100亿美元。运动员越来越像职业球星，而不是学生。体育与学术的冲突，也就愈演愈烈。

这一冲突，特别反映在精英大学中。2004年年底，当地报纸公布了常青藤盟校达特茅斯的录取部主任菲尔斯滕贝格（Karl Furstenberg）于2000年写给另一个一流本科生学院Swarthmore的校长布洛姆（Alfred Bloom）的信。他高度赞扬对方勇敢地作出了一个有争议的决定：取消该校的橄榄球队。菲尔斯滕贝格在信中写道："橄榄球代表着学术上的牺牲……特别是对于精英大学而言，更是如此。我希望这不是事实。但是，可悲的是，在现实中，橄榄球以及橄榄球文化和我们这样的优异学府的学术使命完全相反。这已经成为一个全国性的问题。"

当然，精英大学在大学体育中，只是个配角。常青藤的联赛，不管是篮球还是橄榄球，都属于低水平的，因为像哈佛、耶鲁这样的名校，几乎从来不招体育特长生。不过，即使在这样的学校，一些运动员还是把自己当特殊公民，期望教授判分时法外开恩。而在一般的州立大学，这样的运动员就是白马王子。一些教授，特别是那些在小学校混没有什么学术前途的教授，甚至以教过著名的运动员为自豪。

全美大学体育协会这次决定先发制人，在大学联赛还没有彻底毁灭大学的学术声誉前，挽救大学体育的名声。但是，这件事说起来容易做起来难。现在颁布的政策，其实在2001年就由负责调查大学体育的Knight基金会的特别委员会推荐。拖了4年才行动，恐怕也是顾及到阻力太大。如果真是这样严法峻刑，把一些一流队员踢出大学联赛，那可真该有好戏看了。

奖杯文化的变革

> 从小玩什么球，长大做什么人。美国人对此深信不移。毕竟大家生活在资本主义的自由竞争社会。这种社会的规则，不是给每个参与者奖杯，而常常是赢者通吃。所以，体育要演绎生活中的规矩。特别是共和党的政治哲学，就是要奖励强者。

笔者曾经反复指出，美国人把体育视为教育的一部分。与中国所谓“四肢发达、头脑简单”的概念相反，美国的社会精英，都要经过体育教育的洗礼。要了解这种体育教育如何深入人心，不妨看几个简单的数据。美国的总人口为2.8亿。5～19岁的孩子有7000多万。2005年18岁以下人口登记从事集体运动项目的，竟达4100万。再把参加单项运动的人数加上，绝大多数美国的孩子都深深卷入到体育之中。如果真是“四肢发达、头脑简单”的话，美国简直就没救了。

事实正好相反，美国的家长，把体育当做教育孩子的一个最重要、最严肃的手段。也正是如此，教育界的一点风吹草动，很快就会影响到体育。

美国人喜欢娇纵孩子，教育不严格。从小学到大学，从哈佛到社区的夜校，分数膨胀无所不在。甚至明明答错了的题，也要打折扣给几分，理由是没有功劳也有苦劳，人家尽了努力。笔者在近著《直话直说的政治》中提到，2000年哈佛毕业班竟有91%的学生成为荣誉毕业生。一般的公立学校，老师给学生打个不及格，甚至可能招来官司。老师的使命，是让孩子感到自己受尊重、有自信。分数少了是不行的。

这套哲学，直接在体育上立竿见影。你到美国参加个地方的公路长跑比赛就知道。成人比赛后，有个儿童的比赛，都是三四岁以下的孩子。每人胸前的号码都是1号。最后每个人都是第一。大点的孩子也大同小异。比如各种各样的比赛，常常是只要参与，最后就得一个奖杯。一个12岁的孩子，常常就已经有了20个奖杯。家里如果有几个孩子，甚至可以积攒70多个奖杯。奖杯不比证书，得找地方放。70多个奖杯要是都陈列出来，就是美国人住的大房子，也会感到紧张。

如今，美国教育的风向又变。随着保守主义的崛起，美国文化由软变硬。共和党那种动不动要打屁股的严父的理念，渐渐占了上风。在教育上，大家觉得对孩子过于娇纵，导致美国的孩子学术表现不如其他发达国家。于是，教育界要提出高标准，治理分数膨胀，不及格就是不及格。有些毕业生完不成学业，就不能从高中毕业。

这一风向，在体育上马上有所反应。一些儿童体育组织，开始放弃了长期坚持的给所有参加运动的孩子发奖杯的做法。理由是，这样的做法，让孩子的性格变软，失去了竞争性。他们这样长大，总觉得被别人尊重是自己天经地义的权利，不懂得获得任何真正的尊重，都必须经过自己的努力挣来。有人甚至说，这样的做法，是挖空心思地奖励平庸。

给所有孩子都发奖杯的做法，起源于 20 世纪 90 年代。当时想出这个办法并非全无道理。美国人对体育太认真。无论是教练还是孩子家长，对比赛常常走火入魔，把输赢看成是一切。最惨的一个事件，是马萨诸塞州的一场冰球比赛，双方两个队员的家长恨不能代子上阵，最后彼此拳脚相加，一个家长竟被打死。于是，许多比赛主办单位开始采取应对措施。一些比赛干脆停止记分。对教练也进行教育，让他们不要太强调输赢。给每个参加者发奖杯，也是措施之一。

可惜，滥发奖杯也不是个解决办法。孩子早晚要理解竞争的意义，这也是他们日后生存的基本技能。有心理学家指出，孩子在 9 岁以前，分不出努力和能力之别，觉得自己参加了就是尽了力，和别人没有什么不同，大家都该得奖杯，这样才公平。但 9 岁以后，孩子渐渐懂得了强者为尊的道理，懂得努力和成功的关系。给所有孩子奖杯，已经和孩子的智力发育不符。

从小玩什么球，长大做什么人。美国人对此深信不移。毕竟大家生活在资本主义的自由竞争社会。这种社会的规则，不是给每个参与者奖杯，而常常是赢者通吃。所以，体育要演绎生活中的规矩。特别是共和党的政治哲学，就是要奖励强者。

人生半途：生活可以重新开始

机会不是别人分配给你的，一切都要通过竞争得来。所以就必须从小学习竞争，体育也就成了最重要的教育手段之一。像我们这代人，在计划经济的体制中长大，习惯于听人家安排、走固定的道路。在人生的半途突然转轨，面临的心理压力、需要的勇气恐怕都比现在的年轻一代要大。幸运的是，体育教会了我人生这一课。我走到今天这步，实在要感谢那些穿烂了的跑鞋。

多少年来，我一直在说，中国人重教育不重体育，或者说不把体育当教育。喜欢动动筋骨的人，最多觉得体育无非是"锻炼身体"，是出于健康的考虑。很少有人会认识到：体育也是一种精神生活。

多年以来，我一直以体育作为自己基本的身心修养，受益良多。在最低级的层面，体育是一个心理疗程，能使人摆脱抑郁和沮丧。在更高的层面，体育帮助人领悟人生，呼唤出追求理想的勇气。

1989年10月30日，我度过了28岁的生日。我对自己眼前的生存状况不满意，决定换个活法，出国留学。当时，我的英语程度几乎是零，最多是《新概念英语》第一册的水平。10年前（1979年）高考时，英语仅考了10分。那时"文革"刚刚结束，考虑到中学的英语教学大部分已经荒废，所以英语成绩在高考总分中只算10%。这样一折，我的总得分也就是1分了。其实这10分也是蒙出来的。回想起来，我在考场上拿着英语卷子，勉强知道在哪里写自己的名字。心里牢记老师的话：见了选择题，别管懂不懂，一定要随便圈几下，如果蒙上10个，总成绩也能多1分。我最后的总成绩不低，是408分。1979年北京文科过400分的仅15位。所以，我这个英语"白卷英雄"，还是风风光光地进了北大中文系。

进了北大，开始有英语课。老师刚刚从干校回来，教得还挺卖力。我则对学英语全无兴趣：我是要当文学家的人，学外国话有何用？当时正好古典音乐流行，我对贝多芬如醉如痴。英语课上，老师上面讲，我脑子里贝多芬的"第九"

就响起来。那可是“第九”呀！到了高潮处，难免有点情不自禁。惹得老师大声痛斥：“有些学生最基本的东西都学不会，还不好好听，在那里摇头晃脑！”两年之后，公共课结束。我算解脱，再也不碰那东西了。

就这样毕了业，到《北京晚报》社工作，后来又进了中国社科院政治学所。英语不是没想学过。但那时心浮气躁，忙着给报纸采访、写文章，哪里坐得下来？试了几次，马上就放弃了。结果，在朋友中，我学英语的事情已经成了个笑话。小时候不好好读书，父亲动辄训斥：“没有恒心，浅尝辄止，半途而废。”看来真是“三岁看小，七岁看老”，我这辈子想学英语算是没有指望了。

所以，当我宣布出国计划时，从家人到朋友，都说我疯了。28岁，在我们中国人看来，就是人生的半途，已经不是学新东西的时候了。妈妈说我要换个工作、干点别的都可以，就是出国这条路不能走。因为出国必须精通英语，而掌握英语非有童子功不可，不是一个近30岁的人能干的。一位北大的同班，听了也摇头：“到这个年纪，我过去学过的专业如果撂下，就再捡不起来了。更不用说学这种必须从孩子时期开始学的东西。”我则继续“狡辩”：“看看那些外语专业的人。他们怎么样？不就是埋头4年吗？我这么干4年，不就有外语专业的水平了吗？”大家对我的驳斥也同样斩钉截铁：人家是从18岁学，你是从28岁学。能比吗？

28岁是否能和18岁比呢？我一时自己也没有把握了。这时候突然想起了长跑。记得大学一年级，也就是18岁的时候，我在系运动会上第一次跑3000米，拿了第二，成绩是11分01秒。后来由于腿受伤，就再没有跑过。于是我决定试试：如果我能在3000米这个项目上达到18岁时的水平，为什么就不能像一个18岁的孩子那样学英语呢？

我就这样开始了艰苦的训练。那可是北京的冬天。不管刮风下雪，我肯定早晨6点出门。两个月后一测，简直不敢相信自己的眼睛：居然破了11分！这是我从来没有达到过的成绩。要真参加比赛，有人竞争，成绩会更好。

由此，我建立了这样的信念：即使是处在人生的半途，生活也永远可以重新开始！

我对自己的智力还是很有自信的，学什么都算快。但是，一学英语就明白，我最多不过是中人的才能。这也许和年龄不无关系。更何况，我哪里有大学本科生的条件？自己有工作不说，很长时间，根本没有老师，只能独自关在屋子里读。那时能够借到的，是一年前的《时代周刊》。拿来找个文章就读。开始真是两眼一抹黑，一行好几个单词不认识。一句话没有读懂，就已经筋疲力尽了。这样学英语，就像走在一个永远看不到洞口的亮点的隧道中，对前途一点谱儿也没有。但是，我回到跑道上，意志就坚强起来。那时我练长跑，和学英语一样苦。每天都要计时，争取比头一天跑得快一点。现在才知道这是最糟糕的训练方法：不仅体力不能恢复，而且容易受伤。但是我在心理上受益不小。每天早晨到操场，就像过一道鬼门关。我面对空空荡荡的 400 米跑道，想着下面 25 圈怎么保持速度，心里时常发抖地自问："你能打败它吗?" 事实上，我没有一次退缩。成绩在一点一点地进步。当跑完看看跑表，发现又快了十几秒时，我就相信，英语也将会是如此。

在四堵墙中读英语，就得有跑这 25 圈的毅力。我当时给自己立下规矩，遇到一个单词，就在本子上记下来，只记英文拼写，中文意思要脑子里记。等本子上有了四五行英文单词，就回过头来重温一下，想想中文意思是否还记得。忘了就再查一次字典。这样，一天六七个小时下来，本子上 150 个单词左右。临睡前复习，还能记住 120 多个。第二天早晨再看，还有 100 个能记住。当然过几天会忘，那我就不管了。因为每天阅读量这么大，只要是常用词，早晚会再出现。就这样，持续几个月，很快从《新概念英语》第一册进展到能够勉强看《时代周刊》了。

从 1989 年年初冬立志出国，到 1995 年春接到耶鲁大学东亚研究硕士班的录取通知，一共 5 年多。我开始学英语时已经结婚，妻子没有工作。两人靠社科院不到 200 块钱的工资，难免上顿不接下顿。一没钱，就给媒体写稿，因此还成了个小有名气的足球评论家。可想而知，这也消耗了我不少精力。不过，不管怎么挣扎，我每天不忘两件事：早晨跑步，有时达到 2 万米；然后就是关在屋子里读英语。

到了美国后，我还继续训练，而且成绩还在提高！我在 36 岁时，开始学日文，和本科新生一起上课。记得第一天上课，坐在我边上的女孩子，就是我上大学那年出生的。耶鲁的日文课重得出奇。我那副吃力的样子，让一些日本老师也看着摇头，很多在我上大学那年出生的孩子最后都放弃了；但我一直坚持了下来，后来还到日本进修一年，现在也不停地用日文做研究。

在美国，我参加过 3 次地方的公路越野赛，居然从来没有看到一个亚裔跑在我前面过。黑人体育才能突出，但只有一次大型比赛中有几个黑人在我前面（那次我自己仅跑了第二十二名)。儒家文化圈中的人，对体育普遍不重视。参加这种地方业余比赛的，多是白人中产阶级，人家教养很好，体育是修身的重要科目之一。黑人文化不高，这种活动也很少参与。黑人社区的文化，也不把体育当做教育。

西方自古以来，体育就是训练精英的重要手段。为什么如此？这里当然有许多历史原因。不过在我看来，这一科目一直在人家的文化传统中保存下来，一个根本的理由是其对人生的教益。学习人生时面临的基本悖论是：你必须从自己的经验中学，很难学到没有亲历的东西；可是一旦亲历，即使学到了东西也太晚了。比如，站在人生终点上的人，对人生的领悟也许最多，但也最派不上用场。体育的好处，是能够在短暂的时间里把人生以游戏的方式给你演绎一遍，有始有终，让你懂得怎么奋斗，怎么处理和队友、对手的关系，怎么去制胜，怎么输得起，怎么在逆境中奋发。体育把复杂的生活简化，给你一个“通俗本”，让你有“亲历”的经验，让你事先理解许多事后才能理解的东西。更重要的是，体育最真实、直观地模仿着生活中的竞争。在计划经济中，我们的生活是被别人安排的，自己按照别人的要求掌握若干技能就行了，所以不需要体育来作为教育手段。如今我们生活在市场经济社会，机会不是别人分配给你的，一切都要通过竞争得来。所以就必须从小学习竞争，体育也就成了最重要的教育手段之一。像我们这代人，在计划经济的体制中长大，习惯于听人家安排、走固定的道路。在人生的半途突然转轨，面临的心理压力、需要的勇气恐怕都比现在的年轻一代要大。幸运的是，体育教会了我人生这一课。我走到今天这步，实在要感谢那些穿烂了的跑鞋。

教育与社会：多元的教育植根于多元的社会

薛 涌 XUEYONG

华盛顿的单身“超女”

像迈尔斯、赖斯这样的单身女人，都是容貌姣好、但决定不靠这些女人的“本钱”吃饭、顶着大男子主义的压力忍辱负重地爬上来的（赖斯年轻得多，日子相对好过一些），并且都是从民主党的阵营中转到共和党中。她们在共和党内要服务于一位保守的领袖尚可，但要独当一面、在不受任何高于自己的权威的控制下行使权力，就很难得到保守派的真心支持。

美国保守主义的崛起，不仅仅体现在政治上共和党掌权，更体现在社会潮流上。我在近著《直话直说的政治》、《右翼帝国的生成》等书中已经介绍过，南部、中西部有所谓大男子主义的复兴，许多妇女对上帝发誓“在家从父、出嫁从夫”，甚至有所谓的“第二次贞操”运动，即同居的恋人们突然停止性生活，要还原自己的贞操，然后再结婚。即使在自由派把持的大学，价值观念也发生了变化。2005 年的一项调查表明，大约 60% 的耶鲁女本科生，准备有孩子后放弃职业生涯，或仅干半职的临时工作，以当家庭主妇为人生之主务。

不过，20 世纪六七十年代由自由派们开始的女权运动，虽然现在表面上处于守势，实际上则已经渗透到保守主义的阵营之中。这从布什提名自己的法律顾问哈里特·E. 迈尔斯（Harriet E. Miers）为美国最高法院的下一个女大法官，就可以看出女权运动实际上在保守主义运动中也借腹怀胎。

这样说，并不是指迈尔斯是潜入保守派阵营的自由派分子。相反，种种证据表明，她的政治、社会理念还是相当保守的。但是，她的职业生涯本身，就体现了女权主义的基本精神：妇女要自立，在社会上和男人平起平坐。在这方面，她属于走得相当远的。她年轻时虽然姿色惊人，却终身未嫁，干了一辈子“男人的工作”。

她在华盛顿也并非唯一的异数。国务卿赖斯，就是另外一个单身女人。另外，前农业部长、现在到以妇女儿童福益为宗旨的慈善组织联合国儿童基金会

(UNICEF) 出任主席的安·M. 维尼曼 (Ann M. Veneman)，也是一个单身女人。这仨单身女人亲密无间。她们经常一起光顾华盛顿和纽约的几家著名餐馆，一起到肯尼迪中心听音乐会，或者到维尼曼家中品尝她的手艺。以她们为中心，形成了一个强有力的华盛顿单身女人集团。大家凑到一起，放开谈论“女孩儿的话题”，从家庭、购物，一直到布什下一个大法官的提名是谁。许多人猜测，这次迈尔斯获得提名，很可能是赖斯起的作用。

这个单身女人的权力圈，并不限于布什政府，也不限于一党之内。当年克林顿的法律事务助理苏珊·布罗菲 (Susan Brophy)，副总统戈尔的传播事务主任洛兰·沃尔斯 (Lorraine Voles)，以及给共和党干活、不久前刚刚从五角大楼发言人的位置上退下来的维多利亚·克拉克 (Victoria Clarke)，则是另一个单身女人团体 (虽然有人现在已经结婚)。政治不是她们唯一的纽带。最强的纽带，还是她们共同的命运：单身的政治“超女”。

不过，还是保守阵营中的单身“超女”最有意思。她们和鲍威尔这样的共和党黑人权贵有一个共同之点：如果按她们年轻时代共和党的政治哲学，她们根本不该坐在现在的这个位置上。她们这种单身的生活方式，本身就是对共和党主流文化的挑战。但是，她们却不声不响地进入了排斥自己的体制，并且在体制内爬到了权力的顶峰。

迈尔斯的生涯就是个活生生的例证。当她 1967 年在得州的南方卫理公会大学 (Southern Methodist University) 开始读法学院时，得州的已婚妇女刚刚赢得了基本的财产权，即在没有自己丈夫监护和同意的条件下可以拥有财产、银行账户、签署商业合同。她 1970 年拿到法律学位，是 97 个毕业班同学中的 7 个女生之一，但在律师事务所找不到工作。当时的教授，可以公开指责女学生侵入“男人的领地”。她的一位女同学跑出去找工作，人家在面试时竟问她是否在服用避孕药！

对这些不公平，迈尔斯并不出来公开抗议。1975 年她母校法学院的女生集体起诉达拉斯的律师事务所性别歧视，她置身事外，但事后在自己的事务所中雇用妇女。当她被达拉斯的主流商业俱乐部拒绝时，她通过律师协会形成自己的网络，尽管律师协会对她只是非常勉强地接纳。用她当年在律师事务所的搭档、后来到她的母校南方卫理公会大学当了法学院教授的乔·诺顿 (Joe Norton) 的话来说，她的哲学是：“你需要进入体制、影响体制，在体制内解决问题。”一位迈尔斯的后辈、1973 年进入南方卫理公会大学法学院、现在的达拉斯地方法院法官芭芭拉·林恩 (Barbara Lynn) 形象地说：“如果门不打开，迈尔斯不会开着一辆卡车将之撞开。她会想一些更巧妙的外交方式进去。”

也正是如此，她一直是一位低调、斯文、安静的律师，绝不当什么开路先锋。不过，她的业绩可并不那么低调。她不仅挤进主流的律师事务所，而且有了自己的律师事务所，并最终成为得州律师协会的第一位女主席。

她自己成功后，帮助了不少妇女，但帮助的办法同样是低调。1980 年，贝丝·索恩伯格（Beth Thornburg）加入了迈尔斯的律师事务所。由于迈尔斯的帮助，她成为该事务所里第一个生了孩子后又回来工作的妇女。一般而言，律师的工作很紧张，女人一生孩子，就很难再在律师事务所干了。在 20 多年前保守的南方更是如此。索恩伯格回忆说，当时许多好心的同事对她说："如果你决定回家带孩子，我们完全理解。"当时她要是辞职，迈尔斯也不会给她上一堂女权主义的课来挽留。但当她表示不想放弃自己的职业生涯后，迈尔斯就说："让我们想想该怎么办好。"于是，她帮助索恩伯格在休完产假后再削减工作时间，保证事业、家庭两头都能够照顾得过来。结果，索恩伯格不仅继续了自己的职业生涯，而且后来成为南方卫理公会大学法学院的教授。

1992 年，当休斯敦的一位女律师琳内·利伯拉托（Lynne Liberato）准备竞选该市律师协会主席之职时，接到了素不相识的迈尔斯的电话。除了许多鼓励的话外，迈尔斯特别告诫说："作为一个女人，不管她怎么谈她对律师协会未来的构想，人们想谈的是关于她作为女人这件事情。不管她有多少成就，人们首先想到她是个女人。你只有接受这些现实，然后不去理它。"

这次迈尔斯能够一步登天、获得最高法院大法官的提名，媒体纷纷攻击布什任人唯亲，搞政治裙带关系。甚至有人讽刺：如果迈尔斯能当大法官，给布什修自行车的修车匠就应该当交通部长（布什以喜欢骑自行车而闻名）。平心而论，迈尔斯虽然是个优秀的律师，但长期从事商业律师业务，和宪法问题没有关系，所处理的大公司之间的纠纷，也多以私了而结束，没有什么记录留下来。除了一直作为布什的"粉丝"、对布什忠心耿耿外，很难找出什么能够出任大法官的资历来。不过，这次攻击她的，主要不是来自民主党，而是来自一贯支持布什的保守派阵营。对保守派来说，她的资历只是个次要问题，尽管她是个虔敬的基督徒，尽管她反对堕胎，甚至她那位"前男友"、至今和她关系神秘的、极为保守的律师内森·赫克特（Nathan Hecht）向媒体透露她有非常强烈的反堕胎的意识形态，但是，保守派对这么一个单身女人实在还是放心不下。因为她的崛起本身，就违反了保守主义的哲学。

以我个人的观察，像迈尔斯、赖斯这样的单身女人，都是容貌姣好、但决定不靠这些女人的"本钱"吃饭、顶着大男子主义的压力忍辱负重地爬上来的（赖斯年轻得多，日子相对好过一些)，并且都是从民主党的阵营中转到共和党中。她们在共和党内要服务于一位保守的领袖尚可，但要独当一面、在不受任何高于自己的权威的控制下行使权力，就很难得到保守派的真心支持。最近舆论炒作赖斯可能在 2008 年竞选总统。我看她即使有布什的支持，保守派对她到时候也会留个心眼。毕竟，这些人说到底还是自由派的女权运动的果实。

女性优越论

男女有了平等权利后，女性在学业上全面超过男性。对幼儿园的老师的调查显示，女孩子学东西普遍比男孩子快。到了高中，女孩子在各门功课上几乎都比男孩子分数高。男孩子的优势仅体现在数学和科学上。不过即使在这些领域，男女差距也在逐渐缩小。

人类进入现代社会以前，是肌肉的时代，谁有力气谁是老大，所以男人统治女人。现代社会是机器的时代，虽然机器代替了肌肉，但像起重机、推土机等等，还是力量的符号。男人们仗着传统的优势，还是能欺负女人的。后现代社会则是电脑的时代，女人纤细的手指在键盘上灵巧地跳动，比搬运工的粗手指有效率得多。所以，似乎到了该女人统治世界的时候了。

这一切也并非想当然。以美国为例，男女有了平等权利后，女性在学业上全面超过男性。对幼儿园的老师的调查显示，女孩子学东西普遍比男孩子快。到了高中，女孩子在各门功课上几乎都比男孩子分数高。男孩子的优势仅体现在数学和科学上。不过即使在这些领域，男女差距也在逐渐缩小。

到了大学，情况仍然没有改变。到1985年为止，大学毕业生还是男多于女。以后就逐渐翻转过来。2005年，美国大学生的男女比例是100比133。专家预测，到了2010年时，这个比例将变成100比142。在黑人中，女性的优势更大。黑人女性大学毕业的人数比男性整整多出一倍。

要知道，这些数字还不能反映男女在学术表现上的真正差距。因为大学男女失调，许多大学挖空心思多招男生。男女如果考了一样的成绩，其他条件也相等，几乎肯定男生被优先录取。甚至许多男生会挤掉条件明显优于自己的女生。大学招生对男生倾斜，已经成为一个公开的秘密。

这样的男女失衡，是否是特定的美国文化造成的呢？看来不是。几乎在所有发达国家，女性的学业表现都优于男性。也怪不得，最近美国社会展开了辩论：大学招生要不要照顾男生？女权主义者自然反对：凭什么女人刚一出头就遭打压？保守派也反对：规则必须对所有人一视同仁。大学招生照顾男性就像照顾黑人一样错误，结果只能使男性丧失自尊。

不过，这些反对声音，都不能回答一个实际的问题：大学不是修道院。年轻人不仅要读书，还要求偶。性别比例失调，对男生不好，对女生同样不好。如果平均每3个女大学生摊上两个男大学生，那么第三位女生会嫁给谁呢？当然只能“下嫁”给没有上过大学的男性。但事实上，这样的事情虽然不是没有，却相对比较少。高教育的女性嫁不出去，已经成了一个社会问题。

也许女权主义者们会说：这都是男人的传统偏见造成的。大男子主义使他们受不了和一个比自己文化高、收入高、地位高的女人结婚。可惜，这一说法和一系列民调显示的事实相冲突。比如，1996年，美国男人在罗列求偶条件时第一次把女方的收入排在她干家务的能力之上。20世纪90年代的另一项全国性调查也表明，美国一般35岁以下的男性很愿意娶一个比自己收入高的女人，但不太愿意娶一个比自己收入低许多的女人，而且非常不愿意和一个不太可能有稳定工作的女人结婚。

问题不在男人而在女人：那些有成就的女人，很少有愿意“下嫁”的。得州大学的一项研究表明，越是有成就的女性，对自己配偶的成就要求越高，最后变得谁也看不上。于是，许多高成就的女人也就成了单身“超女”。

当然，这些单身“超女”未必闲着。她们可以找男朋友、换男朋友，还可以生孩子。如今的精子库生意兴隆，还可以给客户提供捐献精子的男人的照片。许多女人不想无限期地等自己的白马王子，错过生育年龄，索性去选个遗传基因好、体格健壮、形象英俊的男人的精子，甚至把那男人的照片放在床头，每天晚上睡觉前要吻一下，跟真事儿似的。波士顿因为有庞大的医学中心，有来自哈佛、麻省理工等名校的精子捐献者，也就成为一个制造试管婴儿的中心。

不过，所有这一切，都不应过分夸张。对于男女之事，上天似乎自有安排。女性功课好，在学校压男人一头，但真到了社会上，还是男人地位高。美国的企业总裁、律师事务所的合伙人、政治家、教授等，男性的数量都占压倒性优势。有人说这是传统的性别歧视未去的结果，这固然有道理，但即使没有性别歧视，女人也很难压倒男人。因为女人到年龄得生孩子。而二十多、三十出头的生育期，正是事业的关键期。这也难怪，爬到最高位的女性，常常独身。她们牺牲了孩子，就可以把男人打下去。但大多数女性不准备作这样的牺牲。这世界还是男人的世界。

难道上天对女人不公平吗？也许。不过上天不忘对女人有所补偿。女人的平均寿命，比男人长不少。这大概是对她们为了下一代而放弃统治权的奖励吧。

移民的美国梦

衡量墨西哥移民，不能拿他们和中产阶级的白人社会比，更不能拿他们和亚裔的高知识移民比，而要把他们和美国的低收入阶层比。同样，亚裔的高知识移民，要和白人社会比。在这种同等社会阶层的比较中，人们不难发现，移民比本土的美国人都高出一筹。这也是为什么说移民是美国社会的基本动力的原因。

20世纪60年代末，一个叫埃克托尔·拉腊（Hector Lara）的墨西哥农民，在他的第三次尝试中终于成功地偷越进了美国的国境，成为一个一文不名的非法移民。他的妻子和4个孩子，后来也设法偷越国境，来美与他团聚。35年后，他和他妻子靠打工挣的钱买了两栋房，价值80万美元。他的5个孩子（包括一个在美国出生的）全从美国的大学毕业，其中有3个年薪为6位数（10万美元以上）。37岁的女儿韦罗妮卡（Veronica）已经成为著名的非营利组织“美国志愿者”的运营官，35岁的儿子罗伯托（Roberto）在1988年高中毕业时是全校第一，成为代表学生在毕业典礼上讲话的致辞人，后来从斯坦福大学毕业，如今已经是位成功的律师，并生有一子（刚满6岁，上了一个贵族幼儿园）。最小的儿子亚历杭德罗（Alejandro）在美国出生，33岁，在伯克利拿到了本科学位，在哈佛拿到一个硕士，最后在加州大学洛杉矶分校拿到了MBA，如今是位开着宝马豪华车的银行家，其未婚妻是位斯坦福毕业的墨西哥裔。

这是《华尔街日报》头版头条的故事。这样的故事，在身边也会找到些旁证。在纽黑文，一次晚上乘耶鲁的校车，因为只有我一个乘客，就和司机聊起来。他是位南美移民，4个孩子，一人干两份工作，如今已经买了3栋房子。他夸耀地说：“移民是最热爱美国的。这里就是片乐土。我从来不抱怨工作辛苦、报酬低。在这里，只要努力就会成功！”

在中国人的社区里，这种事情就更多了。纽黑文街上福建移民老板开店，没日没夜地干。开始时他见了我就抱怨：“累呀，累呀，赔呀，赔呀。”可是没有过几年，另一条街上的一栋小公寓楼就被他买下来了。在波士顿领孩子上钢琴课，也会不时碰到这样的人：本人虽然没有太多文化，挺自卑，聚会时缩在一角和谁也不说话，但是开着豪华车，两个孩子都请最贵的钢琴老师。再过几年，说不定也都进了常青藤。

2005 年《波士顿环球报》把波士顿 34 所公立高中毕业班最优秀的学生（毕业典礼时代表学生的致辞人）的照片登在报纸上，其中竟有 20 位是国外出生的移民（包括一位面临被遣返的非法移民)。正牌的“美国人”，虽然在人口中占绝大多数，但在这个“第一”的名单里，已经是凤毛麟角。当然，波士顿公立学校大多是穷人上的。到郊区中高产阶层的社区，本土美国人的表现不至于这么惨。不过，他们的子弟还是被中国、印度中产阶级的孩子压一头。比如波士顿西郊一个叫阿克顿的小镇，其公立学校 2005 年在马萨诸塞州（也是美国公立学校最好的州）排名第一。其中一个重要的原因，就是大量中国人的移入。一位家长兴冲冲地告诉我：“知道吗？他们 2005 年高中毕业班有 4 个上哈佛的，其中 3 个是中国人。”

毫无疑问，移民第二代的教育成就，远远超出了本土的美国人。在保守派的阵营中，虽然有写了《我们是谁》的亨廷顿，激烈反对移民，但政治评论家戴维·布鲁克斯（David Brooks）在 2006 年 3 月 30 日的《纽约时报》上发表文章，呼吁保守派站出来支持移民。他列举了一连串的事实，说明移民对美国的贡献。比如在移民增长的这些年份，美国暴力犯罪下降了 57%，青少年怀孕、堕胎下降了 1/3，青少年开始性行为的时间晚了，年轻人中的离婚率也下降了。移民肯吃苦，注重家庭，舍得往孩子身上投资。好的价值观使他们获得成功。在拉美裔移民中，虽然第一代移民不得不为生存挣扎，但第二代大多成了中产阶级，第三代中 90%说一口流利的英语，50%和非拉美裔通婚，已经充分融入美国主流社会。

美国是个移民社会。但移民一次又一次地引起普遍的社会恐慌。早在殖民地时代，在美洲大陆扎根的移民中，虽然有不少追求宗教自由的志愿移民者，但更有许多契约奴隶，即把自己卖给主人五六年的贫困白人。他们熬到服务期满，获得人身自由，得以在美洲大陆开始新的生涯。许多罪犯、无赖，也这样移居到殖民地来。伊丽莎白时代英国的扩张主义者们，甚至把这种移民比作一个倾倒人口垃圾的过程。

到 19 世纪末 20 世纪初，大量爱尔兰、意大利、东欧国家和犹太人移民涌入美国。1892 年美国移民事务负责人在年度报告中称“大量不懂我们的语言和习俗的外国人涌入国门”，“他们大部分是没有技能、没有钱的劳工”。报告警告说这些人将在美国形成一个“不受欢迎的下层社会”。当时的亚洲移民就更惨。一系列排华法案的通过，使许多中国劳工很难在美国立足。

然而，这些移民，最终融入了美国的主流社会。特别是犹太人，在教育上的成功使他们变成了美国的精英种族。如今，美国人恐慌的对象又变成了墨西哥人：他们大多数不懂英语、没有受过太多教育、非常贫困，除了苦力一无所有。更糟的是，他们因为身份不正，只有打黑工，拿低于法律所容许的工资，不仅自己受虐待，而且把美国正常的劳工工资水平也拉了下来。而拉美裔移民在美国已经有了3000多万。美国各级政府和商业部门的自动电话服务，不得不使用英语和西班牙语两种语言。一些保守派人士宣称，再这样下去，国家将从语言分裂走向文化分裂，美国的人口素质将降低，无法在全球化中竞争。

一些数据支持这样的理论。比如2002年全美教育数据中心的一项研究表明，1988年上八年级的拉美裔学生中，到26岁时有70%受了某种程度的高等教育，但仅有15%拿到学士学位。相比之下，白人中则有34%获得学士学位。许多拉美裔进了大学门，却无法完成学业。这使他们在未来的竞争中永远处于下风。

但是，如果换个角度，情况就不那么悲观。根据一项对美国最大的墨西哥裔聚居地洛杉矶的调查，第二代墨西哥移民中，仅15%完成了大学教育，和上面的数据非常一致。但是，在第三代墨西哥移民中，这个比例猛涨到23%，说明墨西哥移民追得非常快。同样，他们的经济状况也逐渐改善。在加州，20世纪70年代来到美国的拉美裔移民中，有28%到了1980年还生活在贫困线以下。但是到了2000年，这个比率下降到了17%。

在这20年间，拉美裔中拥有房子的家庭比例从15%上涨到55%，离69%的全美平均数已经相差不多。可见，假以时日，他们会赶上主流社会。

拉腊一家奋斗的故事可以说是拉美裔乃至整个移民阶层在美国成功的经典例子。60年代末，他们全家先后偷越加州的边境，到洛杉矶定居，六口人挤在一个卧室的房子里。埃克托尔·拉腊为了一小时2.13美元的工钱在仓库里干粗活。他至今还非常感激他那时的老板，因为那是位厚道、公正的人，明明知道他是非法移民，还给他提供了医疗保障。他妻子在窗帘厂做缝纫，同时照顾孩子。他们的一个孩子患了小儿麻痹症。

1972年，他们的第五个孩子在美国出生，一下子全家都拿到了绿卡，从此再不用担心移民局官员会找上门来、全家被遣返。当时在唱片厂工作的埃克托尔·拉腊也被提为了工头。他们立即向银行贷款，以2.7万美元买了栋两个卧室的房子。整个成交的过程，全靠12岁的女儿翻译。

当家长的英文非常差，自然无法管孩子的功课。他们能教给孩子的，是移民的价值观念和工作伦理。埃克托尔·拉腊总要在孩子面前摆出自己那双因为当搬运工而长满老茧的手掌："你们看看！你们想要这样一双手吗？不想要的话，就好好去读书！"

孩子们看在眼里，记在心上，每周都去杂货店打工，或帮人家修草坪。晚饭时5个孩子和父母聚在一起，大家开始讨论自己的远大理想：当医生、当律师、当兽医……他们从来没有一天无故不上学。如今，这些孩子们全部成功。就连患小儿麻痹症的胡安（Juan），也坚持上完正常的高中，后来在技术学校以优等生的身份毕业，如今是洛杉矶附近一家飞机部件厂的检测技师。

从历史上看，美国的移民总是从社会的底层往上挣扎。而在任何社会的底层，贫困率、犯罪率等都高，受教育程度、收入水平都低。特别是最近因为全球化的冲击，大量从中国、印度来美国读博士、当工程师起家的中产阶级移民增多，他们直接搬进富裕的郊区，让子女享受良好的教育，这就更反衬出墨西哥移民的问题。但是，如果拿墨西哥移民和美国底层社会的人口比，他们的素质和工作伦理明显高出一筹。拉腊一家刚来到洛杉矶时，必须住在穷人区，面临着那里的各种社会问题。但是5个孩子，没有一个学坏的。这一点，一个白人家庭在同样环境下恐怕也很难做到。所以，衡量墨西哥移民，不能拿他们和中产阶级的白人社会比，更不能拿他们和亚裔的高知识移民比，而要把他们和美国的低收入阶层比。同样，亚裔的高知识移民，要和白人社会比。在这种同等社会阶层的比较中，人们不难发现，移民比本土的美国人都高出一筹。这也是为什么说移民是美国社会的基本动力的原因。

政治势力与教育机会

——美国大学中的亚裔与犹太人

美国的民主实际上是一个利益竞争的体制。亚裔受制于儒家文化，讲究谦让、自强，鄙视争逐利益。亚裔的政治沉默，使别的族裔有了可乘之机。也许，亚裔在教育上要争得公平，只有与受压的非犹太白人结盟一途了。这大概也是许多亚裔中产阶级一直是共和党的选民的原因。

近来，越来越多的人把美国的亚裔移民与当年的犹太移民相比。他们确实有许多类似之处。犹太人在美国占人口的2%，亚裔人口与之近似，占总人口的2%～3%。这两个族裔都以头脑聪明、注重读书而著称，在美国的精英教育中表现突出。比如在20世纪90年代末的哈佛大学，犹太学生的比例达25%左右；唯一能与之接近的就是亚裔学生，占20%。结果，犹太人和亚裔几乎占了哈佛学生的一半，占总人口95%的其他美国人，则只能占据哈佛一半的位置。而非犹太白人虽然占美国人口总数的75%，在哈佛学生中却仅占不到25%，就人口的代表率而言比黑人和拉美裔还惨得多。黑人和拉美裔在哈佛各占8%和7%，其人口在人口总数中各占12%和10%。

不过，犹太人和亚裔在美国政治上的影响力却是天上地下的两个极端。犹太人构成了美国最重要的政治精英集团之一，在政府和媒体中甚有神通。克林顿政府因任用太多犹太人，甚至被称为犹太政府。相比之下，亚裔在政治上还几乎不被看成是美国人，有时甚至有点政治捐款也要被调查。这种政治影响力的差距，正在影响着两个族裔的教育机会。

最近，《华尔街时报》刊登了这样的故事：

Stanley Park，一个韩国移民的孩子，家庭收入极少。3年前，父母离婚，他跟母亲过，但母亲很快得了乳腺癌。于是，他小小年纪，开始给人家当家庭教师，帮助母亲付房租。尽管他用了大量时间去打工，但在大学入学的智能测验SAT中，仍得了1500的高分（满分1600）。然而，当他申请加州大学的伯克利和洛杉矶分校（UCLA）时，全被拒绝。

Balnca Martinez，另一个移民阶层的孩子，也因母亲得了乳腺癌而要打工养家，不过她的SAT成绩比Stanley Park低390分，即仅1100分，完全不是一个等级的学生，但却被同样的两个学校录取。

为什么会如此？因为Balnca Martinez是拉美裔的后代，Stanley Park则不幸地长着一张“亚洲”脸。

加州大学最近采取了新的录取标准，通过所谓综合评定，来选拔学生。这一综合评定，冠冕堂皇地说要给那些“克服了个人、家庭和心理障碍”（所谓“生活的挑战”）的学生加分。按照常理，人首先是要吃饭的。贫困应是生活中最大的挑战。但UCLA的前录取部主任Rae Lee Siporin供认，UCLA不把贫困作为一个指标，因为那样一来，好多低收入的亚裔子弟就会进来！

当然，学校并非没有理由。目前拉美裔为加州人口的三分之一，但在加州大学的学生中只占八分之一。亚裔人口占加州的11%，但在加州大学的学生中却占几乎40%。

然而，这不过是对这些族裔的学生学术质量的真实反映。比如在UCLA，去年被录取的拉美裔学生的SAT的平均分只有1168，而被拒绝的亚裔学生的平均分就比这高，为1174，白人被拒的学生分数更高：1209。入学的白人学生平均成绩则高达1355，亚裔为1344。以UCLA而论，许多SAT只有900多分的拉美裔都能考入，但亚裔却常常拿着1500的高分被拒之门外。

这种歧视，早在上大学以前就开始了。1994年，旧金山一个学区的华裔中学生曾起诉该学区的教育委员会。当时旧金山的学生被分为9个种族：拉美裔、其他白人、黑人、华裔、日裔、韩国裔、菲律宾裔、印第安裔和其他非白人，并有规定任何一个族裔在一般学校的学生中不能超过45%，在特别学校中不得超过40%。但由于华裔在当地人口已占了25%，而且退学率甚低，三分之一的高中毕业生都是华裔，结果各校纷纷对华裔学生的人数“封顶”。在当地一个有名的高中，华裔学生的录取线是66分（满分69分），而其他白人的录取线为59分，拉美裔和黑人学生的录取线仅为56分。后来学区又进一步采取行动，在考试中强调英语，希望把母语不是英语的华裔的分数压低，结果华裔的录取线从66跌到62分，但还是比其他白人的录取线（57分）高出一截。

一般而言，如果一个族裔的学术表现太好，社会对这个族裔的要求就会提高，以给弱势族裔提供机会。这如同围棋中高段选手要让低段选手几个子，没有什么不妥。但是，近来同处于该“让子”地位的亚裔和犹太人，境遇走向却截然不同。

由于美国实行种族平权的政策，各校必须录取够一定的黑人和拉美裔学生，虽然其考试成绩远低于其他族裔，而亚裔成绩好也会被排拒在门外。犹太裔虽然也不免有类似情况，但由于混迹于白人之中，可抢非犹太白人的机会。要知道，白人虽然也受不成文的配额限制，但毕竟占人口大多数，配额的绝对数字还是很高，犹太学生的分数只要高过非犹太白人学生，一般有大把的机会可抢。结果，在如今的常青藤盟校，犹太学生的比例达23%，比其在美国人口中的比例高出十几倍。在宾夕法尼亚大学，三分之一的学生是犹太人，而非犹太白人成了最大的受害者。他们在入学时和犹太人同属于“白人”，名额本来已经受到控制，又因读书远不及犹太人而被大量淘汰。

犹太人在与比自己低一段位的非犹太白人竞争时不必让子，本来已经捡了不少便宜。然而，最近却有一大怪现象，即各大学对犹太学生不仅不是提高标准，反而主动出击，到处搜罗犹太学生。强手不但不让子，反而要占先手了。

目前领导争夺犹太学生潮流的，是南方的范德比尔特大学（Vanderbilt University)。该大学在《美国新闻与世界报道》的全美大学排名中居第二十一位，被人封为“小常青藤”之一，是美国高等教育的第二梯队，立志早日挤入常青藤的行列。两年前，范德比尔特将常青藤盟校之一布朗大学的校长Gorden Gee聘来当校长。这位校长上任后，发现在《美国新闻与世界报道》的排名中，范德比尔特的犹太学生比率在前25所名校中居倒数第二，即2%～4%。与范德比尔特在同一水平上的Emory University和华盛顿大学名次都高于它，而这两所大学的犹太学生比率分别为30%和35%，并且都积极去一些犹太学生集中的精英中学直接录取新生。普林斯顿大学则早在20世纪80年代就特别注意维系与一些犹太人集中的高中的关系。于是Gee校长宣布采取所谓“精英战略”，提高犹太学生的比率，以早日跻身于常青藤之林。

根据对SAT考试成绩与宗教信仰关系的统计，35个宗教的信徒中，在SAT中拿分最高的，是“一位论”教派（Unitarian）的信仰者，平均分为1209；犹太教信徒居第二，平均分为1161；全国平均成绩则只有1020。不过，SAT的考生中“一位论”教派的信仰者只有2354人，犹太教徒则多达27120人，比“一位论”教派多十几倍，成为最大的一个高分群体。于是，为了吸引这批学生，各校不惜争相建立犹太文化中心，开设犹太研究的课程。

不过，这种现象之所以出现，绝不能用犹太人学业出众这一点来解释。亚裔同样出众，还是受到抑强扶弱的政策的限制。亚裔与犹太人的不同是，亚裔只是学业优异，在政治上还是贱民，经济上也未得势，在社会上占不到一点便宜。这次亚裔在加州大学受排挤，一大原因，就是近期加州拉美裔人口暴增，成为政治的主要势力，因而得以通过其政治权力在教育上排挤亚裔，提高拉美裔的地位。犹太人在美国社会的各个方面都已得势，并且不但不像白人那样因种族歧视而有负罪感，反而还因希特勒的大屠杀沾了受害者的光，有要求社会补偿的权利，实在是两头的便宜都占了。一位犹太大亨因为 20 世纪 60 年代范德比尔特未能录取他的女儿，指责范德比尔特“反犹”，发誓不捐给范德比尔特一分钱。如今，范德比尔特的亲犹政策让他心花怒放，一年就捐了 100 万美元。这样的后盾，亚裔是很少能找到的。

美国的民主实际上是一个利益竞争的体制。亚裔受制于儒家文化，讲究谦让、自强，鄙视争逐利益。亚裔的政治沉默，使别的族裔有了可乘之机。也许，亚裔在教育上要争得公平，只有与受压的非犹太白人结盟一途了。这大概也是许多亚裔中产阶级一直是共和党的选民的原因。

河流与教育质量

——美国“教育券”争论之今昔

在美国，有行之多年的基于学区制的公立学校系统。“教育券”和学区制孰优孰劣很难说。“教育券”的实行，解决了一些问题，但可能也会把原来的一些好东西牺牲掉。在中国则不同。官办的义务教育一直效率甚低，没有学区制之累。推行“教育券”制，让家长决定如何花自己孩子的教育经费，绕开官僚机构，鼓励学校直接竞争，肯定会提高教育的效率，不仅在中小学，就是在高等教育中，也值得一试。

2000年，哈佛大学教授、学术新星卡罗琳·霍克斯拜（Caroline Hoxby）发表一篇新奇的论文，称河流多的大都市，公立学校的学生学习成绩好。这篇文章，很快成了公立学校要不要引入市场竞争机制的全国辩论中的经典作品。如今，普林斯顿的一位年轻助理教授杰西·罗思坦（Jesse Rothstein）对她发起挑战，称其论文的数据无法核实，方法可疑，结论根本站不住脚。霍克斯拜立即回应，说罗思坦的指责没有根据，而且充满了意识形态的偏见。罗思坦则反唇相讥，说霍克斯拜只知道给人扣帽子，回避真正的学术问题。一场学术争论，演成了意识形态大战，甚至发展出了个人恩怨。不过，这场充满学术八卦的热闹，倒是对我们观察美国义务教育的哲学与实践，特别是检讨对中国渐渐产生影响的“教育券”的理念之是非，颇有帮助。

霍克斯拜2005年也才39岁，是位黑人女性，也是哈佛大学经济系两名女终身教授之一。她在麻省理工拿到博士学位后，7年就在哈佛拿到终身教授，可见绝非等闲之辈。斯坦福等大学，还想把她挖走。结果哈佛以讲座教授的优遇将她稳住。

霍克斯拜的父亲史蒂文·明特（Steven Minter）曾是卡特政府教育部的官员。但她本人却成了共和党在教育界的明星。布什政府的第一任教育部长罗德·佩奇（Rod Paige）称她“聪明、有逻辑、有承担、有献身精神”。为什么她在共和党那里这么红？关键是她能够提供一系列数据来支持共和党用市场竞争来改革公立教育的理念。

2000 年，她在声誉显赫的《美国经济评论》(*The American Economic Review*)上发表一篇论文，提出了著名的河流理论。美国的义务教育是采用学区制。学区以居民的居住地域为基础。比如我住在波士顿郊外的一个小镇阿灵顿。这个小镇就是一个独立的学区。这个学区有几个小学、中学，一个高中。住在这里的孩子，一般只能在本学区中的规定区域内（原则上是离自己家最近的）学校就读。如果想去学区内的其他学校，就得在接收学校许可的情况下才行。学校有权拒收非本居住地的学生。如果要去邻近的镇里读书，就只有搬家到那里才行。一个学区内学校的经费，主要来自本学区居民支付的房地产税。一些大都市，由于人口众多，一个学区不够，于是有了许多学区。在这种情况下，学生有时可以通融到邻近的学区上学，多了一些选择。

霍克斯拜也就从这里切入。她注意到，在一些大都市，如波士顿，有许多学区，学生选择的范围大。这样学校之间就有了竞争。竞争的结果，是教育质量提高，学生的分数上升。相反，在另一些大都市，比如拉斯维加斯，学区基本上只有一个，学生无从选择，这样就没有学校之间的竞争。结果，教育质量降低，学生的成绩明显差许多。

由此出发，她对这一现象进行综合分析。本来，她可以直接数一下各大都市的学区，然后再比较这些大都市的学生的平均成绩就可以了。但是，她马上遇到了研究样本的客观性问题。有些大都市有许多学区，主要是因为那里的学区太坏，又没有办法关闭或合并，只好成立新的学区。在这种情况下，学区多的地方学校质量可能反而差，无法支持她的假设。

霍克斯拜为了对付这种麻烦，就要绕开这些人为因素。于是她想到了河流。河流是自然的地理边界，和人为因素无关。河流多的大都市，居民区被河流分割得比较碎。在这样的地理基础上，学区自然就比较多。结果，河流多的大都市居民有较多在附近的学区之间进行选择的可能。相反，河流少的地方，居民区比较完整，没有必要进行过多的分割，学区也就非常少，有时只有一个。一句话，河流创造了学校之间的竞争。最后她证明了河流多的大都市的学生成绩果然高出河流少的大都市的学生一等。对共和党来说，这实在是个求之不得的结论。

挑战霍克斯拜的罗思坦，2005 年年仅 31 岁。他父亲曾是纺织工会的组织者。如今父子俩和设在华盛顿的有明显左翼倾向的经济政策研究所合作密切。他本科是数学专业，哈佛毕业，在伯克利读博士时，对河流理论感兴趣。他导师称他是个喜欢打破沙锅问到底的人，在技术细节上十分精道。

罗思坦对霍克斯拜提出的最大的挑战，在于怎么计算河流。霍克斯拜认为，大河流给一个大都市带来的，远非仅仅是学区众多，此外还有贸易的发达，财富的增加，等等。这些因素，又决定了大都市居民的素质。小河流则无这个问题。因此，她把大河流和小河流分开统计。罗思坦抓住的，正是统计标准这一技术细节。他发现，霍克斯拜对大小河流的区分和统计非常主观随意。比如佛罗里达的劳德代尔堡（Fort Lauderdale），霍克斯拜说有 5 条大河流。但罗思坦按照霍克斯拜的方法统计，则发现了 12 条。他的研究助手用同样的方法，竟发现了 15 条！这样的随意性，自然给霍克斯拜根据自己的需要选择有利的河流数目留下了充分的空间。罗思坦还进一步用政府的数据，对霍克斯拜的结论进行了重复性的验证研究，发现在河流数目与学校的水平之间，所能建立的相关性是如此微弱，乃至在统计学上不构成任何意义。他还进一步指出，近年来他一直向霍克斯拜索要她所用的数据，但霍克斯拜竟置之不理。霍克斯拜辩称她无法公布所有数据，因为有些全国教育中心的数据，是不能对公众公开的。但罗思坦指出，霍克斯拜最终不得不提供的数据，和她在原初的论文中运用的数据不一致。

这场学术恶斗的结果尚未见分晓。霍克斯拜在技术上处于守势，在为自己的数据进行辩护时困难重重，难免顾左右而言他，指责对方别有用心。罗思坦在技术上虽然抓住了对方的弱点，但自己并没有提出新的理论。更重要的是，从整个的社会潮流上看，霍克斯拜的研究，实际上是在为渐渐成势的“教育券”张目。罗思坦即使瓦解了她的理论，也无力抵抗她背后这股庞大的社会潮流。

早在 1955 年，经济学家、后来的诺贝尔奖得主米尔顿·弗里德曼发表一篇论文，题为“政府在教育中的角色”（*The Role of Government in Education* ），首次提出“教育券”理论。据弗里德曼 50 年后回忆，当时的文章并非是对现实的学校质量不满而作出的一个反应。他和她妻子都对自己上的公立学校非常满意。他当时主要是在思考自由社会的哲学。教育恰巧是他较早讨论的一个领域。7 年后，他出版了《资本主义与自由》这一名著。那篇文章就成了书中的一章。

弗里德曼当时指出了政府在教育中的三个功能：第一，立法实行强迫性的义务教育；第二，在财政上资助学校；第三，管理学校。他的结论是，政府在教育中的前两个功能还算说得过去，按照自由市场的逻辑，政府完全没有理由亲自管理学校。为了让政府从教育中走开，他设计了“教育券”制度：政府以“教育券”的形式给每个适龄学生的家长一笔教育资金，家长拿着“教育券”到市场上“购买”教育服务。这样，就会出现多种多样的学校来满足这些家庭的教育需求，并且彼此竞争。这种竞争，就像市场上的产品通过竞争来提高质量一样，最终会促使教育质量的提高。

弗里德曼的理论提出后，并没有立即被应用到现实中。十多年后，在尼克松任上，经济机会办公室开始遵循弗里德曼的思想来资助“教育券”的实验。其中的一个结果，是在新罕布什尔的几个大城市试行“教育券”。但是，就在眼看有了成功的机会之时，这一努力被教师工会和教育官员封杀。

与此同时，政府管理的公立学校，却每况愈下。1983 年，国家教育优异委员会（The National Commission of Excellence in Education）发表了题为《国家在危急中》的报告，引用保罗·科佩尔曼（Paul Copperman）的话说：“每一代美国人在教育、识字率、经济状况方面都会超过他们的父母。但是，目前出现了我们国家有史以来第一次：一代人的教育程度不会超过、不会等同，甚至不会接近他们父母的程度。”报告发表后，公立学校自然成为众矢之的。自 1970 年至今，在扣除通货膨胀因素后，美国每个学生的平均教育开支增加了一倍以上，但是教育质量反而下降，如今美国的识字率比一个世纪前还要低。

于是，弗里德曼的理论再度激发了人们的热情。在威斯康星、俄亥俄、佛罗里达、哥伦比亚特区，“教育券”开始试行。2002 年，最高法院的判决还将克里夫兰试行的“教育券”制合法化，给“教育券”的进一步扩张开了绿灯。

弗里德曼理论的核心，是通过给受教育者选择的自由来激发竞争，通过竞争提高教育水平。霍克斯拜的河流理论，证明选择增加了竞争进而提高了教育质量，和弗里德曼可谓殊途同归。目前弗里德曼还没有介入霍克斯拜与罗思坦的争斗，显示了一个严谨学者的审慎。但他对霍克斯拜和她的论文赞誉有加，毫不掩饰其意识形态上的偏好。

弗里德曼直言不讳地说，在许多领域，政府做的事情，私人企业只用一半的费用就能完成。这是他的理论最简单的魅力。平心而论，“教育券”不能实行，主要的抵抗力量来自在公立学校教书的教师所组成的教师工会。这些教师希望过自己的安生日子，不喜欢竞争所带来的不安全感。目前一些公立学校，试图鼓励优秀教师，要把教师的表现和工资挂钩。但连这样的政策，也激怒了许多教师。可见，教师工会是个巨大的利益集团，要不择手段地维持自己的“皇粮”。而这一集团力量极大，是民主党的核心力量，所以民主党政治家即使心里支持“教育券”，嘴上也不愿意说。但许多下层老百姓，因为只能住便宜、学区差的房子，孩子陷入坏学校不能自拔，喜欢通过“教育券”把孩子送到好学校去。最戏剧性的场景当然还是在首都华盛顿。华盛顿学区之差是有名的。美国的国会议员、政府高官，包括那些反对“教育券”、捍卫公立学校的人，几乎无一例外地把自己的孩子送到私立学校，死活不进当地的公立学校。所以有人讥讽说：“当这些政府高官和国会议员能够言行一致、肯把自己的孩子送到华盛顿的公立学校时，美国的教育才算有救了。”

不过，弗里德曼提出的“教育券”，虽然直指引起公愤的公立学校系统，但如果普遍实施，引起公立学校的瓦解，美国的义务教育也未必就能复兴。要知道，现在美国的学区制，主要依赖地方的房地产税办学，反映着美国优良的地方自治传统，十分灵活。一个小镇的学区好坏，是本镇居民自己的选择。在理想的情况下，大家自己缴税办学校，家长充分参与学校事务，许多区的公立学校比私立学校质量还好。想到好学区上学，到那里租套房子就可以。但问题是，学区好大家争先恐后地迁入，引起房地产升值，最后穷人住不起，只能搬到房价低的坏学区去。也就是说，学区制并非没有竞争。只是穷人一竞争就会输。实行“教育券”，大家手里都有一张“券”，可以抵学费了。大家凭此可以随便到哪里去上学。这样各学校都在一个大平台上竞争。结果会怎么样呢？好学校会抬高学费，大大超出“教育券”的价值，穷人还是上不起。穷人上的，还是便宜的、质量较差的学校。另外，支持“教育券”的钱哪里来？以房地产税支持本地教育的规矩要不要改？这些都是问题。霍克斯拜的河流理论立意虽高，但技术细节上被人家挑战，颇难应付。弗里德曼的理论如果全面落实，恐怕会遇到类似问题。

综观这场辩论，我的直观感受是，美国的许多经验，移植到中国来会有水土不服的问题。但“教育券”却是个例外，比起在美国实施来，似乎更适合中国的国情。在美国，有行之多年的基于学区制的公立学校系统。“教育券”和学区制孰优孰劣很难说。“教育券”的实行，解决了一些问题，但可能也会把原来的一些好东西牺牲掉。在中国则不同。官办的义务教育一直效率甚低，没有学区制之累。推行“教育券”制，让家长决定如何花自己孩子的教育经费，绕开官僚机构，鼓励学校直接竞争，肯定会提高教育的效率，不仅在中小学，就是在高等教育中，也值得一试。

诺贝尔奖的小镇

> 三条街区内两位诺贝尔奖得主，这成了温切斯特一个求之不得的招牌。在施罗克住的那条街上经营上百万美元房产（街很小，百万元最多是两栋小房）的房地产商贝弗勒·维多利（Beverlee Vidoli）当然是最高兴的。他声称：这一下子，这里的房地产至少增值10万美元。当然，最发愁的还是我们这样手头紧张的父母：什么时候才能挤进这样的地方，让孩子星期天到诺贝尔奖得主那里问道数学题呢？

孟母三迁，为的是给孩子的教育提供一个良好的环境。自我搬到波士顿以来，一直在为刚刚上学的女儿物色一个好的学区，准备在那里买栋房子。我住的阿灵顿，学区已经算不错，在马萨诸塞州373个学区中排第六十五。但是比起附近两个镇来就不行了。来克星顿（Lexington）是美国独立战争打响的地方，学区排第八。温切斯特（Winchester）则排第四，周末孩子上的中文学校，就在该镇的一个小学。

我去这两个地方看过房子，没有五六十万美元想也不用想，几乎断了念头。来克星顿贵是有名的。据说马友友住在那里。这位世界最顶尖的大提琴家曾在电视上说，他常常和邻居们一起演奏室内乐。我的孩子正学钢琴，能住在他家边上当然得不惜工本了。可惜不知道他住哪条街。大名鼎鼎的乔姆斯基，据说也住在那里。这类名人你就数吧，可以说是没完没了。而这个小镇不过才有3万居民。

温切斯特更小了，总共2万出头的居民。过去我还不知道这个镇是如何藏龙卧虎，但2005年诺贝尔奖得主揭晓，算是领教了。那天该镇一个街区的居民一起床，就发现邻居理查德·施罗克（Richard Schrock）的家被电视转播车围住。大家本能的一个反应是：天呀，这次难道轮到理查德了？1979年，住在三个街区之遥的一个邻居艾伦·麦克劳德·科马克（Allan MacLeod Cormack）就得了诺贝尔医学奖。他1998年刚刚去世。所以，电视转播车突然包围一所不起眼的民居的阵势，邻居们当然是记着的。

这次被包围的施罗克，是麻省理工学院的教授。他在印第安纳州出生，加州长大，在哈佛拿的博士，在麻省理工教了 30 年书，在温切斯特住了 22 年。他的两个儿子，一个 24 岁，一个 26 岁，都在这里长大。他被提名诺贝尔化学奖，已经有 5 年了。但从来没有认真想过自己能得到。那天早晨，他 5 点多就已经起来工作。这时电话响起来。谁会在这个时间打电话？他心里一惊。因为他母亲已经 92 岁了，住在蒙大拿州。他首先担心的是自己的老妈。

但电话是从瑞典打来的，通知他获得了诺贝尔奖，他听到后身体就开始不停地发抖。一个小时后，新闻里就开始报道。还没有等他反应过来，电视转播车就把他的家团团围住。

他的一个邻居看到转播车后，赶紧打电话给另一个邻居哈里・韦尔兰（Harry Werlin）问究竟。这位韦尔兰先生似乎也有预感，几分钟前刚刚跑到施罗克那里要个鸡蛋，说是做饭时发现没有鸡蛋了。他当然不需要鸡蛋，是找个借口去探探虚实。这么早为了个鸡蛋去打扰这个大教授，也只有他可以做得出来。他不过是剑桥一个小照相铺的店主，但一直坚持和施罗克一起早上跑步。他说：“我知道他是个教授。不过他实在像个平常的人。我问了他不下 30 次，他究竟是干什么的。可是直到现在我还是不清楚。”

温切斯特是波士顿附近一个安静的小镇。离哈佛、麻省理工所在的剑桥地区，开车仅十几分钟。剑桥地区如今已经繁荣得和波士顿市中心差不多。大城市病也同样严重。由于地皮房价太贵，有孩子的年轻夫妇纷纷迁出，公立学校系统得不到支持，破败不堪。昂贵的私立学校，又非一般的大学教授所能负担。所以，像温切斯特这样的小镇，就成了这些愿意效法孟母三迁的教授们的首选之地。施罗克 20 多年前带着妻子和两个幼小的孩子来到这里，就是考虑到这里的教育出色，是个安家落户的地方。

三条街区内两位诺贝尔奖得主，这成了温切斯特一个求之不得的招牌。在施罗克住的那条街上经营上百万美元房产（街很小，百万元最多是两栋小房）的房地产商贝弗勒・维多利（Beverlee Vidoli）当然是最高兴的。他声称：这一下子，这里的房地产至少增值 10 万美元。当然，最发愁的还是我们这样手头紧张的父母：什么时候才能挤进这样的地方，让孩子星期天到诺贝尔奖得主那里问道数学题呢？

你能富吗

——重新界定“美国梦”

美国的问题是，穷人要进这个中高产阶层越来越难。你要是像当年富兰克林或卡内基小时候那样穷，活在现在的美国可谓生错了时辰。但是，一旦侧身于中高产阶层之间，自己的子弟在和最上流阶层子弟的竞争之中就不会吃太大的亏。毕竟条件家长可以创造，本事还得自己学。美国是个崇拜明星的社会。一般老百姓虽然向上混不容易，但是最精英阶层的流动性还是越来越大，成功的名流对全社会都有一种励志之效，特别是中高产阶层子弟，一看到几个最富的人是自己干出来的，就觉得什么时候也会轮到自己，“彼可取而代之也!”于是“美国梦”还是可以做得又香又甜。

1890 年，美国的工业革命已经使其凌驾于大英帝国之上，成为世界首富。领导这一革命的摩根、卡内基、洛克菲勒等一代金融与工业巨子成为时代英雄。卡内基在总结他们的业绩时写道：“工业界的领袖们从当小职员和学徒起家，他们接受的训练比任何学校都更严酷、更有效率。这就是贫困。”

卡内基的话，颇有些“天将降大任于斯人”的味道。他的生涯，就是这段话的见证。他本是一个苏格兰的穷孩子，1848 年随着断了生计的父母离开破落的家乡，来到美国。那年从英国到美国的移民，多达 15 万人。谁也不会注意这个 13 岁的小叫花子。他登陆后，立即到纺织厂当童工，一周挣 1.2 美元；1853 年 18 岁时，就当上宾夕法尼亚铁路公司高层经理的私人助手，实际掌管了世界最现代、最复杂的大企业的运作。到了 19 世纪末，他成为世界钢铁大王。他的工厂生产的钢铁，比整个英国的钢铁产量还高。

类似的例子数不胜数。在美国的建国之父中，富兰克林是一个蜡烛、肥皂匠的第十五个孩子。他靠当学徒起家，成为建国之父中两位最富的人之一（另一位是华盛顿）。更奇特的是，他获得这样巨大的财富是如此之早，乃至 42 岁就从金钱世界“退休”，投入了政治。1828 年，另一个 14 岁的穷孩子托马斯·梅隆

(Thomas Mellon) 读了《富兰克林自传》，彻底改变了他的生活："富兰克林比我还穷。但他靠着勤奋和节俭变得博学睿智，并且获得了财富和声誉。"于是梅隆离开自己家的农场独闯天下，成为成功的律师和法官，最后创立了匹斯堡梅隆银行。

这也难怪，哈罗德·C. 利夫赛（Harold C. Livesay）在安德鲁·卡内基的传记开篇的第一句话就说："没有任何东西能够比'美国梦'更能界定美国：不管出身多么卑微，只要努力、诚实、节俭，任何人都能够出人头地、获得权力和影响，甚至成为美国总统。"

如今这个"美国梦"在某种意义上还是真实的。美国的最顶尖精英阶层一直是开放的，而且有迹象显示它正变得越来越开放。比如，20 世纪 80 年代中期，在《福布斯》杂志评选的 400 位美国首富中，有将近 200 位是靠继承遗产而居其位。如今，前 400 首富只有 37 位是继承遗产而来。这说明大多数首富是"自我成就的人"(self－made man)。

但是，除了这个顶尖的精英阶层外，"美国梦"正在受到挑战。最近的研究表明，从 1970 年以来，美国的贫富差距正在不断加大，穷孩子成为富翁越来越像个梦幻而非现实。在 20 世纪 80 年代，经济学家相信一种"富不过三代"的理论：家长的财富优势，只有 20%能够传给孩子。按这样的比率，富人的孙子辈和平民相比就几乎没有什么优势了。芝加哥大学的经济学家、诺贝尔奖得主加里·贝克尔（Gary Becker）认为，祖辈在收入上的优势，在三代之间基本抹平。同时，贫困也不是在几代之间持续的"文化"。

但在过去 10 年中，经济学家和社会学家根据不断完善的数据得出了新的结论。"富不过三代"变成了"富不过五代"：家长在收入上的优势，有 45%能够传给自己的孩子，有的甚至可以高达 60%。这样，一代的财富优势可以在子孙中延续近五代。

与"美国梦"形成的最大反差，首先是贫富分化。根据设在华盛顿的经济政策研究所的数据，30 年前，最顶尖的 100 位企业总裁的平均年收入为 130 万美元，比普通职工的平均工资高 39 倍；如今则达 3750 万美元，比普通职工的平均工资高出 1000 倍。2001 年，1%最富的家庭的收入占美国家庭收入总和的 20%，其财富占美国家庭财富总和的 33.4%。最新的研究表明，2004 年，美国拥有百万美元以上家产的家庭达到 750 万户，上升了 21%；家产超过 500 万美元的，则达到 74 万户，上涨了 38%。这一统计，还不算家庭的主要住房的价值（这个档次的家庭自己住的房子，一般价值在百万以上）。根据国会预算委办公室的数据，从1979年到2001年，美国最富的1%的家庭，税后年收入上升了139%，达到70多万美元。换算成税前收入，就超出百万美元；中间的1/5家庭的税后收入，仅提高17%，达到43700美元，换算成税前收入，也不过五六万之间；最下层的1/5家庭的收入，仅上涨了9%。对大多数工人而言，每小时工资上涨速度超过物价上涨的现象，仅出现于20世纪90年代最繁荣的时期，而且退休福利在不断下降。2004年度美国的实际小时工资，又是14年来下降最快的。因为通货膨胀率是3.1%，小时工资仅上涨2.4%。

仅仅贫富分化倒不妨碍人们做梦，只要穷人有朝一日能变成富人。可惜，贫富之间的流动也放缓。联邦储备银行波士顿支行的一项研究，同样把美国家庭的收入状况按人口平均分成5个档次，衡量跨档次间的社会流动。结果发现，从70年代到90年代，这样的流动不断减少。那些在经济收入上停留在父辈的社会阶层的家庭的比率，20世纪70年代为36%，20世纪90年代为40%。劳工统计局的数据，也支持了同样的观点。联邦储备银行芝加哥支行的经济学家巴莎尔·马苏德（Bhashkar Mazumder）最近综合政府调查和社会保险的数据，对几千位在1963年到1968年间出生的男性进行了追踪，考察他们在二三十岁时的收入水平。他发现，那些父亲的收入属于最低的10%的阶层的人中，只有14%能够使自己的收入达到前30%。那些父亲的收入属于最高的10%的阶层的人中，只有17%的人自己的收入跌人最低的30%阶层。如果把种族因素考虑进来，问题就更复杂。美国大学的经济学家汤姆·赫兹（Tom Hertz）的研究表明，生于最穷的10%的家庭的白人，有17%无法摆脱自己家庭原来的底层地位。而这个数据在黑人中，则高达42%。

阶层世袭的现象，已经越来越普遍。

从历史的角度来看，这无疑是一个退步。西北大学的经济史学家约瑟夫·费利（Joseph Ferne）根据美英的人口统计追踪了几千位生活在1850年到1920年间的父子。他发现，当时美国80%的非熟练工人的孩子最后获得了高薪、高地位的工作，而英国在这方面的数字不到60%。可见，当时的“美国梦”并不仅仅是个梦，而确实是现实。即使你自己没有经历，你也会看到你的邻居是怎么发起来的。特别是比起欧洲来，穷孩子在美国就是有出路。这也怪不得在1840年到1920年间，3200多万欧洲移民涌人美国，形成人类有史以来最大规模的移民潮。卡内基是其中之一。他们就是冲这个梦而来。

如今，美国已经不是穷孩子寻梦的地方。从社会流动率上看，美国和英国不分上下。法国和德国的社会流动比美国还略高。北欧国家和加拿大的社会流动则比美国高出许多。这一现实，开始挑战了美国人的民族意识。美国人一直认为欧洲有着世袭的贵族和王室，平民百姓很难出头。美国则是像《独立宣言》中写的那样，人人平等，人人有机会。托克维尔的《论美国的民主》（*Democracy in America*）中，一上来就赞叹美国是如何均富、如何为普通人创造了机会。但是，现在大家的情况倒了过来。美国在社会流动方面，只能和巴西这样的发展中国家比才占优势。

为什么会如此？主要原因是美国的贫富分化比欧洲、加拿大、日本大许多，使不同阶层的家长在对孩子的教育投资上拉开了差距。一个生在美国富裕家庭的孩子，可以得到更多的特权。但一个生在美国贫困家庭的孩子，则比生在欧洲、加拿大、日本的同阶层的孩子要倒霉得多，无法为未来的成功做好教育上的准备。

这一对比，揭示了美国社会的重大变化。第一，美国在19世纪还是一个未成熟的经济体，有大量的处女地供下层人士和新移民发展；如今美国则是一个成熟的经济体，平地起高楼的空间已经非常少。第二，旧的精英制度靠家庭继承，而未成熟的美国由于财富积累有限，又有大量新的发展空间，像卡内基这样一文不名的天才能够轻易打败世袭精英。如今的精英制度靠教育来维持。不管你是谁，想成功首先要有本事。由于科技发达，必要的本事必须经过复杂的训练才能够培养，教育又需要大量注入金钱。像卡内基那样没有上过学的13岁的穷孩子，已经很难靠自己的脑瓜机灵获得巨大成功。要想向上爬，家长就必须从小对孩子进行教育投资。

这一变化，改变了美国社会的景观。如上所述，虽然贫富差距加大，但是顶尖的精英阶层是开放的，必须经过竞争才进得去。而最重要的进身之阶，就是教育。你家里有钱不行。孩子必须聪明才可能有出息。如今科技进步，新产业层出不穷，不进则退，不创业只是守成很快就会被淘汰。这就给精英阶层带来了巨大的不安。所以，美国人过去那种放任孩子的作风已经大为改变。从三四岁起就把孩子塞进这个班、那个班，学个没完。像布什父子都上过的贵族寄宿学校菲利普斯学院，一年学费就3万多美元，一届的毕业生进哈佛的就有十几位。甚至有的家长，因为孩子挤进了这所学校，举家迁居到学校边上，督促孩子的学业。等申请时，仅补习、咨询、校园访问等先行费用就达数万美元。这种挥金如土的游戏，穷人如何玩得起？

不仅是最上层，一般富裕的中产阶级，也开始蜂拥到公立学校最好的地方安家立业，抬高当地的房价，把穷人挤走。这样，各阶层之间从居住地点开始，就越来越隔离。穷孩子的劣势也就越来越大。所以，尽管有种族平权、社区学院的扩张以及一系列扶贫的措施，贫富分化还是越来越大。因为富人阶层在自己的孩子没有成人前，就不惜一切地把自己的财富转化为孩子身上的本事。这也怪不得，在美国最优秀的250所大学中，高收入家庭出身的孩子的比例越来越大。

那么，在美国谁能够致富呢？穷人很难，但不是没有可能。富人有优势，但光靠家里有钱也不行。《纽约时报》的报道中提出衡量社会阶层的四大王牌：教育、收入、职业和财产。克林顿是个穷孩子，但靠耶鲁的教育和罗氏奖学金（Rhodes Scholarship）获得了其他的三张牌。比尔·盖茨起步于中高产阶层，却还没有大学毕业就把四张牌都拿到了手里。这些特异之士，不是一般人能够效法的。大体而论，一些暴发户如果教子无方，下一代几乎肯定衰落；一些穷教授虽然生活寒酸，子弟的前途却不可限量；有教养的富裕阶层，则最有优势。美国的问题是，穷人要进这个中高产阶层越来越难。你要是像当年富兰克林或卡内基小时候那样穷，活在现在的美国可谓生错了时辰。但是，一旦侧身于中高产阶层之间，自己的子弟在和最上流阶层子弟的竞争之中就不会吃太大的亏。毕竟条件家长可以创造，本事还得自己学。美国是个崇拜明星的社会。一般老百姓虽然向上混不容易，但是最精英阶层的流动性还是越来越大，成功的名流对全社会都有一种励志之效，特别是中高产阶层子弟，一看到几个最富的人是自己干出来的，就觉得什么时候也会轮到自己，“彼可取而代之也！”于是“美国梦”还是可以做得又香又甜。

没完没了的青春期

在一个社会中，个人脱离家庭越早，家庭的财富、地位对个人成功的影响就越小，社会的平等度和流动性都会因此增加。美国的价值立足于反贵族的传统：任何一个人，都可以在这个没有等级的自由市场秩序中出人头地。如今的变化则从根本上挑战了这一价值。

出国前，听人讲起美国的父母对孩子是多么冷酷无情：孩子长到 18 岁就扫地出门，一分钱不给，一切靠自己，因为你已经成人了。

其实，如今美国人的家庭关系已经发生了深刻的变化。芝加哥大学国家民意研究中心（National Opinion Research Center）2003 年的一个“民调”显示，大多数美国人认为成人期在 26 岁左右才算开始。美国人似乎可以没完没了地享受自己的青春期，当个永远也长不大的孩子。

这种局面的出现，原因多种多样。首先，美国人结婚晚了。在 20 世纪 50 年代，新娘的平均年龄 21 岁，新郎 23 岁。如今，男人的平均结婚年龄接近 27 岁，女人也过了 25 岁。结婚是成人、独立的最好标志。过去中学一毕业，就快到结婚的日子了。如今怎么也要等到大学毕业以后。

婚龄的推迟，是社会转型的结果。早在 1900 年，美国人的婚龄也很晚：男 26 岁多，女 22 岁。那时候劳工阶层生活很苦，要熬到很晚才可能积累出基本的财富成家立业。男女婚龄差距大到 4 岁以上，也是因为男人工作，其经济独立是成家的关键。20 世纪 50 年代美国进入经济扩张的黄金时期，工人待遇优厚，上完高中，大多数人都可以有个足以养家的稳定工作。所以，婚龄，主要是男性婚龄，跟着大幅度降低。

现在，美国的制造业大部分迁移到第三世界，社会给高中毕业生留下的工作，大体是售货员、招待、清洁工、小保姆等，基本上属于孩子们上中学时打工挣零花钱的工作。高中毕业继续干这些，就像是个还在挣零花钱的孩子，不仅无法养家，而且自己也养不活。所以，90%以上的高中生，都希望能上大学。家长只要力所能及，也觉得有支持孩子上大学的义务。孩子的抚养期不知不觉中就延长了4年。

这还不算完。随着大学教育受重视，入学竞争也愈演愈烈。美国的大学入学申请不像我们的高考，除了要SAT的成绩外，还要求学生提交带有自传色彩的文章、简历、社会活动、特长、成就等材料。有钱的家长，会花上2万美元以上请人咨询、包装自己的孩子，没钱的家长，也常常赤膊上阵，帮孩子编写申请材料。申请大学，已经演成一场军备竞赛，各方不断加码下注，远远不是一个孩子自己处理的事情。

这一家长的操纵过程，一直延伸到大学中。2004年纽约一所大学的校长在《纽约时报》撰文抱怨，她接待新生时，总是家长在那里说话：从孩子选的专业、课程，一直到住宿、课外活动，每个细节都反复盘问。那些可怜巴巴的孩子，全躲在家长后面不做声。那位校长认为，选课、选专业这样的事情，应该是孩子自己的决定。大学教育的目的，就是培养孩子作出重大人生决定的能力。家长这样富于侵犯性的行为，剥夺了大学的重要教育职能。想不到文章发表后，一位家长写信给报纸质问：我花那么多钱送自己的孩子上大学，难道没有权利过问一下花的钱究竟买了什么吗？

家长不肯放手，许多学生到了大学高年级，写论文和读书报告还要E-mail先送给家长，改完再交。如今E-mail、手机等现代技术，已经改变了社会和家庭关系。即使孩子远在天边，家长也可以遥控其学业。久而久之，孩子和家长的纽带就变得无法切断。

当年马其顿的少年国王亚历山大，二十几岁就从欧洲打到印度，成为世界之君。美国的工业巨子卡内基，13岁到美国打工，20岁就指挥着世界最复杂的工业系统——宾夕法尼亚西部铁路。在这些历史的创造者们成为巨人的年纪，许多现在的美国人还没有开始自己的成人期。人类似乎变得越来越幼稚。

这一现象，当然和后工业化社会的特质有关。日益复杂的社会，对劳工技能的要求越来越高，需要接受训练的时间也越来越长。不过，全球化中过度竞争所引起的过度保护，也许是更重要的原因。过去的孩子不用操心，高中一毕业就有工作等着，当家长的可以躲在自己的别墅里享清福。如今，大学读不好前途就堪忧，你要砸锅卖铁地帮助孩子建立自己的事业。所以，有条件的家长，一定要亲自把孩子送到成功的位置上才肯放手。

一般而言，在一个社会中，个人脱离家庭越早，家庭的财富、地位对个人成功的影响就越小，社会的平等度和流动性都会因此增加。美国的价值立足于反贵族的传统：任何一个人，都可以在这个没有等级的自由市场秩序中出人头地。如今的变化则从根本上挑战了这一价值。要知道，过去小民百姓的孩子 18 岁自立，常常也是不得已。富家子弟，至少要靠父母的钱上完大学。现在延长青春期的，大多还是有钱人的子弟。这等于进一步延长了富家子弟的优势，让家族笼罩了个人，削弱了公平竞争，减缓了社会流动，甚至抑制了社会的创造性。前总统布什，直到四十多岁还吊儿郎当、靠父母护持。这样造就的总统，至少在能力上远远无法和尼克松、里根、克林顿这些平民子弟出身的总统相比。当今的美国社会正在塑造一个现代贵族阶层，这一趋势如果不加以遏制，恐怕将削弱美国的竞争力。

难以弥合的南北裂痕

南方一些自由派的高中生，早已承受不了身边保守主义的文化氛围，亟待到北方寻找自由，所以对新英格兰地区的大学往往一见钟情，最后跨州就读，毕业后自然也不再回那个不堪回首的故乡了。

美国建国之初，南北就有着深刻的裂痕。南北双方，都曾有几次脱离联邦的运动。后来大家兵戎相见，打了一场美国历史上死人最多的战争，维持了国家的统一。可惜，到了21世纪初，经过两次总统大选，南北还是泾渭分明、势如水火。

二百多年以来，许多美国政治家都试图弥合南北裂痕，但都无济于事。"建国之父"华盛顿，曾希望创建一个国立大学，使各殖民地的人民摆脱地域主义，塑造美国的认同。他这一想法的依据，是他作为13个殖民地的最高军事统帅与英军作战的经历。当时他手下的士兵，虽然来自不同的殖民地，但由于一起打仗、生死与共，彼此间形成了牢固的纽带和共同的国家意识。因此，他认为，如果把各州优秀的年轻人聚集在一个国立大学里，这些人之间就会发展出彼此之间的忠诚和信赖，势不两立的南北各州，就会形成一个团结的新民族。

华盛顿的理想并没有实现。美国的大学，自始至终是以私立和州立为主，从来没有国立大学。但是，大学确实促进年轻人跨地域的流动，在精英社会创造了共同的美国意识。比如美国一个表现南方战争的流行电视剧，描写了来自南北的两位青年，在西点军校成为终身朋友。后来在南北战争中，虽然成为战场上的敌人，但尘埃落定后，两个人之间的个人友谊，还是把两个区域联系在一起。

然而，如今的大学，却不完全在充当南北的黏合剂，有时甚至会加剧南北在意识形态上的冲突。最近，美国高中生人口已经达到顶峰，不久就将下降。各州的大学，马上会面临生源不足的问题。为应付这样的危机，一些传统上立足本州的州立大学，开始跨州招收学生。跨州招生，对州立大学益处无穷。比如，马萨诸塞州立大学Amherst分校，本州学生的学费仅仅1714美元，这笔钱还要上缴州政府。但是，外州学生的学费为 9937 美元，学校可以自己独吞。这样，招收外州学生的动力就大得出奇。

但是，外州学生的油水虽大，招生却不容易。美国州立大学质量相对整齐，本州人在本州的州立大学读书，学费常常比去外州的州立大学低数倍。学生为什么要放弃只需要不到 2000 美元学费的本州州立大学，而花上将近 10000 美元去外州上一个质量差不多的大学呢?

在这个关节上，南北价值冲突成了跨州竞争的一个王牌。学生上大学，看的不仅是学术质量和价格，而且还要看文化环境。北方在教育上有相当的教育优势。南方虽然是保守主义的一统天下，但在一些大都市，还有不少自由派的飞地。即使在布什的老家得州，南部海湾地带的几个县 2004 年还是压倒性地支持克里。由于美国实行选举团制，大选以州进行群体计票，生活在这样的飞地中的自由派，不管怎么投票，自己的州还是支持共和党，等于选举权被剥夺。其心情之压抑，就可想而知了。所以，这些人，有机会就会移居到民主党的州去。

成年人拖家带口，又在本地有固定工作，“移民”是不太可能的。但高中毕业生就不同，只要跑到外州上个大学，以后就天高任鸟飞了。南方一些自由派的高中生，早已承受不了身边保守主义的文化氛围，亟待到北方寻找自由，所以对新英格兰地区的大学往往一见钟情，最后跨州就读，毕业后自然也不再回那个不堪回首的故乡了。

但是，这样的结果，只能是让南方的自由派移民到北方，让北方的保守派移民到南方。南方人口会变成更纯粹的保守派，北方人口会变成更纯粹的自由派。大家以后就更说不上话了。南北之间的文化战和政治战，在我们有生之年，是不可能消失的。

在大学中挣扎的劳工子弟

所谓弱势阶层，是由经济环境和文化行为两方面造成的。“经济平权”的目标，是为弱势阶层创造机会平等。但文化行为的改造，则要靠劳工阶层自己。过去欧洲的贵族，靠的是家徽、爵位、世袭的特权和遗产来维持自己的地位；如今美国的精英，则靠考分、大学的学位、领导世界开拓经济和科技前沿的个人素质来出人头地。美国的中高产阶级，正在创造一种培养这种素质的文化。他们的孩子，在教育竞争中，不仅有金钱上的优势，更大的优势恐怕是他们的父母本身就为他们提供了学习的榜样。相比之下，劳工阶层的第一代大学生，在家里找不到学习的榜样，不明白上大学是怎么回事。如果劳工阶层的文化行为不能够及时改造，“经济平权”也不足以弥补他们日益增大的劣势。

我已经在美国的大学里教了一年书了，但仍然感到难以理解我的学生。2004 年离开耶鲁来到萨福克大学任教，许多朋友就警告我：“不要以为哪里都是耶鲁!”

因为像我这样在耶鲁当了几年助教、刚刚拿了教职的人，习惯了和精英学生打交道，容易对别的地方的学生期望太高。对此我当然有心理准备。记得几年前一位师兄找工作，在参加一个小学校的面试时对方问：“我们这里的学生，有一半不知道他们为什么来这里，另一半不希望待在这里。你怎么对付这样的学生?”他一下子目瞪口呆。另一位师兄在一个黑人的私立大学教书，上了大半学期的课，班上的绝大部分学生还没有买教科书，说是没有钱，可是脚下穿的运动鞋都挺时髦。

相比之下，我算幸运多了。萨福克是个位于波士顿市中心、正在上升的私立学校。其法学院和哈佛法学院在波士顿地区是最大的，只不过是以培养当地的司法人才为主。萨福克的学生，许多是家里的第一代大学生，以白人劳工阶层子弟为主力。在面试时同事们告诉我，这里的学生非常尊重老师，学习也很用功，只是不少人来自贫困家庭，上的中学一塌糊涂，学术准备不足，需要更多的帮助。另外，还有一些学生，成绩非常优异，SAT 考到快 1400 分，和哈佛、耶鲁的学生没有什么区别，但是不知道什么原因来了这里。一位同事还告诉我，她当年就被耶鲁录取，家里没有钱，只好上了一个比萨福克还便宜不少的州立学校。

这些都是萨福克的现实。第一学期，我就碰到了很优异的学生。第二学期中国史课的一个学生，准备读体质人类学的博士，他虽然没有一点中国方面的背景，但入门奇快，讨论起秦始皇和李斯的关系来头头是道。这些学生和哈佛、耶鲁的学生，实在没有什么区别。当然，大多数学生比较慢，不过读书勤勤恳恳。有两个一年级的女孩子是同屋，合买一本教科书，学得吃力，让我心里十分感动。

但是，问题马上就出来了。第二学期教的一门课，属于必修之列，学生是被迫来学，而且阅读材料也比较难。结果一上来就遇到了“反叛”。一个学生在课堂上公开问：“我想赚钱！怎么赚钱？我就对这个感兴趣。为什么要学历史？”我措手不及，马上说：“只要能赚钱干什么都行吗？”“对！”对方斩钉截铁。“抢银行如何？”“我不在乎。”我灵机一动，马上开玩笑地说：“可惜你晚生至少三百年。三百多年前，类似抢银行这种事情在一些地方是合法的。比如十七八世纪的欧洲和美洲，私掠船很盛。西班牙在美洲发现了白银，英国错过了这个运气。怎么办？抢人家的！这些私掠船到处在海上打劫运白银的船，实际上就是海盗。英国确立君主立宪后，王室不经国会批准无权加税。想打仗没有经费怎么办？只好将这些私掠船合法化：只要人家肯和王室分赃，就成了英王的非正规部队。后来许多私掠船的头目，用抢来的钱在加勒比地区开辟蔗糖种植园，激发欧洲的蔗糖消费革命。当时蔗糖业成为世界规模最大、最先进的企业。后来的英国工业革命，美国的建国，都和这个买卖有关。”我一口气这样讲下去，觉得很自然地把一个荒唐的话题引导到正经的学术主题上，很有些得意。但再看那个学生，已经坐在那里睡着了。

等学期结束，我给了一串 F，也就是不及格。临考前就有学生抗议：“这本来应该是一门轻松的历史课。我上别的课很少需要读任何书。上你的课阅读量比别的课加起来还多。”实际上，我一个星期只要求他们读六七十页。这样少的阅读也完不成，怪不得考试惨不忍睹。但一给 F，人家还来抗议：“我拿了 F，就得花 900 美元重修这门课。难道我是来这里烧钱的吗？”他们一直闹到院长那里。

我顶住压力，坚决不改成绩。不过，这样的经历帮助我认识美国高等教育的现实：大学普及了。大部分适龄青年都上了大学。但是，中高产阶级的子弟集中在耶鲁这样的精英大学，劳工阶层的子弟则集中在笔者任教的这种草根大学。按说，这样的草根大学，条件非常好：图书馆、教室都十分气派，教授中名校的博士甚多，学术上有建树的也不少，不少学生也有奖学金，优异者利用这样的机会，在社会上出人头地的有之，继续到名校读博士的有之。可惜，许多劳工阶层的子弟，在成为家里的第一个大学生后，进了大学手足无措，最后被迫辍学。

最近美国大学竞争空前激烈，各校纷纷盯着那些学术优异的学生。劳工阶层的家庭经济资源缺乏，在中小学对孩子训练不足，申请大学时当然竞争不过中高产阶级。所以许多人开始提倡“经济平权”，要学校照顾这些弱势阶层。但是，经济上的弱势，并非劳工阶层的子弟学术表现差的唯一原因。他们的子弟接受高等教育，面临着深刻的文化障碍。这种障碍如果不能超越，平权也不能完全解决问题。在这方面，“种族平权”的失败之处，应该成为经济平权的前车之鉴。

所谓“文化障碍”，用一种最有偏见的语言来表述，就是许多人根本不是“读书的料”，甚至自己也不相信自己能读好书。他们进大学是出于无奈，而非个人志趣。这当然不是说劳工阶层的子弟一定就不是读书的料，相反，美国的历史一再证明，美国的劳工阶层的子弟屡屡冒出优异之士。但同时也必须认识到，劳工阶层有深刻的反智主义传统，许多人就是在“读书无用论”的文化中长大的。如今社会转型，再不喜欢读书的人也觉得不上大学不行。这却不能说明他们所承载的反智主义文化有所改变。是这种文化，导致他们进了大学白白浪费青春和金钱。

我在《直话直说的政治》和《右翼帝国的生成》两书中，都反复谈到美国有强烈的反智主义传统。从殖民地时代到南北战争后，大学教育主要是培养上流社会子弟的品行，不涉实务。等 19 世纪后半期工业化和城市化突飞猛进，年轻人纷纷投身实业淘金，上大学一度为人所不齿。1863 年，后来成为美国心理学奠基人的 G. 斯坦利·哈尔（G. Stanley Hall）作为一个乡村的孩子被 Williams College 录取，他的第一个本能就是向同伴隐瞒事实。可是等农场里的孩子发现真相后，他还是被无情地戏弄和嘲笑了一番。

进入 20 世纪，美国的大学确立了自己的社会地位。但是，劳工阶层对之还是敬而远之。后来经过“新政”、“二战”，美国劳工阶层有了各种保障。在 20 世纪 50 年代，美国是世界工厂，制造业十分繁荣。工人的日子过得稳当。高中一毕业，就进工厂、结婚生子。一个人工作养活一家，买车买房，一辈子用不着离开故乡的小镇，干的是粗活，过的是中产阶级的日子。大家在政治上也都一心一意跟着民主党走。1960 年肯尼迪和尼克松竞逐白宫的大选日，一直到吃完午饭的时候，尼克松还在领先。等下午劳工阶层一下了班开始投票，局面就翻过来，因为劳工阶层就是民主党的社会基础。在总统政治中，民主党的优势一直维持到 1968 年尼克松上台。即使是尼克松上台后，对劳工阶层也不敢得罪。

但是 20 世纪 90 年代以来，美国经济迅速转型，制造业纷纷输出国外，高科技和服务业成为经济的主动力。传统制造业的劳工，眼看就要变成“濒临绝种的动物”。在总统大选时，工会支持的候选人屡战屡败。劳工的日子再也过不稳当了。《纽约时报》报道的一个故事最说明问题。麦克莱伦本来是一个医生的儿子，但中学毕业，不想再读书，决定到家乡的工厂做事。他父亲对此还很支持。首先，他不是读书的料，常常拿 C；其次，那个时代当工人比读书能够更快地升入中产阶级。他 22 岁当了工头，28 岁当了主管，32 岁进入管理层，不到 40 岁时，年收入达到 10 万美元，住的是带游泳池的房子，开的是新车，妻子从来用不着工作。相比之下，高中毕业再读十几年，拿了博士的幸运者在大学里获得教职，混到快 40，常常还没有当上正教授，一年挣不到他的一半。也怪不得人家要嘲笑知识分子是愚腐无用的“鸡蛋脑袋”呢。可是如今，工厂关门，而且再也不会开张。没有大学文凭，什么工作也别想找得到。风光一时的麦克莱伦只能靠储蓄过日子，坐吃山空，惶惶不可终日。他儿子一看不妙，马上决定无论如何要上大学。

问题是，在这样舒服的劳工阶层长大的孩子，从小受反智主义的影响，除非特异之士，很难产生出对学术的兴趣。如今眼看着父辈失去了昔日的乐园，自己不得已进了大学，以为镀四年金，以后就有出路了。对他们来说，上大学就像买房子分期付款一样，似乎只要按时缴学费，最后就会拿张文凭。我给学生讲课，从世界的香料贸易、蔗糖贸易、奴隶贸易，一直讲到棉花贸易、石油贸易，分析这些贸易如何塑造了从前近代到近代社会的转型，如何影响大国的兴衰。学生们虽然大多数是学财经方面的专业，但听到这些竟然笑起来，一脸滑稽表情。他们一定觉得我这个“鸡蛋脑袋”里全是些怪念头：香料和我们有什么关系？我花这么多钱，耽误了打工的时间，坐在这里就是来听这样的奇谈怪论吗？我讲蒙古帝国对世界贸易的影响时，干脆被学生打断：“你在讲什么？为什么要谈蒙古？我这辈子就没有听说过这个词。”

这就是劳工阶层反智主义文化的典型表现。父辈的言传身教告诉他们：你只需要关心你眼前看得见的东西。其他那些虚无缥缈事情不用操心，否则就不正常，就是“有病”。在这种文化中长大的孩子，不仅不习惯抽象思维，而且觉得抽象思维是荒唐事：这么胡思乱想的人多少有些心理不正常。他们一进大学，学的全是这些漫无边际的东西，根本就没有兴趣，考试拿个 C 或 D，甚至不及格。放了学一打工，一小时挣上六七美元，钞票看得见摸得着，实实在在，而且还有时间和女朋友泡。这样的日子有多好！左思右想，还回去念书干什么？于是中断了学业。如今大学在美国虽然几乎全民化，但是在二十多岁的年龄层里，几乎三个人中就有一个处于这种辍学状态；而在 20 世纪 60 年代末期，这样的人只占 1/5。原因也很简单：那时上学的人大多是想上的。现在的大学则是不想上也得上。

哈佛大学校长萨默斯指出："我们必须认识到贫困家庭的孩子和富裕家庭的孩子之间的差距，是美国目前最严重的国内问题。"美国教育部 2004 年的统计表明，高收人家庭的孩子，有 66% 能够在 5 年之内完成 4 年制的大学课程；而低收入家庭的孩子只有 41% 能够在同样的时间内完成 4 年制的学业。在一些精英大学，几乎每个学生都毕业。但在一些差的大学里，毕业率低得出奇。这里当然有经济原因：穷学生要一边打工一边读书，常常读到半截就力不可支；富学生则可以专心致志。但是，家庭和文化环境的影响也至关重要。我就碰到过这样的学生，她有奖学金，但要维持奖学金，她必须维持一定的平均成绩。这是她做不到的。因此求我高抬贵手。1991 年，一个大款跑到波士顿边上剑桥地区最穷的一个小学，对 69 个二年级的孩子许诺：只要你们努力学习，我就支付你们的大学学费。如今 14 年过去，当时 8 岁的孩子现在也已经 22 岁，到了大学毕业的年龄。但是，这些孩子里，有 12 位根本没有上大学，16 位从大学辍学，25 位还在大学中挣扎，只有 4 位利用这样的机会从大学拿到学士学位。

美国高中产阶级的家长，从孩子三四岁时开始，就担心其未来的竞争力。于是钢琴班、芭蕾班、外语班，一个接着一个的上。选择居住地点，也完全以孩子为中心，哪里的公立学校优异就去哪里，不管房价贵到什么程度。孩子上了中学，又是各种暑期班、补习班，晚上回家家长亲自督促功课。甚至一个家长辞职，专门辅导孩子的学业，从十二三岁就为上大学作准备。许多劳工阶层则宁愿自己去打猎、钓鱼，放下孩子不管。我家邻居有个专门给人看孩子的，几乎没有文化，对孩子动辄训斥，有时弄得孩子直哭。其实当地有各种幼儿园和"学后课程"，很有教育性。但不少劳工阶层的家长，图省钱把孩子托到她这里，下了班来接。这样的早期教育，使孩子两三岁就陷于劣势。其实，劳工阶层的家庭本来并不一定穷。如前所述，在工厂可以比在大学挣得高得多。既然如此，管孩子有什么用呢？如今工厂关了门，孩子一看势头不好，赶紧上大学。家长则说："你去试试吧，不行再回来。"这样的孩子坐在课堂里也心不在焉，不停地在那里算钱："我这个小时不得不听课，耽误了打工，损失 7 美元！我要这样荒唐多久？"他们每上一周的课，就觉得丢了一周的钱。这样还能学好吗？

也正是因为这样的原因，许多中高产阶级反对“经济平权”的大学录取政策。比如弗吉尼亚大学，是美国顶尖的州立大学。如今该校学生考分越来越高，中高产阶级的子弟越来越多。该校校长卡斯特三世（John T. Casteen III）自己就是个造船厂工人的孩子。他坚信许多劳工阶层的子弟，面临着自己无法克服的困难，需要社会的扶助。于是，他力图推行向弱势阶层倾斜的录取政策，要学校到本州的一些贫困地区重点招生。但是，该州北部富裕的郊区的选民认为这是对他们的歧视，正试图通过立法阻止这样的政策的实施。

这就引发了一个更为深刻的问题：大家都认为，个人的品质而非家庭背景应该是决定一个人成功的关键。但是，如今家庭成了培养个人品质的重要因素。真要衡量个人品质，这种品质和家庭背景的相关性已经无法割断。难道父母作出种种牺牲为孩子创造的良好的成长条件，不应该得到奖赏吗？举个例子来说，我们夫妻有孩子时都还是穷学生，孩子从来都穿旧衣服，5 岁了家里也没有车，常常带孩子在雪地里走半个小时去买东西；我有工作后，3000 多美元买了辆旧车，在好的学区租最便宜的房子。但是，我们花了 3000 多美元给孩子买了架新钢琴，找了当地最好的老师，送她上一小时 100 美元的钢琴课。邻居一个劳工阶层者，她刚刚买了 2 万美元左右的新车，而且从 21 岁第一次买车起，从来都买新车，动不动就去加勒比海度假，去打高尔夫球。15 年后，两家的境遇很可能不一样，孩子的教育素质肯定会有天壤之别。社会是否应该把我们付出的牺牲视而不见，而要照顾她的孩子呢？

所谓弱势阶层，是由经济环境和文化行为两方面造成的。“经济平权”的目标，是为弱势阶层创造机会平等。但文化行为的改造，则要靠劳工阶层自己。过去欧洲的贵族，靠的是家徽、爵位、世袭的特权和遗产来维持自己的地位；如今美国的精英，则靠考分、大学的学位、领导世界开拓经济和科技前沿的个人素质来出人头地。美国的中高产阶级，正在创造一种培养这种素质的文化。他们的孩子，在教育竞争中，不仅有金钱上的优势，更大的优势恐怕是他们的父母本身就为他们提供了学习的榜样。相比之下，劳工阶层的第一代大学生，在家里找不到学习的榜样，不明白上大学是怎么回事。如果劳工阶层的文化行为不能够及时改造，“经济平权”也不足以弥补他们日益增大的劣势。

自以为是的弱势阶层

可以说，美国的精英在教育上是绝对有竞争力的。中国的富家子弟和美国的富家子弟比学业，肯定是比不过。但到波士顿这样的大城市一看就知道，同样是穷人，外国人就明显高出美国人一头。更糟糕的是，这些美国孩子常常自我感觉良好。

这是我在美国大学教书的第二学期。

"从1502年到1860年，有将近1000万黑奴被从非洲贩运到美洲。这些黑奴主要到了美洲的哪个地区？"我向全班提问。

这不是个很难的问题。因为答案在指定的读物上都写得清清楚楚：41%到了巴西，47%到了加勒比和南美洲北端的地区，只有7%到了美国或现在变成美国的原北美殖民地。我布置这些课前阅读的主要考虑有两点：第一，奴隶制的遗产造就了现代美国最大的社会问题。奴隶制的罪恶在美国也被暴露得最多。但是，这仅仅是黑奴史的很小一部分。第二，黑奴是被用来当劳动力使用的。黑奴的走向，说明了当时美洲经济重心的所在。比如美国建国时，美洲最发达的地区是遍布蔗糖种植园的加勒比诸岛。后来成为美国的北美十三个殖民地在经济上仅仅是一个配角。我以为，这些知识超出一般人的常识，但对于理解美国的建国及其早期历史非常重要，是一个受过高等教育的美国人应该了解的。

然而，教室里鸦雀无声。我不得不重复我的问题，并想出各种办法刺激学生张嘴。终于有几个人开始试探着发言了："他们主要都到美国来了。""他们主要在美国南部。"

这时一个波兰学生走进来。她刚刚做了母亲不久，要照顾孩子，又得在异国读书，自然手忙脚乱，每次上课都晚到。她轻手轻脚地找到座位坐下，同时听着学生七嘴八舌的议论，随口说了一句："他们主要去了加勒比地区吧？"

"好了好了，我们不必再讨论了。"我不耐烦地叫大家停下来，随后逼问，"你们究竟有几个人上课前完成了指定的阅读？"没有人敢应声。"好了，我们得好好谈谈。”我放弃了再讲下去的计划，决定教训一下这些不成器的孩子。“我知道，在一个美国大学像我这么说话会给自己招来很多麻烦，但我不在乎。我必须把我的真实想法告诉你们：为什么总是外国学生表现好？英语不是他们的母语。他们阅读比你们慢得多。为什么总是这几个外国学生每次都完成了阅读并能回答我的提问?”

这几句话甩出来，就像在课堂里扔了颗炸弹。在美国的大学，有一套“政治正确”的话语格式，有种族歧视、性别歧视、年龄歧视等一大堆雷区，要格外小心。把人归类，说这类人好那类人不行是极其危险的。像我这样公然说美国人比不上外国人的教授，学生们大概还没有见过。所以，话一出来，教室里空气异常紧张，几个白人学生露出激愤的表情。我等着他们骂，和他们辩论。但是他们终于没有说话。在我看来，这不是因为他们不够生气，也不是因为他们胆怯，而是因为他们教育水平太低，根本不具备辩论的能力。最后有个男生总算发言了：“如果我到外国去读书，我总得作很多准备才会去。既然作了准备，就自然比没有准备的本地学生好一些。我的意思是，这些外国同学，他们来我们这里，都是有准备的。我们则没有。所以他们好像表现好一些。”

我实在听不懂他的逻辑在哪里，不过立即提醒他：“现在我们不是学外国的历史。我们是在学你们美国的历史。在这个领域，外国学生也比你们好。这正常吗?”那个男生不服：“不管学的是什么，人家有准备呀。我们没有。所以有劣势很自然。”

这时坐在前排的一个女生忍不住了：“我 15 岁随父母从波斯尼亚来的。家里没有钱。我也不懂英语，对美国一无所知。你怎么能说我的准备比你好?”

对于这一突如其来的反击，美国学生一下子不知道说什么好。我马上招呼他们：“你们有道理讲嘛。怎么能说外国人比你们有优势？我告诉你们我自己的经历吧。我在 28 岁时几乎是从头开始学英文。大部分时间是自学。当时我能找到的英文阅读材料，是半年到一年前的《时代周刊》。而且找到这样的材料还得有点特权才行。我刚刚到美国时，学校里到处能捡到《时代周刊》、《新闻周刊》，而且是一两周以前甚至本周的。我如获至宝，全拿回家，舍不得扔。不久家里的垃圾就堆积起来。这就是我们这些外国人的‘准备’。你们以为我们都是王子才来美国读书吗？你们如果真看到我们当时的样子，可能还以为我们是叫花子。但是我们还是能够成功。你们半年前的《时代周刊》会看吗？这些对你们是垃圾，但在有些国家就是宝贝，也许可以拿到黑市上卖！我知道你们可能来自贫困家庭，生活不容易。但比起其他国家的同龄人来，你们就是天之骄子！不要总往一面想，觉得自己是弱势。怎么不想想自己幸运的地方？你们好好利用了自己的幸运吗?”

学生被我说得一言不发。有人坐在那里生气，但也有人听了我的话轻轻点头。不过到了期末考试，许多学生的表现还是惨不忍睹，我只好给了一堆“不及格”。

我的课堂，与其说是反映了美国教育的现实，倒不如说反映了美国教育的分化。我在耶鲁读博士时，作为助教也教过课。那里的学生并非个个出色，但每有秀异之士让你惊叹，偶尔还能看到有些学生试图在课堂上证明自己比教授聪明。我现在任教的萨福克大学其实也不算太差，一年两万多美元的学费，比其主要竞争对手马萨诸塞大学贵得多，没有一定的质量是不可能生存下来的。不过，如今美国的高等教育基本上已经全民化了，想上大学的基本都能上。中高产阶级从四五岁就训练自己的孩子，他们的子弟常常童子功甚深，出色的都进了常青藤或其他著名学府。而我现在的这些学生，如果在过去的年代高中毕业就去工作了；如今则跟着大潮流进了大学。所以他们的表现，更能反映一般美国高中教育的水平。

肯努力的外国学生和这样的学生竞争，就好像“上马”赛“中马”，或“中马”赛“下马”，即使有语言障碍，也很容易取胜。2005 年《波士顿环球报》(*The Boston Globe*）刊登了波士顿 34 所高中应届毕业班的告别致辞人（valedictorian）的照片。美国高中有个惯例，每年毕业典礼，要选出一个最优秀的毕业生代表致告别词。成为致辞人，是高中生在本校的最大荣誉。2005 年波士顿这 34 位致辞人中，竟有 20 位是外国出生的孩子，其中一位还是非法移民之女，正面临被遣返的命运。如今波士顿虽然五方杂处，但毕竟还是个美国的大城市，外国出生的人和外国人还是占少数，而且这些孩子读书时大多面临严重的语言障碍。可是，毕业班的头名，大多被他们摘取。

波士顿的这个数据只是美国教育现实的一部分。在马萨诸塞州 2004 年的学区排名中，波士顿在 373 个学区中仅排 353 位，几乎是最差的。马萨诸塞州连续两年被评为美国“最聪明的州”，主要就是靠其在义务教育上的领先水平。不过波士顿还是不能避免美国大城市的通病：富人移居郊外，公立学校缺乏资金，日益破败。除了波士顿拉丁学校（Boston Latin School）——2005 年该校的致辞人是位被哈佛录取的中国女孩——是美国最好的高中之外，其他学校大多是穷孩子上的低水平学校。到了波士顿附近富裕的郊区一看，则完全是另一景观，你能领教美国一流教育的气派。学校资源充沛，家长督促孩子读书不遗余力。一个远郊的高中，2005 年一年就送了 16 位毕业生进常青藤。一个外国孩子要在那里出头，绝非易事。

可以说，美国的精英在教育上是绝对有竞争力的。中国的富家子弟和美国的富家子弟比学业，肯定是比不过。但到波士顿这样的大城市一看就知道，同样是穷人，外国人就明显高出美国人一头。更糟糕的是，这些美国孩子常常自我感觉良好。最近，美国经济战略研究所主席、前里根政府的贸易谈判代表克莱德·普雷斯托维茨（Clyde Prestowitz）出版了一本书：《三十亿个新资本家：财富和权力向东方的大转移》（*Three Billion New Capitalists: The Great Shift of Wealth and Power to the East*），指出美国在国际竞争中，正在输给即将有30亿人口的中国和印度。其中的一个理由是，美国的教育系统实在问题太大。美国12年级的学生（高中毕业班），数学能力在全球属于最差的10%之列，但是他们的自我估价，则是世界第一。也正是这种又无知又傲慢的状态，逼得我不得不停下讲课，和学生有了前面讲述的那么一番交锋。

克莱德·普雷斯托维茨的书虽然有不少夸大其词之处，但还是讲了许多真话。比如，他说现在一些公司把白领工作外包给印度，并不仅仅是印度人比美国人饿、愿意领低工资，而且还因为人家比美国人训练好。如今美国的精英训练得很严格，绝对有国际竞争力。问题就在于一般的老百姓。他们中的许多人，一方面因为自己是美国人就觉得有了些特权、应该过好日子，一方面又没有超出别人的本领。随着经济的全球化，各国劳动力竞争的起跑线越来越接近，他们很快就会被淘汰，成了第一批受害者。而这些人在美国基层占了人口的很大比例，其政治力量极其可观。他们一旦看到自己在竞争中赢不了，看到中国人和印度人比他们过得好，就可能在政治上发难，把美国推到贸易保护主义的道路上去。

在20世纪，种族主义在美国南部穷困的白人中最为得势。因为这些下层白人一无所有，仅有的一点特权，就是自己是白人，比黑人高。你要黑白平等，就算碰了他们的命根子。所以代表穷人的民主党，本来主宰着南方，可是一出来领导废除种族隔离，就把整个南方送给了共和党。因为那里的下层穷人咽不下这口气。如今的全球化也有类似的现象。中高产阶层的美国人，因为自己训练有素，有信心和任何人竞争。他们不怕全球化，而且认定自己将是全球化的赢家。下层老百姓则不同。他们什么技艺也没有，唯一有的，就是美国历届大选中反复被重复的一句爱国主义豪言壮语："我们是美国人！"这个"美国人"的身份，使他们感到自己比别人生活得好就是自己的"天赋人权"，根本不觉得自己应该和第三世界国家的老百姓在一个起跑线上竞争。一旦中国、印度崛起，生活水平逼近他们，他们就会先起来抗议。所以，全球化的赢家和输家，将来都住在美国。美国教育的分化，是未来贫富分化的基础。这个问题不解决，不仅困扰美国，而且贻害全球。

大学之前的竞争

薛　涌 XUEYONG

美国的教父教母热

这些富家子弟，靠着家庭的经济和知识优势，在教育上已经领先别人一步，而教父教母们又对他们一路扶持，弱势阶层就更难与之竞争。美国一方面有种族平权、有针对贫困学生的奖学金，试图打破社会的既得利益，给下层社会提供机会；另一方面优位阶级又通过这种教父教母的体制，将阶层之间被打破的墙再修补上。所以，自20世纪60年代林登·约翰逊的“伟大社会”以来，国家对弱势阶层有一系列的扶助计划，但是贫富分化还是日益严重。贵族在改头换面地不断再生。

有句老话说，人在一生中最重要的决定就是选择谁来做自己的父母。美国最近贫富分化日趋严重，社会流动的速度降低，贵族世家渐渐成型。造成这种状况，并不是因为财富和地位像中世纪的欧洲全靠世袭。相反，美国还是一个开放、竞争的社会。纯物质的遗产并不能保证子孙的社会地位。真正能够有效地隔代遗传的是教育。富裕阶层往往在自己的孩子长大成人前，把所拥有的财富转化为孩子身上的本事，使之能够在未来的自由竞争中先声夺人。

即使不考虑父母的财富，富裕阶层在传宗接代上的行为也使他们获得了巨大的教育优势。有研究表明，美国的富裕和受教育的阶层，生孩子又晚又少。孩子越少，每个孩子享受的家庭教育资源就越多（包括父母花费的时间和学费）。生孩子越晚，父母的职业生涯就越接近顶峰，收入就越高。在20世纪70年代早期，美国受过大学教育的妇女生第一个孩子的平均年龄是25岁，如今则是30岁。而那些没有受过大学教育的妇女，生第一个孩子的平均年龄一直是22岁。

除了教育资源外，父母的言传身教对孩子的影响也非常大。经济学家Melissa Osborne Groves引用对195对父子的心理测试得出结论：父子在经济收入之间的关联性中，有11%是由他们相似的生活态度决定的。美国中高产阶级的父母，并不认为自己给孩子能够留下什么了不起的财富。他们传给孩子的，主要是品行和学识。这种家庭传统，成为中高产阶级的文化自信。一个“自我造就的人”(self-made man)，其成功不仅是体现在他个人的职业生涯上，而且还在于他开创了什么样的家庭传统，使自己的子孙后代长盛不衰。

也正是因为这一原因，父母是谁就越来越重要了。结果，许多家长，觉得孩子有两个父母还不够，还要再有一些出色的长辈给孩子提供精神指导、社会关系，甚至必要的经济支持。这就是教父教母在美国大为流行的原因。

教父、教母本来是天主教的传统。按照这个传统，教父、教母在孩子出生后不久受洗礼时就在场，日后要负责给孩子提供精神指导。不过，在整个天主教的历史中，教父教母的功能更加实际。他们会利用自己的权力和影响，帮助自己的教子教女改善社会地位和经济地位。后来教父教母的制度就更加世俗化，甚至在犹太人中也流行起来。如今在美国这样一个基督教社会，教父教母已经变成了一种日常的习俗。有的教父教母，等于是备用父母。一旦孩子的父母因为意外身亡，他们马上根据事先写好的遗嘱获得监护权。所以平时很注意和自己的教子教女培养感情纽带。

那么什么人是教父教母的理想候选人呢？首先当然是有钱有势的，其次就是所从事的职业和孩子的成长密切相关，最后则最好是单身，比如单身妇女和男同性恋者就特别热门。因为他们没有自己的孩子，能够对自己的教子教女倾注更多的感情、精力和金钱。按这样的标准，一些知名的儿童作家、教育界的权威人士、橄榄球教练等，就成为大家追逐的对象。比如，哈佛大学本科录取部的院长菲茨西蒙斯就有5个教子教女。其中一个在成为他的教子前就已经成了哈佛的学生。另一个则是CNN财经节目大名鼎鼎的主持人多布斯（Lou Dobbs）的儿子，不过他没有报考哈佛。菲茨西蒙斯声称，如果他的一个教子或教女要报考哈佛，他就不得不避嫌，退出决策过程。可是，即使他主动避嫌，他手下的人难道就不知道哪份是他的教子或教女的申请材料吗？

单身的作家兼教授玛丽莲·凯（Marilyn Kaye）则有6个教子教女，包括一个刚刚出生的婴儿。特莎·达尔（Tessa Dahl）作为知名儿童作家罗阿尔·达尔(Roald Dahl）的女儿、名模索菲·达尔（Sophie Dahl）的母亲，更是炙手可热，竟有22个教子教女。她要记住每个孩子的生日，按时送礼。她17岁的教女来纽约，她要陪着看歌剧、电影，忙得简直应接不暇。一些意志强烈的孩子，还自选自己的教父教母。比如一家医药公司的继承人约翰逊（Casey Johnson）不满母亲给挑的教母，自己一口气找了好几个教母，包括名演员的寡妇、大企业家的妻子，同时还挑了一个著名戏剧导演当自己的教父。

希拉里·克林顿喜欢重复一句俗话：培养一个孩子需要一个村庄。这个意思是说，孩子的成长，不仅需要家庭，而且需要一个社区的关怀，当然也需要一些自己父母之外的长辈的指点。毕竟再好的父母，也有不足之处。特别是一些成功人士工作繁忙，对自己的孩子没有时间照顾，就更需要朋友们帮忙。教父教母之盛行，和这些恐怕都不无关系，对孩子的成长当然有好处。目前中国的中产阶级，挣了钱忘了孩子，他们的子女其实很需要类似这种教父教母（类似中国的干爹干妈）的帮助。

但令人担心的是，美国社会阶层分化日益严重。这种教父教母的风气，只会深化各阶层间的鸿沟。那些能够找到有钱有势的人给自己的孩子当教父教母的，本身一般也都是非常有地位的人。比如 CNN 的主持人可以和哈佛的院长通过教子"联姻"，一个工人则绝对进不了这个圈子。这些富家子弟，靠着家庭的经济和知识优势，在教育上已经领先别人一步，而教父教母们又对他们一路扶持，弱势阶层就更难与之竞争。美国一方面有种族平权、有针对贫困学生的奖学金，试图打破社会的既得利益，给下层社会提供机会；另一方面优位阶级又通过这种教父教母的体制，将阶层之间被打破的墙再修补上。所以，自 20 世纪 60 年代林登·约翰逊的"伟大社会"以来，国家对弱势阶层有一系列的扶助计划，但是贫富分化还是日益严重。贵族在改头换面地不断再生。

未来的精英之母

这些精英母亲留在家里，孩子上学后自己精力没有地方消耗，对老师又不放心，就跑到学校当志愿者。结果，许多富裕的学区的公立学校，因为这些母亲（许多是名校毕业或博士）的存在，招募志愿人员呼一来十，到了招架不住的地步。这些公立学校，等于免费使用一些本来可以干更高端工作的、自己根本雇不起的人。但另一面的问题是，在一些穷社区，父母不得不全出去工作，勉强维持家庭收支平衡，没有时间管孩子。学校本来就穷，招募志愿人员时，大家自己还顾不过来，谁还肯来？所以，以后美国最大的问题表面上是贫富差距，本质上是教育差距。两者互为因果，社会的鸿沟越来越大。这个问题不解决，将会成为美国社会的一大心病。

2005年9月20日，《纽约时报》头版发表一篇文章，报道了美国一流大学女生未来的志向，一时成为教育界的一大新闻。

这篇报道轰动的核心内容，是对常青藤盟校女大学生的调查，其中包括对138位耶鲁大学的一年级和毕业班女生的电子通信访谈。在这138位女大学生中，有85位，也就是60%左右的人，计划未来有了孩子后停止工作或者只干半日制的临时工作，以当母亲为人生主业。有两位说她们期待自己的丈夫在家照看孩子，自己继续从事自己的事业。另有两位称要看情况而定，如果丈夫事业发达，自己就留在家里；如果自己事业发达，丈夫就留在家里。

为什么这篇报道发表后，立即召来大量读者来信，赞者弹者势不两立？为什么一篇普通的新闻报道会惹出这么大的争议？因为在女权运动之后，妇女在社会各个领域全面追赶男人，在从小学到大学的各个层级的学术表现上，已经出现阴盛阳衰的情况。不少人乐观地预言，等现在这代从小功课就比男孩子好的女孩子长大之后，男女在社会地位和成就上的力量对比就会发生根本的改变。笔者过去还就此写过一篇文章，戏称这一现象是“母系社会”来临的前兆。可是，为什么女孩子在和男孩子的竞争中到了眼看要赢的时候，自己会突然弃权出局、要回家看孩子去了呢?

对此痛心疾首的不仅是女权主义者，许多教育界人士也担心，如今是美国历史上进常青藤竞争最激烈的时刻，能够进去的，都是精英的精英。而且这种常青藤教育，是世界上最昂贵的高等教育。如此经过严格筛选、不惜工本培养出来的顶尖人才，只留在家里哄孩子，这岂不是巨大的教育浪费?这也难怪，哈佛大学本科生录取部主任马林·麦格拉斯·刘易斯（Marlyn McGrath Lewis）质问："我们如此不遗余力地为这些女孩子获得公平的教育和职业机会而工作，如今这些努力得到了什么回报?"

《纽约时报》举出几个活生生的例子。比如来自得州的华裔女孩辛西娅·刘（Cynthia Liu），是典型的耶鲁女孩：她的SAT考了1510分的高分（满分为1600分，耶鲁中间档次学生的成绩在1400到1560分之间），她的高中平均成绩是完美的4分（一般美国打分制度A为4.00，A－为3.67，B为3.33，B为3.00，B－为2.67，C+为3.33，C为2.00，依此类推），她还是得州辩论比赛的决赛选手、钢琴手、跑步运动员，并且在医院从事过一系列志愿服务。这样一个近乎完美的学生，大学毕业后还准备进法学院，以后似乎就是天高任鸟飞了。不过，等她到了30岁时，她最大的可能是在家带孩子。她自己坦率地说："我妈妈一直这样对我讲：'你不可能又当一流的职业妇女又做一个最好的妈妈。'所以我必须作出选择。"

要知道，目前的耶鲁本科生，一半是女生。几十年前在女权主义的极盛期争取男女同校的运动中，抵抗到最后的教授们的一个最重要的理由，就是教女孩子不如教男孩子有成就感。教授喜欢自己的行业，是因为自己在教育未来社会的领袖。如果让他们教育未来的家庭妇女，谁还提得起精神来呢?二三十年前，大学里女生占绝对少数，但她们大多立志要当职业女性。现在妇女真正撑起"半边天"，她们中大多数人却要回归传统，安心在家相夫教子，这岂不是说明当年要把女生排斥在耶鲁之外的顽固教授是正确的吗?所以，当年奋斗过来的妇女，对新一代女大学生的选择掩饰不住自己的失望。宾夕法尼亚大学文理学院的女院长丽贝卡·W. 布什内尔（Rebecca W. Bushnell）说："生儿育女与事业的冲突，对我从来没有成为问题。30年前，我们走上职业场，我们觉得自己向前迈了一步。现在的学生对事业和家庭的平衡则敏感多了。"

这样的变化，究竟是源于大学生理想和意识形态的变化，还是另有原因?我们首先需要看几个简单的事实。2000年耶鲁对其1979年、1984年、1989年、

1994年毕业班的学生进行了调查，发现把事业作为自己主业的男生明显比女生多。不过，在二十几岁时，男女在这个问题上的差距并不大，但妇女一进入知识女性的育儿期（这个时期比一般女性晚，出现在接近30或30岁以后），差距就不断加大。在四十几岁的毕业生中，只有56%的妇女还在工作。而同龄的男生有90%仍然在工作。2005年，耶鲁再次对其毕业生进行调查，发现情况基本没有变化。

2001年进行的一个对哈佛商学院毕业生的调查的结果也非常类似。在1981年、1985年、1991年毕业班的女生中，31%只从事临时性的半日制工作，另有31%完全停止了工作。两者加起来有62%，和现在那些准备在三四十岁时停止工作或从事临时性工作的耶鲁女生的比例大体接近。可见，现在大学女生对未来的计划，不是什么异想天开，而是和她们前辈的现实异常吻合。

从具体的访谈中看，这些想以后回家看孩子的女大学生，主要是受她们母亲的影响。因为她们的母亲，大多是20世纪70年代男女同校运动中的第一代女大学生。这代先锋人物当年充满了当仁不让的理想，执意当一辈子职业妇女，在社会上和男人平起平坐。许多人也确实获得了成功。但是，现在回想一下这番苦斗的历程，许多人开始三思：女性成功的代价，常常要自己的孩子来付。

2002年，女经济学家西尔维亚·安·休利特（Sylvia Ann Hewlett）出版了一本《创造生活：职业妇女与对孩子的渴求》（*Creating Life: Professional Women and the Quest for Children*）。她调查了1647位高度成功的女性，发现在这些年薪超过10万美元的职业妇女中，有49%在40岁以后还没有孩子，而她们中有许多人对此深感懊悔。她的结论是：太多的妇女追求男性的模式，在20到30多岁时一门心思为事业的成功而奋斗，结果错过了建立家庭、生儿育女的“个人幸福”。另外，由于女权运动的冲击，医学界一度也颇为热心地教育公众：妇女完全可以在40岁上下要孩子，特别是现代医学的发达，在这方面给妇女提供了越来越多的机会。然而，近来越来越多的研究表明，女性的生育力在25岁就开始下降，35岁以后怀孕生子越来越难，婴儿的畸形率也越来越高。许多妇女对自己的生物钟过于乐观，结果快40岁想要孩子时已不可能了。休利特特别攻击现在的生育产业：许多妇女花了数万美元，忍受了巨大的痛苦，企图通过生育科学疗法而高龄怀孕。与其如此，妇女不如重新考虑自己的生活战略。休利特的建议是：在20岁结婚，在30出头要孩子。此书一出，立即引起女权主义者的反击。甚至保守的《华尔街日报》也发表文章，称休利特未免言过其实：2003年3月《财富》杂志举行了最有权势的女性的高峰会议，在187个出席者中，71%是母亲，她们平均拥有2.2个孩子；而像施乐（Xerox）的CEO安妮·马尔卡希（Anne Mulcahy），eBay的CEO和总裁梅格·惠特曼（Meg Whitman），以及雅芳（Avon）的CEO和总裁安德里亚·荣格（Andrea Jung）等著名的企业界女强人，都是妻子和母亲。更有说服力的是休利特本人。她在二十几岁有了自己的第一个孩子，51岁时有了第五个孩子。她自己在大学里又当教授又做研究，事业生活两头都没有耽误，何以突然出来教训别人一定要二者择其一呢？

然而，这番反驳并不能服人。参加“财富峰会”的“最有权势的女性”，是社会精英中的精英，年薪在几百万美元以上，就像51岁得子的休利特一样，都是超人。而挣十几万年薪的女性，虽然是事业上获得了高度的成功，但毕竟还是一般的中产阶级。

休利特的可贵之处，是没有因为自己是个超人，就要求别的女性也去当超人。20世纪前半期，日本出了个著名的女诗人，也是国际闻名的女权主义者：与谢野晶子。她嫁了位江郎才尽、无法养家糊口的诗人，又和他生了11个孩子。一家13口人的生活，全靠她一人的稿费承担。她甚至还有钱送丈夫去巴黎，帮他恢复诗人的灵感。她由此得出结论：女人完全能够自立！并号召日本妇女不要要求国家的特别照顾，甚至连产假也反对。当时的许多女权主义者批评她说：我们为你而骄傲。但你不能用自己的标准来要求其他妇女，因为日本的女性中很少有人能够具备你的才能！

正如《纽约时报》的书评所指出：“休利特提出的是下一代女权主义者们必须面对的问题。大多数妇女对这一问题的关心，要远远超出对性骚扰的关心。”众所周知，大学毕业后的20年，是奠定一个人一生成就的20年，也是妇女生儿育女的20年。普通的职业妇女要混到年薪10万以上，常常要全身心地去为事业拼杀，很难在这段时间顾得上要孩子。20世纪六七十年代女权运动以来，大批妇女得以在男人垄断的传统领域获得成功，但这些敢为天下之先的妇女如今正好过了生育期。于是，即使在女权主义者内部，也有越来越多的人开始反省：是的，我们是赢了。但是代价是什么？我们的胜利是否值得？一位错过生育期的女权主义者还上电视，讲述看到别人与孩子享受天伦之乐时自己欲哭无泪的感受，劝年轻一代不要重蹈自己的覆辙。

如今耶鲁的女孩未必读休利特的书，但她们的母亲会提供休利特式的建议。从她们母亲身上，她们学会了面对现实。即使是那些事业和孩子两全的妇女，也常常不得不承认，事业的追求几乎肯定会使自己亏待孩子。因此，不能让孩子为自己的事业付代价，已经在一些妇女圈子里成为新的道德标准。一些放弃了职业生涯的母亲听到自己在常青藤读书的女儿准备将来回家看孩子时，心理上大为满足。她们觉得，养儿育女是人类最重要的工作之一，必须全身心地投入。而社会上竟觉得这些母亲待在家里不劳动。女儿的选择，多少说明她们知道、珍惜母亲为她们做出的一切，并认为这些是有意义的，所以自己也准备走同样的路。上面提到的耶鲁女孩辛西娅·刘的母亲显然就是这样的观点，而且影响了孩子。辛西娅·刘的同屋埃米莉·莱希纳（Emily Lechner）也准备到时候回家当母亲。她的妈妈卡罗尔（Carol）听到后非常高兴。因为自己当年就是为了孩子放弃了事业。她自豪地说："我见过许多30多岁的职业妇女，她们有孩子，家里雇用全职的保姆。我不相信这些孩子从父母那里得到了他们应该得到的东西。"

事实上，到美国的学校观察一下就知道：平均而言，母亲辞职在家养出来的孩子，不管是学术表现还是待人接物，都明显比那些父母都有全职工作的孩子要好。不久前一位母亲投书《波士顿环球报》说："我辞职在家养孩子，我们买不起大房子。但是我为社会培养了更健康的成员。难道我不该为此得到奖励吗？为什么我们的社会只崇拜大房子、豪华车，而不珍惜对未来的责任？"言下之意，她安贫乐道，是在为社会培养美德。电视晚间喜剧节目的笑星也拿一条广告开玩笑："这里有一个教人家小孩骑车的工作。一小时60美元。听见没有？不过教教骑车而已。60美元！大家快去赚呀！（美国人平均每小时的工资还不足20美元，看孩子的工作一小时也就10美元左右）父母难道忙得没有工夫教自己的孩子骑车吗？你要知道，比起以后你要给孩子请心理医生的价钱来，现在这60美元还算便宜的。"他嘲笑的是那些忙着赚钱而没有时间当父母的富人。他们的孩子最后往往心理畸形。

不过，忙得顾不过孩子来的，其实大部分并不是富人。相反，回家当专业妈妈的潮流，主要发生在中高产阶层。计划在30岁左右回家看孩子的女大学生，集中在常青藤盟校。这里的原因有两个：第一，这些女孩子的社会地位高，她们的配偶，一般来说也是和她们一样是常青藤毕业的精英，收入非常之高，家里不需要第二份收入。相反，一般老百姓的家庭，非有两份收入才能生存，一般的女大学生也就不敢想结婚后回家看孩子的事情。第二，常青藤的女孩子，一般来说从小家教甚好，知道父母的悉心培养对自己现在的成功是多么重要，也知道教育上的竞争是多么激烈无情。要让自己的孩子延续她们现有的优势，就必须从一开始就全身心地投入对孩子的教育。这里的利害，一般老百姓家庭出来的子弟没有她们体会得深。

这一回归传统的"贤妻良母"运动，虽然只发生在精英集团中，但对美国社会产生的影响却不可低估。迄今为止现代工业社会的一个基本规律是，高教育、高收入的阶层出生率低，穷人出生率高；白人出生率低，少数民族和移民出生率高；发达国家出生率低，第三世界国家出生率高。道理很简单：发达社会和富裕阶层的妇女教育程度高，因为高中毕业要上大学，婚龄推迟，生孩子较少。目前世界发达国家普遍面临的人口萎缩，就是上述这些现象的一个后果。不管政府推行什么倾斜性政策，鼓励多生，也无法扭转人口下降、老化的趋势。但是，目前耶鲁女孩子们开始领导一个相反的趋势：受教育越高的妇女，越有条件回家看孩子。现在美国白人妇女的平均收入比黑人妇女还低，就是因为大量经济条件好的白人女性回家看孩子，根本不挣钱。这个趋势如果发展下去，可以改变人口结构，使上流社会的人口增长加快，甚至有助于扭转人口下降的趋势。

更重要的是，这些耶鲁女孩代表的，可能是未来最为精英的一代母亲。首先，如我以前曾经指出的，过去的上流社会，对家族、血缘依赖甚重。男人爬得高，也未必是靠自己的本事。所以严格地说，昔日的上流社会属于贵族而非精英。如今要进入上流社会，第一，要拼进好大学，要靠自己的聪明才智去竞争，最后出头的，是人中之人、地道的精英。第二，过去的上流社会，是男人垄断的天下。那些嫁给百万富翁的贵夫人，自己未必才智出众，甚至受的教育也不甚高。她们即使留在家里，由于自己的文化水平和智商所限，对孩子的教育也未必有效。如今上流社会的夫妻，双方在教育和智商上不分上下，全是经过激烈的常青藤竞争出来的。这些常青藤打造的母亲，如果专职在家教育孩子，就仿佛是一个小学给每个孩子配备一个耶鲁毕业的老师。这其实等于是一个最为昂贵的家学教育。第三，过去不管是多么上流的社会，男女的婚嫁之事，都没有经过这样严格的智力筛选。夫妻在基因上给后代的遗传，不可能比其他阶层有太大优势。如今的上流社会的婚姻是严格智力竞争的结果。比如父母分别出自哈佛、耶鲁，双方当年的 SAT 分数都接近满分。这样的超人之间婚配的结果，就是优生，使他们的后代比其他阶层在生理结构上占有优势。可以想见，现在耶鲁这些女孩，就是未来的精英之母。她们的孩子，才更加令人生畏。

普林斯顿的女校长雪莉·M. 蒂尔曼（Shirley M. Tilghman）的反应就非常说明问题。她 2005 年在欢迎新生的致辞中说："普林斯顿的教育目标就是培养 21 世纪的领袖。当然，许多人一提领袖就想起总统和企业总裁。但我的领袖概念要广泛得多。"她接着列举了教育、医疗、工程等一系列需要领袖的领域。但是这位在男女不平等的社会中自己奋斗上来的超级女性，就是没有提当家庭主妇的妇女。后来在和记者的电子邮件通信中，她不得不说："作为一位领袖和在家当主妇主夫并不冲突。我认识许多妇女和一些男性，他们留在家里，但对社会和他们的社区产生了相当大的影响。”看来，这些精英之母对社会的贡献，你不管怎么不情愿也得承认。就教育而言，你怎么能说待在家里的妈妈和待在教室里的教授有什么本质的区别呢？

你可以说这些精英之母只教育自己的孩子，教授则教育公众的孩子。但是，这种精英家庭的教育优势，并非对别人没有正面影响。比如，这些精英母亲留在家里，孩子上学后自己精力没有地方消耗，对老师又不放心，就跑到学校当志愿者。结果，许多富裕的学区的公立学校，因为这些母亲（许多是名校毕业或博士）的存在，招募志愿人员呼一来十，到了招架不住的地步。这些公立学校，等于免费使用一些本来可以干更高端工作的、自己根本雇不起的人。但另一面的问题是，在一些穷社区，父母不得不全出去工作，勉强维持家庭收支平衡，没有时间管孩子。学校本来就穷，招募志愿人员时，大家自己还顾不过来，谁还肯来？所以，以后美国最大的问题表面上是贫富差距，本质上是教育差距。两者互为因果，社会的鸿沟越来越大。这个问题不解决，将会成为美国社会的一大心病。

野心勃勃的青春期

高学历、名校的奖赏大，激发了高中生的野心。美国的考试服务业，一下子成为一个富得流油的产业。高中生的学术表现也有所提高。就个人而言，野心是奋斗的开始，也是成功的基石。但就群体而言，野心带来的未必就是成功。特别是当大家都同时有了野心、你发奋我也发奋的时候，马上就会造成通货膨胀式的水涨船高的局面，野心在个人成功中的价值就可能贬值。

科恩（Katherine Cohen），耶鲁大学的博士，一个大学前录取办公室的官员。她开了一个名字响当当的公司：常青藤智慧（Ivywise）。该公司的业务，是给学生提供申请大学的咨询。虽然一个学生的咨询费就达 29000 美元之巨，该公司却照样生意兴隆。

美国的大学录取，相当于中国的高考。不同的地方是，人家的程序复杂得多。如果光看分数，只参加 SAT 补习班就够了。但是，SAT 的分数只是录取的一个部分。除此之外，你还要提交带有自传性的短篇作文、个人简历、高中成绩、课外活动记录，以及各种成就证明，许多人还要经过面试。因此，如何包装自己，就成了一个复杂的学问。科恩对学生的专长就在于此。她指导学生如何把自己的业余爱好变成简历中令人印象深刻的特长，对学生进行模拟面试，对之进行全程录像并作细节分析，向学生介绍每一所大学的特征、课程，甚至推荐学生读“目标大学”的教授的著作。经过一番精心包装，她再根据学生的实力，确定申请战略。

这一耗资甚巨的申请咨询，反映了美国式“高考”的激烈程度。这种“高考”竞争，在 20 世纪 90 年代开始白热化。其中的原因，当然有人口的因素。“二战”结束后美军回国，夫妻团聚，拼命生孩子，生产了所谓“婴儿潮”一代。克林顿、布什、戈尔，都属于这代人。这代人在 20 世纪 60 年代进大学，刺激了美国高等教育的急剧扩张。自 20 世纪 90 年代起，他们的孩子（第二代“婴儿潮”）也渐渐到了上大学的年龄。这代人不仅人口多，而且要上大学的意愿远比父辈强，特别是女性进大学的比率远远超出第一代“婴儿潮”，使得大学一下子应付不及，竞争加剧。

不过，更重要的原因，还是美国这几十年的社会、经济转型，塑造了一个“野心勃勃的青春期”。现在美国的高中生，是美国历史上最有野心的一代。他们的野心，提高了大学竞争的砝码。

先看几个数据就可以明白。在20世纪50年代，只有55%的高中毕业班的学生希望上大学，42%希望成为专业人员。到了20世纪90年代，高中毕业班的学生90%想上大学，70%想成为专业人员。有学者还研究了这些学生的野心与其教育计划的吻合度。方法是先问学生长大想干什么，准备为实现自己的目标读多少年书。被访问的学生说出了470种预期的职业。于是研究者再去根据人口统计，调查每种职业现有的从业人员实际受了多少年教育，以此比较现在的高中生的就业理想和教育计划。那些计划接受教育的年限正好符合所追求的专业要求的学生，属于“野心与教育计划吻合”的群体。那些明显高估了自己理想的专业所需的教育时间的，属于“高估教育”的群体。那些准备接受教育的年限，达不到自己理想专业的从业人员的平均受教育时间的，属于“低估教育”的群体。调查结果显示，有43.7%的高中生属于“野心与教育计划吻合”型，有40.1%的高中生高估了教育的价值。只有16.1%的高中生低估了教育。

这样的调查得出的结论是：在高中生中，普遍的潮流不仅仅是重视教育，而且是“高估”教育。不过，这种调查的方法本身，恰恰说明孩子们对自己的前途设计比学者更有前瞻性。学者们自作聪明，觉得调查一下现在一个护士平均受了几年教育，就能判定未来一代的护士所需要的教育年限。孩子们则不同意。现在的警察大多没有上大学，以后的警察大学生越来越多。美国经济不断向高端的科技产业发展，对知识的要求越来越多，高等教育普及率提高。即使是同一行业，对教育的要求也不断看涨。所以，大家心里都没有安全感。不断“高估”教育，给自己多留一些保险系数。

知识的升值，使受过大学教育的人和没有受过大学教育的人的收入差距越来越大。比如，在20世纪90年代，那些拥有法律、医学学位的人平均一生的收入为440万美元；拥有博士学位的人一生的平均收入为340万美元，拥有硕士学位的人一生的平均收入为250万美元，拥有学士学位的人一生的平均收入为210万美元，拥有高中学位的人一生的平均收入仅为120万美元。1999年，高中毕业生年收入平均为25900美元。大学生年平均收入则达45400美元。那些有高级职业学位者的平均年收入几乎到了10万美元。有人还对1972年高中毕业班的学生进行了追踪，调查这些学生在1986年的收入。调查样本显示，男生的大学入学智能测验SAT（大概相当于我们的高考成绩吧）成绩每高10分，这些人在1986年的收入相应提高4%。

美国自19世纪南北战争后，崛起为世界第一经济大国，优势在于大规模的制造业，是地道的"世界工厂"。这一"世界工厂"，在20世纪50年代达到了顶峰，美国货畅销世界。其中的一个结果是，美国需要大量的产业工人，同时由于"新政"以来一系列的社会改革，工人的权利和福利得到比较充分的保护。所以，那时候的高中生一毕业，就有工厂的工作等着他们。这样的工作不仅稳定，而且薪水不薄，福利甚好，一个人的工资就能养活一家。同时，工厂不会迁移，常常是一个地区的居民，祖祖辈辈都在一个工厂做工。

20世纪50年代的孩子毕业出去求职，人家问你的第一句话就是："有高中毕业证书吗?"只要有，工作就稳了。这样的现实，形成了20世纪50年代高中生的特点：高中是进入社会的准备。大家并不太注重读书，对体育和社会活动却很重视。同学之间彼此也很亲近。明摆着，再过一两年出了校门，大家都是一个工厂的同事，一个社区的居民，而且许多人马上就结婚。所以，高中时需要的，不是在功课上彼此竞争，而是创造一个社会大家庭的感觉，为以后一辈子和睦相处、确定自己在当地社会的位置打下基础。那时的男女生，许多基本上在学校已经订了婚，一毕业就办喜事了。女孩子婚后回家当贤妻良母，上高中操心的自然是情郎，而不是功课。

但是自20世纪60年代以后，美国产业结构调整，限制工厂运营的环境法越来越严，制造业开始走下坡路。特别是到了20世纪90年代，企业纷纷在全球化的大潮中迁出美国，结果，制造业的工作越来越少。那些高中毕业生能干的，大多是服务业中的低端工作，如麦当劳、沃尔玛中的售货员、清洁工、餐馆的跑堂，等等。而这些工作不用说养家，就是养活自己也很难。而且说没有就没有，像临时工一样朝不保夕。同时，如今男女平等，婚龄推迟。女孩子长大后要和男生一样在市场上竞争，高中不能忙着谈恋爱，而是要长本事。

现实已经给这些还在上高中的孩子们上了一课。他们没有退路，如果不想永远当下层社会的打工仔，就一定要出人头地，所以一个个都野心勃勃。这就造成了20世纪90年代以来的高中生的独特生存状态。首先，他们把学业摆在第一位，为了功课拼命竞争，即使参加社会活动，也是为了申请大学积累资本。同时，他们在青春期几乎没有什么真正的朋友，高中情侣结婚的也越来越罕见。这一来是彼此竞争激烈，二来是功课太紧张、无暇顾及社交，但更重要的是，他们不像20世纪50年代那样，一毕业就在本地工作、成家，一辈子不离开自己的家乡。现在的高中生，毕业后就出去读大学，和高中的同班断了来往，利用高中的时间交朋友、建立自己的本社区的人脉，已经没有什么意义。而且，越是有能力、野心大的学生，越要远走高飞，回来的机会就越少。青春期的野心，已经使优秀学生越来越集中在几所超一流大学，各州的顶尖高中毕业生，全向“常青藤”流动，因此这些人大学毕业后很少回来，造成各州的“脑力外流”。

这一点，看看美国最精英的高中生毕业后的走向就能明白。1942年设立的“西屋奖学金”（Westinghouse Science Talent Search），旨在发现高中生中的科技人才，全国每年只有40人入选最后一轮。从1960年到1989年，一半进入最后一轮的学生集中到7所精英大学读书。其中1/5到了哈佛，其次是MIT、普林斯顿、斯坦福、耶鲁、加州理工学院、康奈尔。1964年设立的“总统奖学金”（Presidential Scholars Program），旨在选拔全国最优秀的高中毕业生。每州只有两个名额，如同参议员的名额一样，另有15个机动名额。从1987—1989年的数据看，这些学生中的一半也都到了7所精英大学读书。哈佛吸引了这些学生中的18%，其次是普林斯顿、斯坦福、耶鲁、MIT、杜克、密歇根。

上名校立即会为自己的事业带来优势。《财富》杂志1990年的调查印证了名校这块敲门砖有多硬。《财富》征集了将近15000位在《财富》500家精英企业和500家精英服务业（包括银行、保险等）中任CEO的问卷调查，结果显示，93%的CEO是大学毕业生。其中19%来自“常青藤”。培养这些CEO最多的还是7所精英大学，依次为：耶鲁、普林斯顿、哈佛、西北大学、康奈尔、哥伦比亚、斯坦福。

高学历、名校的奖赏大，激发了高中生的野心。美国的考试服务业，一下子成为一个富得流油的产业。高中生的学术表现也有所提高。就个人而言，野心是奋斗的开始，也是成功的基石。但就群体而言，野心带来的未必就是成功。特别是当大家都同时有了野心、你发奋我也发奋的时候，马上就会造成通货膨胀式的水涨船高的局面，野心在个人成功中的价值就可能贬值。一个20世纪90年代的研究表明，越来越多的高中生希望长大成为企业总裁、工程师、律师、医生、体育明星。但是，根据对2005年的就业预测，在20世纪90年代希望成为律师、法官的高中生，到2005年他们真正成年、开始在这些行业就职时，实际的职务空缺只有这些学生人数的1/5；在作家、艺术家、娱乐圈和体育界中，竞争者比实际位置多出14倍。所以，有些人担心：这些孩子是否野心过度？

野心过度也好，野心勃勃也好，20 世纪 90 年代以来的美国高中生，已经与上两代人大不相同。在未来十到二十年间，他们将构成 20～50 岁的社会中坚力量，改变美国社会的景观。

首先，美国是一个注重平等的草根社会。而这一代人，从小就一心想往上爬，对自己生长的社区没有太大的承担。他们的理想是成为脱离草根社会的精英。他们的成功可能使一些基层社会失去大量人才。其次，这代人之间竞争惨烈，结果是贫富分化空前之大。如今美国的高考，特别是进入“常青藤”的竞争，已经成为未来成功的通天梯，家长常常在孩子三四岁时，就开始加大教育投入。在这种情况下，那些受过良好教育的有钱家庭，就有了巨大的优势。他们可以一年支付两三万美元送孩子上私立学校，支付两万多美元的大学申请咨询费用，以及各种各样昂贵的暑期班、家庭教师等。这使得穷家庭的孩子很难与之竞争。

这一代高中生无疑将是美国受教育最好的一代。同时，他们又是把所有的精力都用于满足成人对他们的要求的一代。他们的生活都围着考试和各种各样的申请转，想方设法让自己被别人接受，而不是挑战既有的权威。他们虽然重视教育，但是动机常常并非是对知识的渴求、对真理的追寻，而是六位数的工资。1986 年，耶鲁毕业班竟有将近一半的毕业生跑到大国际金融集团 First Boston 去面试。1969—1970 年，美国通过资格考试的新律师有 19000 人，这个数字到 1989—1990 年就涨到 47000 人。但是，辛辛苦苦创造知识但工资菲薄的博士却没有人读。从 1969—1970 年到 1989—1990 年，美国的博士和本科学士的比例已经从 0.064 下降到 0.04。结果，博士课程的外国学生越来越多。

未来的美国，阶层可能不断分化，并且逐渐固定。这代人长大后，不仅会形成新的既得利益集团，甚至有发展出一个变相的贵族社会的可能。到那个时候，美国也许又需要一场新的社会革命。

硬起来的美国教育

> 最近二十年，自由派的极端话语格式，在很大程度上激发了保守主义的崛起。越来越多的美国人已经认识到，一味顺应、娇纵孩子，最终会使他们无法在现实社会竞争。最近美国的文化由“软”转“硬”，教育上也开始建立基本的标准。不管社会上有多么大的抵抗力量，美国的教育会变得越来越严格，美国的孩子也会变得用功一些。

美国人宠孩子，教育不严格，这似乎已经是众所周知的事实。其实，美国的创建者，以清教徒为核心。这些人是最为勤奋律己的，对孩子的要求常常也严酷到不近情理。在他们眼中，孩子不是儿童，而是不成熟的成人，童年这个概念是没有的。所以，他们要求孩子常常也像要求成人一样。这种逼着孩子适应成人标准的教育，大概也是对当年美洲严酷的生存环境的一种反应吧。

到了19世纪20世纪之交，杜威领导的“进步主义”教育运动崛起。杜威彻底挑战了传统的、严酷的权威主义教育。他认为：过去的教育，以教材为中心，强调死记硬背和纪律，压抑孩子们的想象力和创造力。他提出以孩子为中心的教育哲学，不是向孩子灌输教条，而是要孩子动手、作项目，在干中学，很接近我们所谓的启发式教育。不过，当时有不少保守的家长就报怨，这种“进步主义”教育过分纵容孩子，缺乏必要的纪律。

杜威的教育哲学，比起传统的权威主义教育来明显优越，渐渐占了主流。美国的教育，也从强调服从、纪律，转化到强调创意和培养孩子的自尊上来。“新政”以后，自由派统治了教育界，把这套哲学不断演绎，甚至走向极端，发展出一套“政治正确”的话语格式：老师不能随便训斥学生，打分要照顾学生的自尊心。特别是最近二三十年，当学生越来越舒服，分数也就越来越高，有了所谓的“分数膨胀”的现象。举两个例子，1968年，只有17．6%的大学新生高中的平均成绩是A，到2003年，这个比率已经上升到46.6%。1968年，22.6%的大学新生高中的平均成绩是C，到2003年，这个比率降到了5%。顶尖大学的录取办公室，接到的基本都是全A的申请材料，光看成绩很难分出高下。2000年哈佛大学的毕业班，竟有91%的学生成为荣誉毕业生。

然而，在这样的大趋势中，仍然有些捍卫严格的学术标准的学校。这些学校，不仅比哈佛、耶鲁打分严格，而且越来越受到社会的注意，甚至可能开启一个新的潮流。

在哈佛大学附近、波士顿近郊的一个小镇Belmont，有个叫Belmont Hill的私立学校。2005年，这个学校有72位毕业生。他们的SAT的中等成绩是1360分，几乎是常青藤盟校新生的平均水平。有三个学生，进入了全美“国家秀异”（National Merit）的半决赛。这些孩子，还参加了124个高级课程资格考试（Advanced Placement Exam)，并且成绩优异。通过这种高级课程资格考试，就意味着考生可以免修相应的大学课程。2004年，这个学校15%的学生进了“常青藤”，2005年的毕业生同样会有许多人进入顶尖的名校。

毫无疑问，这是一所美国罕见的私立学校。不过更为罕见的，是这个学校的成绩。41%的毕业班学生在过去一年中至少拿到一个C；75%的学生在高中期间有过C的记录；在美国史的课程中，只有1/8的学生拿了A；在美国文学的课程中，拿C的学生人数超过拿A的。有20%的课程，竟没有一个学生拿过A。学生的所有成绩平均下来，最多是B-。可以说，在这个学校拿个A要比在哈佛难得多。

Belmont Hill有81年的历史，一直保持着低分的传统。这个传统在过去不足为奇，但能够保存至今则实属不易。几十年前，一个优异、勤奋的高中生拿个B-或者C是很平常的事情，如今这样的现象几乎绝迹了。另外，Belmont Hill在过去就是名副其实的“常青藤”预备学校。以1940年为例，25个毕业生，几乎全进了哈佛。有一两个特别“勇敢”的学生，跑得远一些，进了耶鲁或普林斯顿。另有个别人进了Williams或Bowdoin（两个顶尖的本科生学院)。如今，美国的名校强调多元化，不再集中在新英格兰地区的几个精英中学招生。Belmont Hill受此影响，进常青藤盟校的学生比例大减。2004年80个毕业生，只有5个进了哈佛。波士顿学院（Boston College）这类低“常青藤”一头的名校，成了Belmont Hill毕业生的主要去向。另外，有许多学生开始考虑其他地区的名校，如Vanderbilt，Emory，芝加哥大学等。

在这样的局面下，低分就给Belmont Hill的毕业生申请大学带来了不利。像哈佛、耶鲁等东部的顶尖学校，把Belmont Hill视为一个主要的生源，对其著名的低分政策了如指掌。但是，其他地区的精英州立学校，如密歇根大学，对Belmont Hill就不甚了解，一看成绩单上有个C，或者平均成绩较低，就不予考虑。在过去两年，甚至出现了Belmont Hill的学生申请密歇根大学被拒，但却被哈佛大学录取的事情。结果，许多Belmont Hill的学生家长警告自己的孩子：不要申请密歇根这样的州立大学，要争取上那些知道Belmont Hill名声的私立大学。

问题是，在目前的大学申请的竞争中，上一流私立大学的机会即使对Belmont Hill的学生而言也是有限的。把密歇根这类著名的州立大学排除，学生的利益就受到了很大的伤害。家长为了送孩子上Belmont Hill，一年要花25000美元的学费，难道就是为了买个低分吗?

这就给Belmont Hill校方带来了巨大压力。该校的大学申请负责人怀特(James White)是哈佛毕业，又在哈佛录取办公室工作多年。他三年前来到Belmont Hill后，运用他和精英大学的个人关系，打电话给各校录取办公室，说明Belmont Hill特殊的评分标准，要求大家另眼相看。同时，他对内大力说服Belmont Hill的教师：为了孩子们上大学的前途，打分时请手下留情。经过他的努力，Belmont Hill学生的平均成绩，已经从过去的C提高到现在的B－。有人预测平均成绩早晚要升到B。但是，许多资深教师对这一套做法还是很不买账。一个数学老师坚持低分原则，认为这样才能培养学生的品性。2004年，一个优异的毕业班学生为了挑战自己，上了他讲授的难得出名的数学课，但表现还是不够好，最后只拿了C。老师在给这个优秀生低分时心里紧张得不行，怕对方受不了。但是，这个学生“像个男子汉一样接受了这个成绩”。对许多资深教师来说，这才是Belmont Hill的精神。一些大学招生办公室的官员也称赞Belmont Hill捍卫了严格的学术标准。

所幸的是，面临激烈的全球化竞争，美国社会目前正在重新反省高分的教育哲学。美国的青少年的学术表现，常年来一直低于其他发达国家同龄人的水平。大学教授和雇主们给高中生素质的评价是“平平”或“低劣”。布什政府开始把教育改革的重点放在高中。全美州长协会2005年则计划重新设计高中的课程。

2001年，一个美国教育部资助的委员会把高中教育形容为“失去的机会”：许多学生在课程中没有受到任何挑战，毫无压力地构思自己毕业后的计划，荒废学业。该委员会敦促高中给学生更多的挑战，鼓励学生进行实习、上一些大学的课程、从事毕业研究项目。

一些公立高中已经开始采取高标准来衡量学生的表现。宾夕法尼亚、华盛顿、北卡罗来纳等几个州，要求毕业生必须完成毕业研究项目。其他许多州正在考虑同样的计划。同时，另外有 750 所高中对学生提出了毕业研究项目的要求。一个严格的高中毕业研究项目，包括一篇 8 页以上、有详细注释的研究报告，8 到 12 分钟的口头报告，回答评审员的提问，为自己的观点辩护。有的学校要求 3 页的研究报告，但要求有一个研究的“产品”。这种毕业研究计划，是在 20 世纪 80 年代末期诞生的，目的是让学生学会运用自己所学的知识，懂得在实际生活中整合跨学科的技能，发现和解决问题，并提高人际沟通的能力。要完成这样的计划，学生不仅要上一门特别的课程，而且必须投入大量课外时间，收集各种资料，整个过程可以长达大半年甚至一年。

一些学生经过毕业研究项目的考验，确实受益匪浅，懂得了知识的运用，未来求学更加有目标。有一个学生，毕业研究项目是给学校设计一个体育馆。由于他的设计实在出色，学校认真起来，真准备照他的设计建造一个。但是，一般美国的高中生，很少有写注释详细的研究报告的经验，更不知道怎样为自己的观点辩护。在华盛顿州的 Cedarcrest 高中，严格的毕业研究项目使该校在 1996 年赢得了教育部颁发的“学术优异奖”。但是，高标准也产生了许多失败者。2003 年，该校 173 个毕业生中有 17 个学生的毕业研究项目没有通过。其中 16 个学生经过一番努力，修改了自己的毕业研究，最后通过并且毕业。但不及格的分数还是留在了他们的成绩单上。

这使一些家长勃然大怒。该校的毕业典礼，有 3 个学生因为在毕业研究报告上抄袭而被禁止参加，一个到场的家长为此戴黑纱以示抗议。另一个学生毕业研究不及格，最后虽然经过修改被容许毕业，但学校拒绝取消不及格的成绩，于是家长就找律师要告学校，并试图组织草根的运动逼着学校取消毕业研究项目。有的学校，迫于压力不得不推迟实行毕业研究项目的计划。

这一系列强烈的反弹，说明自由派的某些教育哲学已经在美国根深蒂固。许多美国人觉得自己的孩子在学校被老师尊重、获得体面的成绩，是他们生而具有的权利。他们似乎已经完全忘了：别人的尊重必须通过自己艰苦的努力而得来；老师的责任不是让孩子们自我感觉良好，而是帮助他们获得知识，完成人格的成长，获得对付现实世界的能力。

最近二十年，自由派的极端话语格式，在很大程度上激发了保守主义的崛起。越来越多的美国人已经认识到，一味顺应、娇纵孩子，最终会使他们无法在现实社会竞争。最近美国的文化由“软”转“硬”，教育上也开始建立基本的标准。不管社会上有多么大的抵抗力量，美国的教育会变得越来越严格，美国的孩子也会变得用功一些。

美国是如何培养精英的

——大学申请战与社会服务

欧洲是研究性大学的先行者。美国对高等教育的最大贡献则是服务社会的理念。富裕家庭的子弟，要通过参与基层社会来完成自己的精英教育。从“二战”以来，几乎每二十年，美国的高等教育就对精英子弟提出新的挑战，逼着他们不断地适应，无法故步自封。

近几年美国经济转型，制造业没落，服务业崛起，白领工作增加，蓝领阶层乃至工会的势力越来越小。反映到教育上，就是高中生毕业当工人的路几乎没有了，大学入学率急剧上升。2005 年秋季，预计有 1670 万新生进入大学，比 5 年前增长了 120 万。美国教育部估计，在 8 年后，这个数据将增加到 1880 万。根据 2000 年的人口统计，美国 15～19 岁的人口，不过 2000 万出头。1670 万新生中，当然包括许多 19 岁以上的学生，但毕竟 18 岁是上大学的正常年龄。这么高的新生数字，说明适龄的青年大多数都上了大学，美国正在走向全民高等教育。

美国的各类大学将近 4000 所，吸收这么多大学生，应该是不在话下。但是，精英大学则是有数的。想上大学的人多了，挤进精英大学的路就窄了。这几年大学录取的竞争白热化，各种大学申请咨询公司应运而生。一个考生的大学申请咨询费高达 2 万美元以上。虽然各大学一再强调多元化、扶助弱势阶层，并在奖学金等方面向低收入阶层倾斜，但是，由于申请精英大学常常不得不花巨款将自己进行职业包装，穷孩子难以竞争。结果，在精英大学中，弱势阶层的地位岌岌可危。比如，黑人和拉美裔占美国大学生总数的 1/4。但是他们在一流公立大学中仅占 11%。低收入家庭出身的学生在前 51 所文理学院所占的比例，也从 10 年前的 13%跌到现在的 12%。在社会平等这个问题上，精英大学似乎不进反退。一些人担心，这样发展下去，美国的社会流动将降低，逐渐形成一个世袭的精英阶层，能够代表弱势群体的利益的人会越来越少，最后演化成为一个无其名却有其实的贵族社会。

如果你看看近几年来美国的总统政治，不论是布什还是戈尔，或者是克里、迪恩，全是常青藤打造的世家子弟。美国的世袭精英已经形成，恐怕是不争之事实。不过，这些世袭精英，并非像欧洲的旧贵族那样高高在上、完全脱离平民社会。美国的建国之父、第二位总统亚当斯曾说，任何社会最终都将由精英统治。美国与欧洲的不同在于精英的形成过程。欧洲的贵族是世袭的，美国的精英却是基于个人的优异品性，在一个开放社会的竞争中自然胜出。现在美国的世袭精英，并不像当年欧洲贵族一样可以继承家族的爵位，而是必须运用家族的经济资源优势，从小对自己进行超强度的训练，保证自己拥有超强的个人素质。换句话说，世袭是一种教育优势的事实，不是社会等级所保障的特权。教育不成功，社会地位就丧失。而在这种精英教育中，对社会的服务，特别是对弱势阶层的服务，越来越被强调。这就培养了世家子弟的社会责任和对下层的了解和同情，多少缓解了贫富之间的文化和社会冲突。

在“二战”前，美国被所谓的WASP所统治。WASP是White Anglo－Saxon-Protestant（白种盎格鲁－撒克逊新教徒）的缩写，描述的是美国的“建国种族”。那时的常青藤盟校，大多从东北部（特别是新英格兰）地区的少数贵族私立学校中招生，形成了贵族学校（常常是寄宿学校）——常青藤这样一条龙的WASP教育体系，保证这个阶层在美国的统治地位。“二战”后，格局大变。政府颁布了退伍军人法案，给退伍兵足够的钱受高等教育。许多下层的退伍兵拖家带口地拥进常青藤校园。闹得许多传统的知识贵族报怨这些吵吵闹闹、粗俗不堪的退伍兵败坏了校园的高雅气氛，但这些大老粗们却用行动证明自己是常青藤历史上最优秀的学生。到了1960年代，以哈佛为首的精英大学，开始以学生的学术素质而非家庭背景为录取的主要标准，强调标准化考试的成绩，平民子弟和WASP子弟能够平等竞争，SAT的高分比显贵家庭出身更管用。特别是各大学强调多元化，采取各种政策向弱势阶层倾斜，种族平权法案也引导学校的录取照顾黑人，一般富裕的白人子弟就不再有往日的优势，如果不属于祖祖辈辈上名校的校友子弟，甚至为了进同一所大学要比穷人或少数族裔的孩子考更高的分才行。这样，“智力阶层”逐渐取代了贵族阶层。

不知不觉中，随着大学竞争的激烈，精英大学的申请者分数越来越高。比如，Pomona College 2005年招收的学生中，有1/3在SAT考试的语文或者数学项目上获得满分。Davidson则有1/4的学生的SAT成绩高达1500分以上（满分为1600）。这还是几个精英的文理学院，不是常青藤。哈佛、耶鲁学生的成绩就更可想而知了。

由于大量学生的SAT成绩都快到了顶，再看分数录取就已经意义不大了。高分只是进名校的一个必要条件，但不是充分条件。在高分之外，必须有其他的课外业绩。结果，美国的中学生们在学期中努力提高自己的学术能力，漫长的夏季则成了他们创造自己的课外业绩的繁忙季节。著名的考试补习公司“普林斯顿评论”，还出版了一本《青少年过暑假的500种最佳方式》，告诉学生暑假是为上大学打基础的关键时刻。

要了解这些中学生的暑期计划，我们不妨看几个简单的例子。

克莱顿（Jessica Clayton）是一个科罗拉多州的高中生。她的SAT拿了1540分，几乎到顶。她上个学期通过了5个高级课程的考试，这等于提前修完一些大学课程，使她获得了上大学后免修这些课程的资格。她每个月在一个中学打两天的义工，并在一个饮料店工作，还是学校越野长跑队和兜网球的队员。不过，当一个常青藤盟校的录取人员告诉她另一个申请者为竖琴作曲、并出售自己的光盘资助慈善事业时，她马上坐不住了。她用自己辛辛苦苦打工挣来的钱，跑到了秘鲁，帮助当地人油漆学校建筑、收割小麦、组织清理垃圾。结果，2005年她虽然没有进“常青藤”，却被几个精英名校录取。

戴利（Will Daly）是一个来自马萨诸塞州的18岁的高中应届毕业生。2004年夏天他跑到印度，用3周时间在那里设计英语课程，又花了3周时间旅行。另一个来自新泽西的高中应届生杰曼（Daniel Germain）则到印度教英文、建足球场，做其他一些“值得做的小事”。弗里德曼（Liza Friedman）是来自曼哈顿的高中应届毕业生。她申请时提交的文章写的是她越南旅行的经验。她还到斯洛伐克和坦桑尼亚进行社会服务，并由此决定从事非洲研究。她还为国际特赦组织工作过。这些国际经验，使她被几个大学看中，虽然她还在等自己首选学校的录取通知。

不仅是高中应届毕业生，一些更小的学生也开始为了进名校而提前行动。来自纽约州的科恩（Jamie Cohen）年仅16岁，却要到非洲的塞内加尔工作4周，照顾艾滋病患者。然后她马上飞回美国，到耶鲁大学参加青少年艾滋病大会，提出自己的“艾滋病行动计划”。现在离她申请大学，还有18个月之遥。

巴拉茨（Amanda Baratz）是来自加州的一个14岁的女孩，还没有参加SAT考试。不过，这个夏天她要到Georgetown University上一个5周的医学课程，并观察心脏外科手术。

这些努力，无非是针对精英大学的要求而去。一些大学的录取人员明确地说，他们要看申请者在社区服务方面的创造精神。美国的一些高中，甚至把社区服务当做毕业的一个条件。一大批组织暑期计划的公司也应运而生。参加一个暑期计划，到发展中国家当义工，常常消耗一个学生 7000 多美元。而这个钱不少是这些孩子自己打零工挣来的。一家大学申请咨询公司的负责人对申请者提出的建议是：上完高一要去当实习生，一年至少打 100 个小时的义工，并且要有“真正的工作”经验，比如在主要的投资银行或国际知名的博物馆工作过。如果这还不够，那就要去墨西哥 10 周或到亚洲旅行。

暑期计划毕竟很短，有时不足以建立惊人的履历。这就使“空缺年”计划大为流行。关于“空缺年”，就是学生在高中毕业和上大学期间，打一年义工，从事社会服务。美国的孩子想进的大学没有进去，就相当于中国的孩子高考落榜。在中国高考落榜后，要复读，要继续背那几道题。这些美国的孩子，则跑到贫困社区志愿服务，或者到国外旅行，开开眼界，使自己变得更有竞争力。哈佛大学录取与奖学金部的院长菲茨西蒙斯（Williams Fitzsimmons）承认，有时经过这一年，同样的学生就变成一个更理想的录取候选人。

努涅斯（Cris Nunez）本来就读于新罕布什尔的大名鼎鼎的精英寄宿学校 Phillips Exeter Academy，但因为吸毒被学校开除，2004 年申请了 9 所大学全部落选。结果，他花了 10 个月的时间，到阿拉斯加为红十字会工作，证明自己成熟了起来。结果，2005 年再度申请时，原来拒绝他的芝加哥大学录取了他。不过他决定去 Swarthmore College，一个头一年没有申请、但在本科教育上更有声望的学校。佩布莱斯（Mariah Peebles）则是个无可挑剔的高中毕业生，顺利被哈佛大学录取。但是她已经被紧张的学校生活弄得对读书没有胃口，于是决定推迟入学，先参加一年的海外课程：在法国的一个家庭学习法语，到墨西哥学习帆船驾驶，最后到秘鲁的学校和印度的孤儿院打义工。

可想而知，能够干这些事情的，大多是来自富裕家庭的孩子。他们花得起钱，当然比穷孩子有优势。不过，话说回来，他们花钱积累的这些经历和训练，大多数是在为下层社会提供服务中完成的。一些最热门的暑期计划，就是组织他们去发展中国家扶贫。所以，尽管目前的大学竞争对富家子弟有利，但这些富家子弟只有通过接触和服务下层来培养自己才能有竞争力。两年前，美国最高法院作出裁决，容许大学录取时考虑种族因素，照顾少数族裔，这就更加给富裕的白人学生带来了压力。一位 Amherst College 的录取人员公开说：“如果你来自弱势家庭，艰苦奋斗，即使 SAT 分数低一些，我们也可以考虑给你机会。如果你是来自富裕家庭，已经在生活中获得了一切能够获得的机会，那么高分本身并不能说服我们再给你一个机会。”所以，精英家庭的孩子想胜人一筹，就得加倍努力。用一个学生的话来说：“你不是橄榄球明星，不是少数族裔，你和我们一样，是一个上私立学校的蓝眼睛的白孩子。你得想办法让人家觉得你特别才行。”

只要大学录取有激烈竞争，中学教育就不可避免地要围着高考的指挥棒转。中国是如此，美国也不例外。所不同的是，大家培养精英的理念有所不同。欧洲是研究性大学的先行者。美国对高等教育的最大贡献则是服务社会的理念。富裕家庭的子弟，要通过参与基层社会来完成自己的精英教育。从“二战”以来，几乎每二十年，美国的高等教育就对精英子弟提出新的挑战，逼着他们不断地适应，无法故步自封。如今全球化的浪潮排山倒海。美国精英家庭的孩子，不少十三四岁就开始计划上大学，十五六岁开始就周游世界，到贫穷的发展中国家锻炼，成为全球社会的一个积极参与者。虽然贫富分化、教育资源分布不均的问题还远没有得到解决，但是，许多富家子弟为了上大学参与了这些暑期和“空缺年”的课程，改变了自己对世界的看法，了解了不同阶层人们的生活。结果，他们没有变成势利的特权阶层，而是成为有责任感的社会精英。

美国贵族高中校长的工资

我家邻居一个孩子，在波士顿地区的一所叫温莎（Winsor）的女校高中毕业，2005年哈佛毕业。她有一次出去和人打交道，介绍自己的履历。当说到自己是哈佛的学生时，对方无动于衷。但当她讲到自己是温莎毕业时，对方立即把手中的笔放下，对她端详半天："啊，原来你是温莎的人呀！"可见，许多这样的精英高中，在不少人的心目中，比哈佛、耶鲁还稀罕。这些学校，才是最精英的教育。

恩迪科特·皮博迪的父亲是统治华尔街的大名鼎鼎的银行家 J. P. 摩根的父亲朱尼厄斯·摩根（Junius Morgan）的生意伙伴。年轻的皮博迪从著名的切尔腾纳姆公学读起，最后进了剑桥。19 世纪 80 年代他回到美国，对英国的贵族教育特别是寄宿式公学制度无比怀恋，决定在波士顿附近为美国的上流社会建一所类似的寄宿学校。于是，1884 年，他创立了格罗顿男校（A School for Boys in Groton）。校董包括他本人和 J. P. 摩根等几位顶尖的社会精英。

在这一时期，美国的贵族寄宿学校迅速崛起。到了 1906 年，已经有 7 所贵族寄宿学校诞生。说这些学校是贵族学校不完全准确。因为贵族在英文中叫 aristocrat。恩迪科特·皮博迪和 J. P. 摩根这样的人属于 patrician。patrician 可以译成贵族，但自中世纪意大利城邦崛起以后，patrician 是指主宰工商业的城市统治阶层，和以农村庄园为基地的 aristocrat 截然对立。工业革命后，许多人还把旧式英国的土地贵族叫 aristocrat，把工商业新贵叫 patrician。当时一位美国评论家托马斯·休斯（Thomas Hughes）对英国公学系统大加赞扬，称这套教育体制成功地把贵族和新兴金融工商精英整合成一个完整的统治阶层，弥和了旧贵族和工商资本家之间的价值和社会冲突。

从这个角度看，没有贵族传统的美国，建这些学校不是要制造旧欧洲的贵族阶层，而是要塑造具有新教理念的盎格鲁－撒克逊的精英，即统治美国的上流社会。当时，这些学校基本都设在以马萨诸塞州为中心的新英格兰地区。常青藤大学的学生，主要也靠这些学校输送。

如今世道大变，盎格鲁－撒克逊的精英不可能一手遮天，patrician 已经成了一个死去的词汇。这些寄宿学校，虽然学费寄宿费高达 3 万美元以上，但是都纷纷撒出大把奖学金吸引普通家庭的学生。比如格罗顿早已经改成男女同校。同时，学校声明，录取学生首先看学生本身的素质。任何学生不应该因家庭经济状况而被排斥在校门之外。该校将近 360 个学生，其中 30% 获得奖学金，平均奖学金金额达 26000 美元。

不过，精英学校还是精英学校，培养的是未来的统治阶层。只是进入统治阶层的游戏规则变了，统治阶层的社会基盘扩大了。旧欧洲的统治阶层由贵族世袭，工业革命后，特别是在美国，新英格兰地区的盎格鲁－撒克逊白人清教徒形成的金融工商巨头垄断了上流社会及其教育资源。后来犹太人渐渐崛起，"二战"后形成多种族竞争。如今则形成了不分种族阶层、读书好的孩子统治未来社会的教育精英主义的格局。所以这些学校变得更加炙手可热，竞争日趋激烈。学校已经不能用老的办法经营了。

最大的变化，体现在管理学校的校长上。过去的校长，严格地说就是首席教师，负责介绍核心的教育理念和方法，亲自教书。如今的校长，则是一个 CEO 式的人物，到中国香港、瑞士、英国伦敦招收学生，到各个工商巨头那里募捐。否则，这么巨额的奖学金哪里来？皮博迪当年起家时，这种寄宿学校几乎是绝无仅有，而且美国最富的人都是他们家的世交，圈子小，要钱从来不是个问题。如今学校多，圈子大，有几个校长们有皮博迪的背景？他们必须有经营才能才可以存活。结果，和美国的大学一样，高中的校长也变得 CEO 化。

这一点，看看校长们的工资单就明白。马萨诸塞州几个高中寄宿学校校长的工资，已经远远超出了州立大学校长的水平。比如，马萨诸塞大学阿默斯特分校（University of Massachusetts Amherst）是全马萨诸塞州州立大学的"旗舰"，有 25000 名学生，规模甚巨，其校长的年薪不过 26 万多美元。菲利普斯学院（Phillips Academy）作为一所高中，学生人数仅 1000 出头，不足马萨诸塞大学阿默斯特分校学生人数的 1/20，其校长芭芭拉·L. 蔡斯（Barbara L. Chase）的年薪竟高达 41 万多美元！这所学校，在 20 世纪初，还属于比较平民化的寄宿学校，如今则变成最顶尖的学校之一。布什父子都从这里毕业，老布什在校友会里异常活跃，是募捐的主力。而克里毕业的位于新罕布什尔州的圣保罗学校（St. Paul's School），校长年薪达 50 万美元，已经和哈佛校长的年薪差不多了。南部康州的霍奇基斯学校（Hotchkiss School），是当年七大老牌寄宿学校之一，校长年薪也达到 48 万美元。此外，在马萨诸塞州的米尔顿学院（Milton Academy）和迪尔菲尔德学院（Deerfield Academy）校长的年薪都接近 34 万，诺贝尔和格里诺学院（Noble and Greenough School）校长年薪为 30 万出头，绿荫山学校（Shady Hill School）校长年薪为 26 万多。在全国范围内，这些校长的平均年薪也达到 17 万多。

哈佛校长萨默斯 2004 年的年薪是 55 万多美元。但哈佛不仅是世界第一大学，而且有近 25000 名学生，2000 名多全职教师，再加上附属的研究所、医院，简直像个小国家。而上述的私立寄宿学校，学生就二三百人，如果按平均每个学生来计算，这些高中投资在校长身上的钱远远高出美国的大学。有时要高出十几倍甚至几十倍。

我家邻居一个孩子，在波士顿地区的一所叫温莎（Winsor）的女校高中毕业，2005 年哈佛毕业。她有一次出去和人打交道，介绍自己的履历。当说到自己是哈佛的学生时，对方无动于衷。但当她讲到自己是温莎毕业时，对方立即把手中的笔放下，对她端详半天："啊，原来你是温莎的人呀！"可见，许多这样的精英高中，在不少人的心目中，比哈佛、耶鲁还稀罕。这些学校，才是最精英的教育。

这种"最精英"的教育培养出来的人在社会上究竟表现如何？因为他们人数太少，目前还很少有人注意。不过，这些精英寄宿学校，目前正面临着严峻的挑战。第一，美国中高产家庭越来越注重家教，不愿意把上高中的孩子送去寄宿，像前面提到的温莎女校，就不是寄宿学校。而大部分寄宿学校，寄宿生人数下降，只好开始收非寄宿生。第二，这些学校的孩子，还是富家子弟为多。大家在一起相处，容易变得娇惯势利，不了解一般的社会。这样的温室花朵，日后是否经得起现实世界的风雨，常常令家长担心。所以，许多有条件的家长，更喜欢把孩子送到好的公立学校去。第三，校长拿高薪，逐渐 CEO 化，是否会脱离教学，脱离教育，被华尔街的文化所同化？是否还能像当年皮博迪那样带来新的教育理念？这也是一件非常令人疑惑的事情。

美国的高分复读生

不仅是高校录取官员，有些私立学校和寄宿学校也开始拒绝接受复读生，宁愿放弃送上门的学费。他们生怕此例一开，会助长富人在教育上的贪恋，复读生源源不绝。事实上，如今一流的精英寄宿学校，会给家境贫寒的学生优厚的奖学金。目的就是不使任何一个合格的学生因为家庭经济条件被排斥在外。可惜，这种公平，只有财大气粗的学校才支付得起。在未来一段时间，财富与公平在美国的教育上还会有许多轮恶战。

近年来，中国的高中毕业生中出现了大量高分复读生，即高中毕业生的高考成绩超出了重点大学的录取分数线，但因为没有考入理想的大学，宁愿复读一年再考。

在高竞争的升学战中，这额外一年就像马拉松比赛的额外 30 分钟一样，当然会带来不可忽视的优势。实际上，高分复读也不是中国独有的现象。比如，最近美国的高中复读现象就越来越普遍。

在美国，过去一提复读生，人们总想到那些最差的学生：因为功课达不到学校的要求，无法毕业，只有重读一年。最近美国提高了对各级学校的教学要求，对那些不过关的学生越来越不迁就姑息，复读现象也自然增多。但是，更有趣的现象，则是“好学生”的复读。这种复读，在一些顶尖的精英寄宿学校中特别流行。

请看下面的几个数据：

康州的埃文老农场（Avon Old Farm）寄宿男校，2005—2006 年度学费 34650 美元，高中新生中的 16%是复读生，其中包括 3 位全 A 的优等生。在新罕布什尔州的名声显赫的圣保罗学校，也就是克里的母校，至少有 1/3 的毕业生被常青藤盟校中的一所录取。该校 2005 年录取的高中新生中，有 22%是复读生；在二年级学生中也有 6%的复读生。在康州的另一个著名的贵族寄宿学校肯特，高中三年级的学生中竟有11%是复读生。普林斯顿边上的劳伦斯维尔，2001年150个高中新生中只有一个是复读生，2004年则有15个，2005年又有11个。

过去在这些昂贵的私立学校，只有很小一部分学生会复读，而且男生复读比女生多得多。男孩子成熟晚，有时需要额外的时间才能懂事。有时男孩子需要多一年让身体长得壮一些，改进各种运动的技能。因为美国的学校和社会都特别看重体育。男孩子在运动场上有两手，既受尊重，自己的信心也足，对成长大有好处。

如今则不同。家长的目标实际得多：让孩子进常青藤。从初中到高中这一转折点，是复读的最好时机。第一，美国高中和初中是相互独立的两个层级的学校。孩子如果在同一个学校复读，或者跟着原来的同学从同一个初中升入同一个高中时复读，会被同伴笑话，抬不起头来。而美国是学区制，学生一般都在居住地的学区就读。要在公立学校复读，除非搬家，否则很难避开原来本学校的同学。于是有钱人家采取读两个高一的战术：第一个高一在公立学校和原来的同学一起读，第二个高一则送孩子上私立学校，创造一个没有熟人的环境。第二，这样复读，到了大学申请时便于做手脚。比如，学生可以把在公立学校初中的成绩和在私立高中的成绩寄给所申请的大学，而不寄在转入私立学校复读前在公立学校高一的成绩。从大学方面看，该学生初中、高中的成绩完整、连贯，粗心些就不会觉得这个学生比别人多读了一年。结果，这个学生纸上的成绩就显得格外优异，容易被录取。

比如在马萨诸塞州的韦斯特切斯特（Westcheste），当地的公立高中本来就非常有竞争性。一位女生平均成绩只有B，对申请大学毫无把握。她母亲认识一些复读生的家长，马上去取经，最后毅然决定把女儿送到寄宿学校复读高二。为了不伤害女儿的前途，她不愿透露自己的姓名，但坚称这是她一生中做的最有价值的一件事，使女儿的前途一下子光明了许多。

大多数复读生都希望掩盖自己的复读经历，怕给人一种得益于不公平竞争的印象。美国的大学录取，比较强调照顾弱势阶层。有的录取官员直言不讳地说："如果你在18岁以前，从生活中该得到的东西都得到了，甚至别人得不到的东西也得到了，那么即使你的SAT成绩非常高，我在作录取决定之前也要想一想：为什么这次还要把机会给你？相反，一个穷孩子，生活里该得到的东西都没有得到，但一直奋斗到这里，分数就差那么一点。就凭天地良心，我也得给他或她一个机会。这也许是他或她一生中的第一个公平机会。"

上面这些复读生，能上得起一年3万多美元的寄宿学校，家境当然都非常富裕。这些富裕家庭，住的一般都是房价贵、学区好的地方。他们的子弟上的公立高中，比一般老百姓的子弟的学校好不少。已经有了这么大的优势，再上贵族寄宿学校复读，便宜自然占大了，拿出来的高中成绩单、SAT 成绩，也很容易超人一头。贫富之间的教育差距也就越来越大。所以，高校录取官员对这些复读生盯得很紧，要给他们的成绩单打折扣。大部分学生选择高一复读，就是因为他们的复读经历不容易被察觉。不过，这里的风险也非常大。俗话说："道高一尺，魔高一丈。"即使面对两份完整的初中和高中成绩单，有经验的录取官也可能察觉出来：这两份成绩来自不同的学校，中间有一年空缺。这个学生那一年在干什么？如果你隐瞒了在公立学校高一的成绩，一旦被人家看破，就可能落得个不诚实的恶名，反而降低了被录取的机会。

不仅是高校录取官员，有些私立学校和寄宿学校也开始拒绝接受复读生，宁愿放弃送上门的学费。他们生怕此例一开，会助长富人在教育上的贪恋，复读生源源不绝。事实上，如今一流的精英寄宿学校，会给家境贫寒的学生优厚的奖学金。目的就是不使任何一个合格的学生因为家庭经济条件被排斥在外。可惜，这种公平，只有财大气粗的学校才支付得起。在未来一段时间，财富与公平在美国的教育上还会有许多轮恶战。

高中生当市长的启示

塞申斯的成功，一是在于他始终关注社会问题，能够触动选民的心；一是他自己从小打工，最后用打工所得的700美元资助了一场成功的市长竞选。我不是说每个美国孩子都能当选市长。相反，大多数青少年表现的政治冷漠，使塞申斯的参与精神显得格外珍贵。但是，塞申斯的成就确实反映了美国教育出来的孩子的一些共同特点，那就是“能折腾”、敢想敢干、富于行动能力。同时，他的当选，表现了自治社会的优美之处。人说盎格鲁-撒克逊民族有自治的天赋，看来此言不虚。人家连个孩子也懂治理之道。很难想象，我们这种应试教育，能够培养出这样的人才。更难想象，我们的制度，会使公民在管理自己的社会方面如此早熟。

2005年，美国选出了历史上最年轻的市长：迈克尔·塞申斯（Michael Sessions）。他是一个刚刚在2005年9月22日度过了自己18岁生日，并登记获得投票权的高中生。这次以一个临时候选人的身份，在选举中击败51岁的原任市长而当选。

事情发生在密歇根州距离底特律100英里的一个小市，名叫希尔斯代尔（Hillsdale），人口8200。在此之前，美国曾有过两位19岁的青少年当选为市长。但这两位不仅年龄比塞申斯大一岁，而且那两个市规模也小得多。所以，这次塞申斯当选，一下子成为全国新闻。

塞申斯是个罕见的政治动物，上高中二年级时就开始谈论竞选市长的问题。这次动了真。开始父母对这样的事情非常怀疑，后来则成了他的支持者。塞申斯最大的支持者，大概是市消防队。那些消防队员，被他的激情所感动，觉得市里需要这样的朝气，而塞申斯也并非随便玩玩。他竞选前，认真研究了市里面临的问题，然后决定自己的立场。当地的经济，由于受全球化中企业把低端工作“外包”到国外的影响，十分萧条，有大量的失业。塞申斯自己的父亲就丢了工作。

因此，他决定在这个问题上做文章，确定自己的竞选纲领。同时，他用自己暑期打工挣的 700 美元来资助自己的竞选，走家串户，使选民了解自己。由于年龄，他引起了格外的注意，上了美国晚间笑星戴维·莱特曼（David Let terman）主持的午夜喜剧节目，因此全国知名。

这个高中生，在 2005 年 11 月 8 日的选举中，仅以两票之多击败现任市长。因为地方小，市长属于业余型，没有办公室，没有办公桌、文件柜。他的前任，每月仅领 250 美元的津贴。不过，塞申斯并不敢掉以轻心，没有上任就开始紧张起来，拼命学习治理之术，并成立包括被他击败的前市长在内的顾问委员会。他称自己面临的最大的挑战，是让人们把他这个孩子认真对待。经过一段学习，他的信心与日俱增。他甚至已经开始谈论连任的问题。

塞申斯在家乡当了市长，自己的学业怎么办？现在还不得而知。不过，依照美国的规矩，有这样的成就，未来上名校怕是有足够的资本了。

塞申斯的职位虽然不像纽约市长那样重要，但他的政治才能已经让许多人惊叹。有人甚至觉得，他未来说不定会当总统。这话虽然有些异想天开，不过塞申斯的故事，在教育上给了我们诸多启示。

我一直强调，美国的教育，自始至终强调对社会的服务：孩子从小要为自己打工，为社会打义工。由此了解社会，锻炼自己的能力。塞申斯的成功，一是在于他始终关注社会问题，能够触动选民的心；一是他自己从小打工，最后用打工所得的 700 美元资助了一场成功的市长竞选。我不是说每个美国孩子都能当选市长。相反，大多数青少年表现的政治冷漠，使塞申斯的参与精神显得格外珍贵。但是，塞申斯的成就确实反映了美国教育出来的孩子的一些共同特点，那就是“能折腾”、敢想敢干、富于行动能力。同时，他的当选，表现了自治社会的优美之处。人说盎格鲁－撒克逊民族有自治的天赋，看来此言不虚。人家连个孩子也懂治理之道。很难想象，我们这种应试教育，能够培养出这样的人才。更难想象，我们的制度，会使公民在管理自己的社会方面如此早熟。

我们的教育体制，我们的社会，什么时候能给我们的孩子创造些塞申斯那样的机会呢？